錢穆作品精萃

錢穆作品精華

莊子纂箋

錢穆

三民書局

錢穆作品精萃序

錢穆先生身處中國近代的動盪時局，於西風東漸之際，毅然承擔起宣揚中華文化的重任，冀望喚醒民族之靈魂。他以史為軸，廣涉群經子學，開闢以史入經的嶄新思路，其學術成就直接反映了中國近代學術史之變遷，展現出中華傳統文化的輝煌與不朽，並撐起了中華學術與思想文化的一方天地，成就斐然。

三民書局與先生以書結緣，不遺餘力地保存先生珍貴的學術思想，希冀能為傳揚先生著作，以及承續傳統文化略盡綿薄。

自一九六九年十一月迄於一九九一年十二月，二十多年間，三民書局總共出版了錢穆先生長達六十餘年（一九二三～一九八九）之經典著作——三十九種四十冊。茲序列書目及本局初版日期如下：

中國文化叢談……（一九六九年十一月）

中國史學名著……（一九七三年二月）

中國學術思想史論叢(八)……(一九八〇年三月)
湖上閒思錄……(一九八〇年九月)
人生十論……(一九八二年七月)
古史地理論叢……(一九八二年七月)
八十憶雙親・師友雜憶(合刊)……(一九八三年一月)
宋代理學三書隨劄……(一九八三年十月)
中國文學論叢……(一九八三年十月)
現代中國學術論衡……(一九八四年十二月)
秦漢史……(一九八五年一月)
中華文化十二講……(一九八五年十一月)
莊子纂箋……(一九八五年十一月)
朱子學提綱……(一九八六年一月)
先秦諸子繫年……(一九八六年二月)
孔子傳……(一九八七年七月)
晚學盲言(上)(下)……(一九八七年八月)

二〇二二年，三民書局以全新設計，將先生作品以高品質裝幀，隆重推出珍藏精裝版，沉穩厚實的木質色調書封，搭配燙金書名，彰顯國學大家的學術風範，並附贈精美藏書票，期能帶領讀者重回復古藏書年代，品味大師思想精髓。

謹以此篇略記出版錢穆先生作品緣由與梗概，是為序。

三民書局
東大圖書　謹識

莊子纂箋序目

本書采摭諸家

老子 老子書出莊子後、證論詳拙著先秦諸子繫年、老子辨、及中國思想史諸書。然莊書亦復多出老子後者。要之兩書相互關涉至深、而精神各不同。本書詳列兩書語句互見者、以備比觀。

韓非 非書有解老喻老、為闡述老子書之最古者。太史公以老莊申韓同傳、具見深旨。然韓自近老不近莊。太史公曰：老聃深遠矣。毋寧移以稱莊周。以上戰國。

劉安 淮南王書宗道家、亦多援用莊書。間有異文、可資校對。

司馬遷 太史公書傳莊周、語焉不詳。拙著先秦諸子繫年、考莊周生卒出處行事、及其師友淵源、並世輩行、思想遞嬗之迹較詳。讀本書者宜取兼觀、此不具引。以上漢。

阮籍 兩漢治黃老學、魏晉以後始轉重老莊、阮籍開其端。阮書有達莊論、有大人先生傳、發揮莊子旨趣、較之後起向郭、遙為深遠。余著魏晉玄學三宗論辨其異。以上魏。

向秀 有莊子解義。舊史稱其唯秋水至樂兩篇未竟、郭象以秀義不傳於世、遂略事點竄、竊為己注。今向注尚有散見於諸家之稱引者。

郭象 注莊最顯者推郭象。然其書實剽竊向秀。向郭皆曲學阿世、有違莊生本意。余著中國思想史郭象篇、及玄學三宗論、郭象注莊子書中之自然義、兩文備論之。然向郭要為代表魏晉玄學清談之大宗、學者治莊書、亦當專治郭注、此亦中國道家思想流變一大節目也。本書錄郭注、僅取其足以發明莊書原文者而止。

郭璞 **張湛** 有列子注、列子偽書、然亦遠有端緒、頗多與莊可互發者。

崔譔 **李頤** **支遁** 以上晉。 **梁簡文帝** 梁。 **王叔之** 宋。以上諸家注莊語、均見陸德明經典釋文引。

張揖 後魏。 **顏之推** 北齊。

陸德明有經典釋文。多存唐以前舊詁。辨音義、考訓釋、此書所當先治。然兼備眾說、不無冗碎。清代馬其昶莊子故、采摘釋文、頗加甄別。本書師其意、亦僅擇取、不備錄。

成玄英有莊子疏。

司馬承禎　韓愈以上唐。

陳景元自稱碧虛子、有南華章句、有莊子闕誤。校異文者多參證焉。

張君房　王旦　晁迥

歐陽修永叔於古書能辨真偽、蓋得唐韓愈氏之傳。就莊書文章高下而判其真贋、非深於文事者、不易驟企也。然讀古書、必具此一眼。

蘇軾有廣成解。　蘇轍有老子解。　黃庭堅　司馬光　程顥

邵雍有觀物內外篇。余著中國思想史、目莊周邵雍為觀物派哲學。兩家意趣頗相近。莊書屢稱孔顏、邵則駸駸由道而儒矣。此又為中國道家思想一大變。治莊者由阮及邵、可以識其流變之大勢。

王安石　王雱安石子、有莊子注、又有南華真經新傳。

呂惠卿有莊子注。王呂兩家注、引見道藏褚伯秀南華真經義海纂微、並焦竑莊子翼。

陳祥道　楊時　葉夢得　馬永卿

朱熹古人注書、不失之繁委、即陷於枯燥。惟朱子四書集注、雖亦薈萃諸家、網羅群言。而體尚簡要、辭貴清通。尤能於訓詁考據義理文章、三方兼顧。使讀者就注與本文一貫讀之、情味醰醰。本書竊慕其例。所謂雖不能至、心嚮往之者也。

林疑獨　劉概繼王雱注外雜篇。　趙以夫有內篇注。　林希逸有莊子口義。　范無隱有講語。　褚伯秀有南華管見、有南華真

經義海纂微。王呂陳劉趙林范諸家、均見稱引。　江遹有列子注。　劉辰翁有莊子點校。　羅勉道有莊子循本。入道藏。以上諸家、均見莊子翼。

陳顯微　洪邁　陸秀夫　黃震　王應麟　馬端臨以上宋。

吳澄　李治　李楨以上元。

薛瑄　王畿　楊慎　王世貞　李贄　葉秉敬　陳于廷

唐順之有南華經釋略。　張四維有莊子補注。　方揚　方沆有莊義要刪。　朱得之有南華通義。以上諸家均見莊子翼。

陸長庚有南華真經副墨、莊子翼頗多采擷。本書所錄、復有溢出。

焦竑有莊子翼。薈萃宋明諸家舊誼。今諸家原著多半失傳、僅賴焦書見其梗概。宋明儒發揮莊子義趣、融會釋氏、旁通先秦、有超越魏晉之上者。學莊者自陸德明音義之下、首當研讀此書。

歸有光有南華真經評注。　方以智有藥地炮莊。　釋德清有莊子內篇注。以上明。

王夫之有莊子解義。　王敔夫之子、有增注、附見解義。船山論老莊、時有創見、義趣宏深。本書不取縱放、未能詳引。學者當專治其書。上較阮邵、足以長智慧、識流變。大抵嗣宗得莊之放曠、康節得莊之通達、船山則可謂得莊之深微。學者由阮而邵而王、循以登門、而窺堂奧、又復由莊而顏、亦庶幾乎尼山之一面。若驟尋之於老聃郭象、則希不失之矣。

錢澄之有莊屈合詁。　顧炎武　馬驌　屈大均高秋月有莊子釋意。　林雲銘有莊子因。此書亦就文章家眼光解莊、不免俗冗。而頗能辨真偽、上承歐歸、下開惜抱、亦治莊之一途也。

宣穎有南華經解。此書猶未脫明人習氣、俗冗較遜於林雲銘、而活趣盎然。王先謙集解采摭宣書、頗費洗淘之功。本書引宣說、則復有別出王氏外者。

方潛有南華經解。　王懋竑有莊子存校。自此以下、漸見清儒訓詁考訂之功。

姚範　方苞　劉大櫆　姚鼐有莊子章義。

王念孫有讀書雜志。　俞樾有莊子平議。清儒治古書、所長在訓詁校勘、所短在義理文章。王俞兩家、在清儒治先秦諸子書中、最具成績、其得失亦莫能自外。治莊書而不深探其義理之精微、不熟玩其文法之奇變、專從訓詁校勘求之、則所得皆其粗迹。故清儒於莊書殊少創獲、較之魏晉宋明、轉為不逮、此亦治莊者所應知也。

盧文弨　胡鳴玉　朱亦棟　錢大昕　段玉裁　李威　李調元　孫志祖　洪亮吉　邵晉涵　郝懿行　洪頤煊　梁玉繩　翁元圻　王筠　朱駿聲　陳澧　俞正燮　方東樹　梅曾亮　陳用光　方宗誠　曾國藩　方昌翰清儒汲古功深、諸家對莊書皆碎金屑玉、較之王俞、彌見瑣末矣。

孫詒讓其所著墨子閒詁、於清儒中、治先秦諸子書、最見功力。輓近學人、群相推崇。然辭繁不殺、一字之考訂訓詁、備列本末、學者固可由此而窺清學之曲折。本書則義取簡要、務求勿因箋注而昧失正文之脈絡神味。學者先讀孫氏閒詁、再誦本書、可悟著作體例、各有偏徇。分則兩美、合必兼失之矣。

陳壽昌有莊子正義。

郭慶藩有莊子集釋。此書備引郭注成疏及陸氏音義、而後下逮清代考據諸儒、便於繙閱。然論功力、則遠遜孫氏之於墨書矣。

王先謙有莊子集解。王氏先有荀子集解、模襲孫書。此書則主簡要。蓋王氏亦習桐城義法、已悟治莊之不能墨守乾嘉矩矱矣。此書仍乏深趣、然便初學。讀之易於入門。

郭嵩燾引見郭慶藩集釋。　曹耀湘　蘇輿　王闓運有莊子注。極求簡淨、蓋欲成一家言而識力未足以副。

奚侗有莊子補注。　武延緒有莊子札記。兩書晚出、而所獲猶多前人所未及。兩書流傳不廣、本書采錄較寬。

吳汝綸　薛福成　李禎　姚永概　姚永樸　楊守敬　陳光淞

馬其昶有莊子故。此書自郭注陸音義成疏焦氏翼下及清儒、采擷最廣、淘洗亦精。較之郭氏集釋王氏集解、又見超出。蓋馬氏得桐城家法、能通文章義趣、又兼顧宋儒義解、不嫥嫥於訓詁考覈。然於莊子哲理、則尚嫌涉測未深。本書乃就馬書為藍本。而加增補修訂。然李光弼入郭子儀軍、壁壘旌旗、非復舊觀。未敢掠美、特著於此。以上清。

阮毓崧有莊子集注。此書亦繼踵郭王、而所詣蓋淺。

馬敘倫有莊子義證。此書雖云解莊、實解字耳。本書偶錄其一二有合於解莊之旨者。

楊文會　章炳麟有齊物論釋、齊物論釋定本。以佛義解莊、未必能恰符雙方義旨、然可資學者之開悟。增發勝解、時得妙趣、不刻劃以求可也。又有莊子解故。

胡遠濬有莊子詮詁。所集又多逸出於郭王馬三書之外、此書極便初學。

陶鴻慶有讀莊札記。　劉師培有莊子校補。　顧實有莊子天下篇講疏。　高亨有莊子今箋。　曹受坤有莊子內篇注。　蔣錫昌有莊子哲學。　朱桂曜　葉國慶　錢基博　梁啟超

劉文典有莊子補正。　王叔岷有莊子校釋。兩書為近人對莊書校勘之最詳備者、而王書用力尤勤。

嚴復有老子評、已見刻本。復有莊子評、乃就馬氏莊子故書眉批注、辜鴻銘藏其書。余友曾君履川有傳鈔、假以示余。以其吉光片羽、摘錄其十七八、廣流傳焉。以上近代。

武內義雄日人。偶錄一二則、聊見異邦學人治我古籍之一例。

莊子、衰世之書也。故治莊而著者、亦莫不在衰世。魏晉之阮籍向郭、晚明之焦弱侯方藥地、乃及船山父子皆是。莊子之學、蓋承楊朱而主為我。近人疑其為一人、以莊楊疊韻、朱周雙聲說之。嚴幾道批莊、亦持此說。然決非是。齊物夢蝶、山木烹雁、皆明著曰莊周、而莊書復有楊朱陽子居、非一人明矣。然莊氏要為為我之學。昔王荊公嘗論之、曰、為己、學者之本。為人、學者之末。為己有餘、而天下之勢可以為人矣、則不可以不為人。今始學之時、其道未足以為己、而其志已在於為人、則可謂謬用其心矣。楊子知為己之為務、而不能達於大禹之道、則可謂惑矣。墨子者、廢人物親疏之別、而方以天下為己任、是以所欲以利人者、適所以為天下患害也。故楊子近於儒、而墨子遠於道。呂吉甫王元澤皆致力莊子、蓋師介甫緒論、欲以羽翼夫三經新義。然而北宋諸儒、終亦不免有衰氣。余之生、值世又衰。而並世學人、顧少治莊而貴墨。震於西方之隆強、意切追隨。摩頂放踵、若懼弗及。孫仲容梁卓如皆盛尊墨子、謂可擬之耶氏。獨章枚叔惄焉異趣。謂急切覬晉宋、已屬踰望、遑論漢唐。故枚叔頗能窺尋莊旨。嚴幾道晚年、與熊純如諸札、亦頗瞭此。而幾道亦晚年治莊。然則處衰世而具深識、必將有會於蒙叟之言、寧不然耶。此非沮溺避世、曾滌生曾欲體莊用墨、亦孟子禹稷顏回同道之義耳。余少知好此書。猶憶辛亥、年十七、負笈金陵。常深夜倚枕、繼燭私誦。有同學某君、已忘其姓字。見余好此、告曰、嘗宿山寺、得異僧授讀。余問其說、為講逍遙遊水擊三千里、摶扶搖而上者九萬里兩語、大奇賞。自是遍按古今注莊諸家。每獲一帙、必首尾循誦、往復不厭。然得於此者失於彼、明於前而昧於後。欲求一通體朗暢、豁人心意者而難之。自是以來、垂四十年矣。世益衰益亂、私所會於漆園之微旨者益深。戊子冬、赤氛披猖。由遼瀋、而平津、而徐蚌。血戰方殷。時居無錫江南大學、濱太湖、有風濤滌蕩之勝。回念昔遭浙奉興閧、時亦居無錫。京滬線上、一夕數驚。杜門注公孫龍、日卒一篇、越七日成書、而風濟唳息矣。今戰氛殆不可速了、遂發意注莊子。先就馬通伯莊子故、愜者存之、灃者抹之。然後廣集諸家、蟻行蠅楷、列於書眉。鉤勒標幟、施以五色。昕旭握管、時達丙夜。寒雨雪霰、呵凍不輟。始十二月九日、迄於翌歲己丑二月九日，前後適兩越月而書成。四月遂來香港。庚寅冬、去臺灣。假中央研究院未見書七八種、攜赴臺南、得靜院、晨昏覓隙。再事添列。又越月而竣。今年秋、獲交南通沈君燕謀。見余書、曰、來日何可保。斥貲促余付梓工。余親任校字。版垂竟、報載平津大學教授、方集中思想改造、競坦白者踰六千人。不禁為之廢書擲筆而歎。念蒙叟復生、亦將何以自處。作逍遙之遊乎、則何逃於隨群蝨而處褌。齊物論之芒乎、則何逃於必一馬之是期。將養其生主乎、則游刃而無地。

將處於人間乎、則散木而且翦。儵忽無情、混沌必鑿。德符雖充、桎梏難解。計惟鼠肝蟲臂、唯命之從。曾是以為人之宗師乎。又烏得求曳尾於塗中、又烏得觀魚樂於濠上。天地雖大、將不容此一人、而何有乎所謂與天地精神相往來。然而古人有言、焦頭爛額為上客、曲突徙薪處下坐。此六千教授之坦白、一言蔽之、無亦曰墨翟是而楊朱非則已。若苟四十年來、漆園之書、尚能索解於人間、將不致有若是。天不喪斯文、後有讀者、當知其用心之苦、實甚於考亭之釋離騷也。

中華民國四十年辛卯十二月一日錢穆識於九龍新亞書院

本書四版增訂本自識語

本書於四十四年二月再版，凡增刪改定者四十七條。四十六年三月三版，增刪改定者又六十九條。此次四版，增刪改定者又四十三條。距本書初版已七年，凡增刪改定者共一百五十九條。

民國五十一年六月錢穆自識

莊子纂箋

目次

雜篇

目次

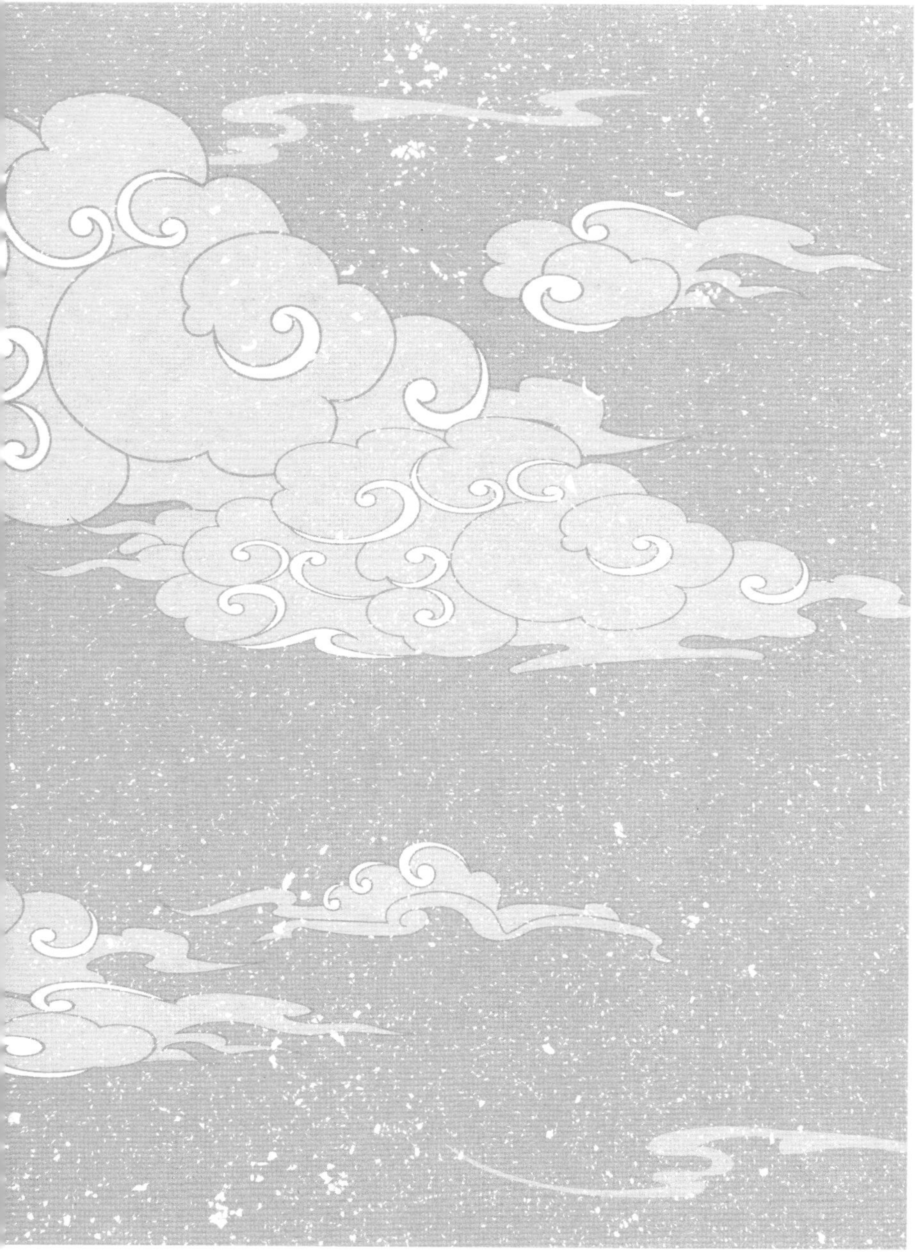

內篇

黃庭堅曰、內書七篇。法度甚嚴。二十六篇、解剝斯文耳。

逍遙遊

內篇之一。支遁曰、逍遙者、明至人之心也。郭嵩燾曰、天下篇莊子自言其道術、充實不可以已、上與造物者遊。首篇曰逍遙遊者、用其無端崖之詞、以自喻也。方濳曰、狀大體大用也。無己故無體。無功無名故無用。是為大體大用。後六篇皆闡此旨。

北冥有魚、其名為鯤。陸德明曰、北冥、北海也。李頤曰、鯤、大魚名。崔譔曰、鯤當為鯨。王念孫曰、見聲字多有大義、故大魚謂之鯤、大雞謂之鶤。音昆。羅勉道曰、爾雅、鯤、魚子。國語、魚禁鯤鮞。穆按：羅說亦有據、然當以李崔為是。楊慎曰、莊子乃以至小為至大、便是滑稽之開端。鯤之大、不知其幾千里也。化而為鳥、其名為鵬。崔譔曰、鵬、古鳳字。郭象曰、鵬鯤之實、吾所未詳也。莊子大意、在乎逍遙遊放、無為而自得。達觀之士、宜要其會歸、而遺其所寄、不足事事曲與生說。鵬之背、不知其幾千里也。怒而飛、王筠曰、古以努代努、然當作怒。其翼若垂天之雲。司馬彪曰、若雲垂天旁。是鳥也、海運、則將徙於南冥。司馬彪曰、運、轉也。林希逸曰、海動必有大風。今諺有六月海動之語。王闓運曰、今颶風也。南冥者、天池也。齊諧者、志怪者也。簡文曰、齊諧、書也。羅勉道曰、齊諧者、齊人諧謔之言。孟子曰、齊東野人之語、則齊俗宜有此。諧之言曰、鵬之徙於南冥也、水擊三千里、崔譔曰、將飛舉翼、擊水踉蹌。摶徒端反。扶搖而上者九萬里、司馬彪曰、摶、圜飛而上也。上行風謂之扶搖。爾雅、扶搖謂之飆。羅勉道曰、摶、隨風圜轉也。穆按：水擊、平飛而前。摶扶搖、旋轉而上。去以六月息者也。成玄英曰、六月半歲。至天池而息。陸長庚曰、息、氣也。宣穎曰、大塊噫氣為風、六月氣盛、故多風。方潛曰、述諧未竟、野馬以下、推論其義。野馬也、塵埃也、生物之以息相吹也。郭象曰、野馬者、遊氣也。成玄英曰、天地之間、生物氣息、更相吹動。朱子曰、息是鼻息之息、九萬里風、亦是此息推去。穆按：此言野馬塵埃雖至微、亦有所馮而移動也。天之蒼蒼、其正色邪、其遠而無所至極邪。其視下也、亦若是則已矣。王先謙曰、其謂鵬。借人視天、喻鵬視下、極言其摶上之高。且夫水之積也不厚、則負大舟也無力。覆杯水於坳於交反。堂之上、支遁曰、謂有坳垤形。則芥為之舟。李頤曰、芥、小草。置杯焉、則膠。崔譔曰、膠、著地也。水淺而舟大也。風之積也不厚、則其負大翼也無力。故九萬里、則風斯在下矣、而後乃今培風。王念孫曰、培之為言馮也。馮、乘也。背負青天而莫之夭閼於葛反。者、司馬彪曰、夭、折也。李頤曰、閼、塞也。而後乃今將圖南。馬其昶曰、此言乘氣以游天地間者、必待厚積、乃可遠舉。蜩音條。與學釋文、學、或作鷽。鳩笑之曰、洪頤煊曰、文選注引司馬彪云、鷽鳩、小鳥。我決起而飛、李頤曰、決、疾貌。槍七良反。榆枋、音方。王闓運曰、枋當作枌。支遁曰、槍、突也。陳碧虛闕誤本、此下有而止二字。時則不至、王念孫曰、則、猶或也。而控苦貢反。於地而已矣。司馬彪曰、控、投也。奚以之九萬里而南為。方潛曰、蜩鳩四句、再述諧言、而下復論之。適莽蒼者、三飡七丹反。而反、司馬彪曰、莽蒼、近郊之色也。崔譔曰、三飡、猶言竟日。腹猶果然。陸德明曰、果然、飽貌。適百里者、宿舂糧。適千里者、三月聚糧。之二蟲又何知。馬其昶曰、之、是也。斥蜩鳩。小知不及大知。小年不及大年。奚以知其然也。朝菌其隕反。不知晦朔、王引之曰、淮南作朝秀。高注、朝生暮死之蟲。廣雅作朝蜏。穆按：列子湯問篇、朽壤之上有菌芝者、生於朝、死於晦。則朝菌不煩破字。陸德明曰、朔、旦也。蟪蛄音姑不知春秋、司馬彪曰、蟪蛄、寒蟬也。春生夏死、夏生秋死。此小年也。楚之南有冥本或作榠。靈者、李頤曰、冥靈、木名也。羅勉道曰、海龜。以五百歲為春、五百歲為秋。上古有大椿者、以八千歲為春、八千歲為秋。而彭祖乃今以久特聞。眾人匹之、不亦悲乎。姚永概曰、眾人之言壽者、皆以彭祖為比方、適可悲耳。穆按：之字似指冥靈大椿。湯之問棘也是已。李頤曰、棘、湯時賢人。窮髮之北、司馬彪曰、窮髮、北極之下、無毛之地。有冥海者、天池也。有魚焉、其廣數千里、未有知其修者。其名為鯤。有鳥焉、其名為鵬。背若泰山、翼若垂天之雲。摶扶搖羊角而上者九萬里。司馬彪曰、風曲上行若羊角。絕雲氣、負青天、然後圖南、且適南冥也。斥鴳於諫反。笑之曰、司馬彪曰、斥、小澤也。彼且奚適也。我騰躍而上、不過數仞而下、翱翔蓬蒿之閒、此亦飛之至也。而彼且奚適也。此小大之辯也。奚侗曰、本書多借辯為辨。馬其昶曰、湯問棘、又詳列子湯問篇。故夫知效一官、行比一鄉、吳汝綸曰、比、猶庇也。德合一君、而徵一國者、郭慶藩曰、而讀為能、古字通用。司馬彪曰、徵、信也。其自視也、亦若此矣。而宋榮子猶然笑之。梁玉繩曰、宋榮子、即宋鈃。荀子言宋子見侮不辱、韓子言宋榮子義設不鬭、與天下篇言鈃諸語正同。劉師培曰、炏幵二聲、古均通轉。月令腐草為螢、呂紀作為蚈、是其比。陸德明曰、猶然笑之、謂猶以為笑。馬其昶曰、猶與逌同、漢書逌爾而笑。且舉世而譽之而不加勸、舉世而非之而不加沮。定乎內外之分、辯乎榮辱之竟。斯已矣。彼其於世、未數數音朔然也。馬其昶曰、世謂上一鄉一國。司馬彪曰、數數、猶汲汲也。雖然、猶有未樹也。劉辰翁曰、未樹、猶有所倚也。夫列子御風而行、泠音零然善也。李頤曰、列子名御寇。郭象曰、泠然、輕妙之貌。郝懿行曰、泠同令。爾雅、令、善也。旬有五日而後反。彼於致福者、未數數然也。章炳麟曰、福、備也。禮記祭統、無所不順之謂備。言御風當得順風乃可行。此雖免乎行、猶有所待者也。郭象曰、非風則不得行、斯必有待也。若乎乘天地之正、而御六氣之辯、以遊無窮者、司馬彪曰、六氣、陰陽風雨晦明也。郭慶藩曰、辯讀為變、古字通。彼且惡乎待哉。故曰、至人無己、神人無功、聖人無名。

堯讓天下於許由、曰、日月出矣、而爝音爵。火不息。字林、爝、炬火也。向秀曰、人所然火。其於光也、不亦難乎。時雨降矣、而猶浸灌。其於澤也、不亦勞乎。夫子立而天下治、而我猶尸之。成玄英曰、尸、主也。穆按：尸、居也。吾自視缺然、請致天下。許由曰、子治天下、天下既已治也。而我猶代子、吾將為名乎。名者、實之賓也。吾將為賓乎。俞樾曰、賓當為實、連下文讀。鷦子遙反。鷯音遼。巢於深林、不過一枝。郭璞曰、鷦鷯、桃雀。偃鼠飲河、不過滿腹。陸德明曰、說文、鼢鼠一曰偃鼠。歸休乎君、予無所用天下為。庖人雖不治庖、尸祝不越樽俎而代之矣。邵雍曰、此君子思不出其位、素位而行之意也。劉大櫆曰、證聖人無名。

肩吾問於連叔曰、王闓運曰、田子方篇、肩吾與孫叔敖同時。陸德明曰、接輿、楚人。吾聞言於接輿、大而無當、吳汝綸曰、淮南高注、當、猶底也。往而不反、吾驚怖普布反。其言、猶河漢而無極也。成玄英曰、上天河漢、尋其源流、略無窮極。大有逕庭、方以智曰、逕庭猶霄壤、言逕路之與中庭、偏正懸絕。王敔曰、逕外庭內、隔遠之意。不近人情焉。連叔曰、其言謂何哉。曰、藐姑射之山、有神人居焉。肌膚若冰雪、穆按：冰、凝也。詩、膚如凝脂。淖昌約反。約若處子。李頤曰、淖約、柔弱貌。不食五穀、吸風飲露。乘雲氣、御飛龍、而遊乎四海之外。其神凝、王敔曰、三字、一部南華大旨。使物不疵癘而年穀熟。吾以是狂九況反。而不信也。王敔曰、狂誑通、疑其誑己。連叔曰、然。瞽者無以與乎文章之觀、聾者無以與乎鐘鼓之聲。豈唯形骸有聾盲哉、夫知亦有之。是其言也、猶時女也。焦竑曰、時、是也。女、汝也。謂知有聾盲、即汝之狂而不信者是也。之人也、之德也、將旁礴萬物以為一、司馬彪曰、旁礴、猶混同也。世蘄乎亂、姚鼐曰、世自化之、蘄乎治耳。王闓運曰、德溥萬物、則世自期於治矣。孰弊弊焉以天下為事。簡文曰、弊弊、經營貌。之人也、物莫之傷。大浸稽天、而不溺。司馬彪曰、稽、至也。大旱、金石流、土山焦、而不熱。郭象曰、至人之不嬰乎禍難、非辟之也、推理直前、而自與吉會。釋德清曰、老子云、以其無死地。穆按：此當以達生篇子列子問關尹一節說之。是其塵垢粃糠、將猶陶鑄堯舜者也。孰肯以物為事。褚伯秀曰、神人之德、與天同運、推其緒餘、猶足成唐虞之治。而其真、則非世人所知也。

宋人資章甫而適諸越、李頤曰、資、貨也。章甫、殷冠也。李楨曰、諸、猶於也。春秋經、於越入吳。越人斷髮文身、無所用之。堯治天下之民、平海內之政、往見四子藐姑射之山、汾水之陽、馬其昶曰、御覽引隋圖經曰、平山在平陽、一名壺口山、今名姑射山。窅烏了反。然喪其天下焉。奚侗曰、窅借作杳。說文、杳、冥也。王先謙曰、堯自失其有天下之尊也。劉大櫆曰、證神人無功。

惠子謂莊子曰、司馬彪曰、惠子、名施、為梁相。魏王貽我大瓠音護之種、司馬彪曰、魏王、梁惠王也。葉國慶曰、此文當作於惠施相梁之後。我樹之成、而實五石。以盛水漿、其堅不能自舉也。王闓運曰、瓠脆盛重、故不可舉。剖之以為瓢、則瓠落無所容。簡文曰、瓠落、猶廓落。成玄英曰、平淺不容多物。非不呺許憍反。然大也、俞樾曰、呺、文選注引作枵、虛也。吾為其無用而掊之。莊子曰、夫子固拙於用大矣。宋人有善為不龜手之藥者、司馬彪曰、手坼如龜文也。李楨曰、龜、徐音舉倫反。蓋以龜為皸之叚借。通俗文、手足坼裂曰皸。奚侗曰、龜皸音不相近。蓋皸為手足坼裂之名、龜則言坼裂之形。司馬說是。世世以洴扶經反。澼普歷反。絖音曠為事。盧文弨曰、洴澼雙聲字、是擊絮之聲。陸德明曰、小爾雅、絮細者謂之洴。郭象曰、其藥能令手不龜坼、故常漂絮於水中也。客聞之、請買其方百金。聚族而謀曰、我世世為洴澼絖、不過數金。今一朝而鬻技百金、請與之。客得之、以說吳王。越有難、吳王使之將。冬與越人水戰、大敗越人。裂地而封之。能不龜手、一也。或以封、或不免於洴澼絖、則所用之異也。今子有五石之瓠、何不慮以為大樽、慮、文選注引作攄。司馬彪曰、慮猶結綴也。樽如酒器、縛之於身、浮於江湖、可以自渡。章炳麟曰、結綴字當為落、慮落雙聲。而浮乎江湖、而憂其瓠落無所容。則夫子猶有蓬之心也夫。向秀曰、蓬者短不暢、曲士之謂。阮毓崧曰、此與孟子茅塞義略同。

惠子謂莊子曰、吾有大樹、人謂之樗。其大本擁腫而不中繩墨、奚侗曰、擁當作癰。說文、癰、腫也。其小枝卷曲而不中規矩。立之塗、匠者不顧。今子之言、大而無用、眾所同去也。莊子曰、子獨不見狸力之反。狌音生乎。成玄英曰、狌、野貓。卑身而伏、以候敖音遨者。司馬彪曰、遨翔之物、雞鼠之屬也。東西跳成玄英曰、跳梁、猶走擲。梁、不辟音避高下。中於機辟、司馬彪曰、辟、罔也。王念孫曰、辟與繴同、爾雅、繴謂之罿。郭璞曰、今之飜車也。死於罔罟。今夫斄呂之反。牛、其大若垂天之雲。此能為大矣、而不能執鼠。今子有大樹、患其無用。何不樹之於無何有之鄉、廣莫之野。簡文曰、莫、大也。彷徨乎無為其側、逍遙乎寢臥其下。不夭斤斧、物無害者。無所可用、安所困苦哉。屈大均曰、莊生之學、貴乎自得。鯤鵬之化、皆以喻心。無何有之鄉、廣莫之野、心之寓焉者也。彷徨逍遙、適其適之至也。化其心為鯤鵬、化其身為大樗、夫既已無己矣、而又何功與名乎哉。嚴復曰、莊書多用遊字。自首篇名逍遙遊、如遊於物之初、遊於物之所不得遯、遊乎天地之氣、遊乎遙蕩恣睢轉徙之塗、聖人有所遊、乘物以遊心、入遊其樊、遊刃、遊乎塵垢之外、遊乎四海之外、遊方之內、遊方之外、遊無何有之鄉、遊心於淡、遊於無有、而遊無朕、皆是。穆

齊物論

內篇之二。王應麟曰、莊子齊物論、非欲齊物也、蓋謂物論之難齊也。錢大昕曰、王伯厚前、王安石呂惠卿等、已發其說。嚴復曰、物有本性、不可齊也、所可齊者、物論耳。章炳麟曰、此篇先說喪我、終明物化、泯絕彼此、排遣是非、非專為統一異論而作。劉咸炘曰、此篇初明萬物之自然、因明彼我之皆是、故曰齊物。後人多誤認為破是非。雙遣兩忘、乃佛家所主。佛家主空、一切俱不要。道家主大、一切俱要。根本大異、豈可強同。穆按：章劉說是。孟子曰、物之不齊、物之情也。天下篇、彭蒙田駢慎到、齊萬物以為首。則舊讀本齊物相連。

南郭子綦音其隱机音紀而坐、陸德明曰、隱、馮也。仰天而噓、荅焉似喪其耦。陸德明曰、荅、解體貌。司馬彪曰、耦、身也。身與神為耦。耦、本亦作偶。俞樾曰、偶當讀為寓、寄也。即下文所謂吾喪我。顏成子游立侍乎前。俞樾曰、廣韻、顏成複姓。李頤曰、子綦弟子、名偃、字子游。曰、何居乎、形固可使如槁木、而心固可使如死灰乎。今之隱机者、非昔之隱机者也。馬其昶曰、言與曩日異。子綦曰、偃、不亦善乎、而問之也。馬敘倫曰、而、讀為汝。今者吾喪我。葉秉敬曰、吾喪我、與篇末物化相應。蓋不見有物、物化而合為一我。不見有我、我喪而同乎萬物。姚鼐曰、一除我見、則物無不齊。女知之乎。女聞人籟而未聞地籟、女聞地籟而未聞天籟夫。郭象曰、籟、簫也。子游曰、敢問其方。林雲銘曰、方、類也。穆按：易大傳、方以類聚。子綦曰、夫大塊噫乙戒反。氣、其名為風。王敔曰、大塊、地也。是唯無作、作則萬竅怒呺。胡刀反。奚侗曰、呺借為號。歸有光曰、風一也、聲隨竅異。言出於心亦然、道一而已。而獨不聞之翏翏乎。良救反。陸德明曰、翏、長風聲也。奚侗曰、翏、當作飂。說文、高風也。山林之畏於鬼反。佳、醉癸反。李頤曰、山阜貌。奚侗曰、林、當為陵。畏佳、猶崔嵬。王先謙曰、即嵔崔。大木百圍之竅穴。似鼻。似口。似耳。似枅。子兮反。吳汝綸曰、枅讀為軒。軒、軹也。周禮輪人注、小穿也。奚侗曰、枅、曲枅。柱上曲木、兩頭受櫨。似圈。音權。陸德明曰、杯圈也。似臼。似洼於花反。者。似污者。王念孫曰、說文、洼、深池也。污與窊通。鑿地為尊、謂之污尊。陸長庚曰、鼻兩孔、口一孔、耳孔斜、枅孔方。圈孔圓深、臼淺、洼曲、污廣。郭象曰、此略舉眾竅之所似。激者。奚侗曰、激借為噭。說文、吼也。謞音孝。者。司馬彪曰、若謹謞聲。叱昌實反。者。吸者。叫古弔反。者。譹者。宎於堯反。者。咬於交反。者。王敔曰、譹通號、叫號其聲壯。宎咬其聲幽。方東樹曰、宎同窔。玉篇、户樞聲。陸長庚曰、激如水激聲、謞如箭去聲、叱出而聲粗、吸入而聲細。叫高而聲揚、譹下而聲濁。宎深而聲留、咬鳴而聲清。郭象曰、此略舉眾竅之聲殊。前者唱于、而隨者唱喁。李頤曰、于、喁、聲之相和也。泠風則小和、胡臥反。李頤曰、泠泠小風也。飄風則大和。厲風濟、則眾竅為虛。向秀曰、烈風、濟、止也。顧炎武曰、厲即烈字。而獨不見之調調之刁刁乎。向秀曰、調調刁刁、皆動搖貌。子游曰、地籟、則眾竅是已。人籟、則比竹是已。敢問天籟。姚鼐曰、喪我者、聞眾竅比竹、舉是天籟。有我者聞之、祇是地籟人籟而已。子綦所言、皆天籟也。子游不悟、所謂見指不見月也。子綦曰、夫吹萬不同、而使其自己也、吳汝綸曰、己音紀。自、從也。己、己萬竅也。陳壽昌曰、使聲由竅自出。咸其自取、陳壽昌曰、有是竅即有是聲、是聲本竅之自取也。怒者其誰邪。錢澄之曰、天籟即在地籟中、自己謂各自成聲、自取謂各因其竅。嚴復曰、一氣之行、物自為變、此近世學者所謂天演。西人亦以莊子為古之天演家。陳壽昌曰、子綦語止此。

大知閑閑、小知閒閒。陸長庚曰、閑閑、從容暇豫之意、常應常靜也。王敔曰、閒閒、乘隙也。俞樾曰、釋詁、閒、覸也、小知閒閒、謂好覸察人。大言炎炎、小言詹詹。章炳麟曰、炎、同淡。老子曰、道之出口、淡乎其無味也。王敔曰、詹詹、細碎也。其寐也魂交、其覺也形開。陸長庚曰、魄與魂交而為夢、魂與形開而應事。與接為構、日以心鬬。成玄英曰、構、合也。縵者。窖古孝反。者。簡文曰、縵、寬心也。窖、深心也。奚侗曰、縵字當作慢。密者。小恐惴惴、之瑞反。大恐縵縵。宣穎曰、迷漫失精。王闓運曰、縵縵、解弛之形。恐甚不能自主也。曹受坤曰、前三形容其心思之精密、此二形容其神志之不寧。而後者由前引起。其發若機栝、陸德明曰、機、弩牙。栝、箭栝。其司是非之謂也。王闓運曰、司、察也。章炳麟曰、即今伺字。王敔曰、捷辯傷人。其留如詛盟、其守勝之謂也。王先謙曰、留不發、若詛盟然。奚侗曰、守勝、常守其勝。王敔曰、堅持己見也。其殺如秋冬、以言其日消也。林雲銘曰、神明日勞而消喪。其溺之所為之不可使復之也。吳汝綸曰、王伯申說之猶於也。此溺之、當訓溺於。十二字為一句、五句為一事也。其厭也如緘、以言其老洫也。成玄英曰、厭沒於欲、有類緘繩。朱桂曜曰、論語天厭之、皇侃疏、厭、塞也。章炳麟曰、洫讀侐、靜也。穆按：洫、只是枯竭義。近死之心、莫使復陽也。陸德明曰、陽、謂生也。宣穎曰、無復生意。喜怒哀樂、慮歎變慹。之涉反。姚佚啟態。宣穎曰、慮多思、歎多悲、變多反覆、慹多怖。音執。朱桂曜曰、啟、開張。態、作態。王闓運曰、姚、同佻。佚蕩也。慮歎則變怖、姚佚則出態、魂形相顛倒也。樂出虛、蒸成菌。方潛曰、樂出虛、幻聲也。蒸成菌、幻形也。日夜相代乎前、而莫知其所萌。已乎已乎。王闓運曰、已、同噫。已乎、猶嗟乎。旦暮得此、其所由以生乎。胡遠濬曰、自大知閑閑以下、言心之種種名言狀態、皆如幻而有、生滅變異、更歷旦暮、而卒莫得所由起。今欲追變異生滅旦暮之故、其仍由心生乎。謂自心還取自心也。非彼無我、宣穎曰、彼、即上之此也。非我無所取、成玄英曰、若非自然、誰能生我。若無有我、誰稟自然乎。林雲銘曰、非天機之動、則我不能自生。非我有以受之、則彼亦不能獨生我也。是亦近矣、而不知其所為使。若有真宰、而特不得其眹。徐忍反。陸德明曰、眹、兆也。姚鼐曰、第求無彼無我、乃彭蒙田駢慎到之術、非真知道者。真知道者必求真宰。真宰者、不見其眹、而無處不可見。百骸九竅以下、又恐人執妄心為真宰也。嚴復曰、彼我對待之名、真宰則絕對者也。可行已信、而不見其形。嚴復曰、所萌、所由以生、所為使、皆無形而不可見。見者、可行已信之迹也。有情而無形。陳壽昌曰、情、實也。若有真宰者、道之為物、惟恍惟惚也。可行已信者、其情甚真、其中有信也。有情無形者，迎之不見其首、隨之不見其後也。穆按：大宗師曰、夫道、有情有信、無為無形。百骸九竅六藏、李楨曰、內經、五藏、心肝脾肺腎也。腎有兩藏、左為腎、右為命門。賅而存焉、成玄英曰、賅、備。吾誰與為親。汝皆說之乎、其有私焉。馬其昶曰、私謂有所偏愛、不能皆說。劉咸炘曰、人身百節、皆神所在。神本一渾全之體、不屬於一節、正如道在萬物、風與眾竅、實無所獨私也。如是皆有為臣妾乎。吳汝綸曰、有與以同。顧氏唐韻正、有字古讀若以。其臣妾不足以相治乎。其遞相為君臣乎。其有真君存焉。如求得其情與不得、無益損乎其真。陸長庚曰、此真於人本無損益。迷則凡、悟則聖。一受其成形、不亡以待盡。王闓運曰、保其形以待盡、是待死而已。馬其昶曰、真宰不亡、而今亦待盡、此言其形化、其心與之然。穆按：不亡、指成形言。劉師培曰、不亡、田子篇作不化。與物相刃相靡。王闓運曰、靡同礳。其行盡如馳、而莫之能止、不亦悲乎。終身役役、而不見其成功。苶乃結反。盧文弨曰、字當作苶、司馬彪作薾。簡文曰、疲困貌。然疲役、而不知其所歸、可不哀邪。人謂之不死、奚益。其形化、其心與之然、可不謂大哀乎。人之生也、固若是芒乎。其我獨芒、而人亦有不芒者乎。陸德明曰、芒、芒昧也。姚鼐曰、其形化而心逐之、無復真宰、是芒然無知者矣。然人生本來、豈若是芒哉。世自有覺者、然非隨其成心之謂也。夫隨其成心而師之、誰獨且無師乎。成玄英曰、凡域情滯境、執著一家之偏見者、謂之成心。曹受坤曰、成心、包括一切心知言。庚桑楚篇、以生為本、以知為師、因以乘是非。師成心、即以知為師也。王闓運曰、成心、己是之見。穆按：成心與成形對文。各隨其成心而師之、所以為芒、而是非橫生也。奚必知代、而心自取者有之、愚者與有焉。姚鼐曰、萬物相待乎前、知逐而生、是知代也。無端念動者、心自取也。二者皆妄耳。而人之言語、率出於此。此與風之吹物何異。錢澄之曰、知代、謂知日夜之相代、而自取真君者。穆按：錢說是。知代、即知化矣。知化者、無成心也。心自取、謂後心認取前心而妄執以為真我。蓋愚者雖不知化、亦能自取己心、惟一成不化耳。未成乎心而有是非、是今日適越而昔至也。向秀曰、昔者、昨日之謂。王敔曰、此惠子之言、而莊子用之。是以無有為有。無有為有、雖有神禹、且不能知、吾獨且奈何哉。穆按：世人皆堅執有是非、而不悟其生於各自之成心、我無如之何也。復曰、世人之言幽冥、宗教之言上帝、大氐皆隨其成心而師之之說也。

夫言非吹也。宣穎曰、天籟自然、言非其比。王闓運曰、言、人籟。吹、天籟。言者有言、其所言者特未定也。穆按：未定、即未成也。果有言邪、其未嘗有言邪。其以為異於鷇苦豆反。音、馬其昶曰、廣雅、鷇、雛也。亦有辯乎。其無辯乎。馬其昶曰、音息則語滅、人言之與鷇音等耳、何足校其是非。道惡乎隱而有真偽、言惡乎隱而有是非。道惡乎往而不存、言惡乎存而不可。道隱於小成、章炳麟曰、隱讀如隱几之隱、所依據也。穆按：此即隨其成心、人各有師也。曹受坤曰、即下文其分也成也之成。言隱於榮華。故有儒墨之是非、以是其所非、而非其所是。郭象曰、儒墨更相是非。欲是其所非而非其所是、則莫若以明。穆按：明、芒之對文。各師成心則芒、知化則明矣。則陽篇云、雞鳴狗吠、是人之所知、雖有大知、不能以言讀其所自化、又不能以意其所將為。若明此理、則知代而化、成心泯而是非亦泯矣。物無非彼、物無非是。穆按：自我謂彼、自彼則為是。自彼則不見、自知則知之。故曰、彼出於是、是亦因彼、彼是方生之說也。章炳麟曰、彼是觀待而起、一方生即一方滅、一方可即一方不可、因果同時也。穆按：方生謂同時並起。雖然、方生方死、方死方生。方可方不可、方不可方可、因是因非、因非因是。胡遠濬曰、因者、相因待之意。謂是非相待而生也。是以聖人不由而照之於天。成玄英曰、天、自然也。吳汝綸曰、由、用也。不用而寓諸庸、即照於天之說也。亦因是也。朱子曰、因者、君之綱。道家之說、此為最要。史記老子贊云、虛無因應、變化於無窮。虛無是體、因應是用、蓋因而應之之義云爾。馬其昶曰、此即儒者因物付物之學。王闓運曰、專因是以化其非也。世所積是、聖不能非。世所積非、聖可以是。愚者難悟、先務順之。必先是之、乃可無非。劉咸炘曰、因是、因其皆是。所破特彼我之相非耳。穆按：上文言因是因非、聖人獨因是而無所非、故曰亦因是也。

是亦彼也、彼亦是也。彼亦一是非、此亦一是非。果且有彼是乎哉、果且無彼是乎哉。彼是莫得其偶、謂之道樞。郭象曰、偶、對也。馬其昶曰、莊子因是之學、不類于莫之執中。無方所、故謂之兩行。無對待、故謂之通一。蓋因是為是、我無與焉。彼是者、我見所生、是彼非此、有方所而對待起、所謂偶也。彼是莫得其偶、即因是已。此環中之所以妙也。樞始得其環中、以應無窮。錢澄之曰、樞、天樞也。天樞居中、斗柄環指、不滯一隅、故曰環中。郭嵩燾曰、唐釋湛然止觀輔行傳宏決、引莊子古注云、以圓環內空體無際、故曰環中。朱子曰、老子云、當其無、有車之用。無是轂中空處、惟其中空、故能受軸而運轉不窮、亦此意。是亦一無窮、非亦一無窮也。故曰莫若以明。曹受坤曰、孔子稱舜之大知、則謂執其兩端、用其中於民。而自謂無知、亦曰我叩其兩端而竭焉。惟環無端、不論由何點起、左旋右旋、皆復原位。故原位非終點、起點亦非始境、無所往而不通、亦無所往而不中。故可以隨成、可以應無窮也。

以指喻指之非指、不若以非指喻指之非指也。以馬喻馬之非馬、不若以非馬喻馬之非馬也。章炳麟曰、指馬之義、乃破公孫龍說。指物篇云、物莫非指、而指非指。上指謂所指者、即境。下指謂能指者、即識。物皆有對、故莫非境。識則無對、故識非境。莊生則云、以境喻識之非境、不若以非境比喻識之非境也。蓋為有對者、但是俗論。方有所見、相見同生、故物亦非境也。兩皆非境、則爭自絕矣。白馬論云、馬者、所以命形也。白者、所以命色也。命色者、非命形也、故曰白馬非馬。莊生則云、以馬喻馬之非馬、不若以非馬喻馬之非馬。蓋馬非以命形、專取現量、真馬與石形如馬者、等無差別。命馬為馬、亦且越出現量。兩皆非馬、則爭自絕矣。穆按：公孫龍在莊子後、此不當以公孫龍為說。指百體之一、馬萬類之一、此蓋泛就指馬說之。謂以我喻彼之非我、不若以彼喻我之非彼耳。陳壽昌曰、以彼指還喻我指、則我指復為非指也。

天地、一指也。萬物、一馬也。呂惠卿曰、天地與我竝生、而同體、萬物與我為一、而同類。可乎可、不可乎不可。王叔岷曰、此二句疑當在下文無物不然無物不可下。道行之而成、穆按：此隱於小成之道。物謂之而然。惡乎然、然於然。惡乎不然、不然於不然。馬其昶曰、各有所行以成其道、各謂其物為然、而異己者為不然、皆私也。非真是所在。物固有所然、物固有所可。胡遠濬曰、此就分殊言。無物不然、無物不可。胡遠濬曰、此就理一言。陸德明曰、崔本此下更有可於可、而不可於不可、不可於不可、而可於可也。故為是舉莛。音庭與楹、朱亦棟曰、莛、言其小也。漢書、以莛撞鐘。厲與西施、陸德明曰、厲、惡也。西施、吳王美女。恢恑九委反。憰音決。怪、盧文弨曰、恑與詭同。道通為一。其分也、成也。其成也、毀也。成玄英曰、於此為成、於彼為毀。如散毛成氈、伐木為舍等也。王闓運曰、獨則無成。凡物無成與毀、復通為一。惟達者知通為一、為是不用而寓諸庸。嚴復曰、庸、常也、用也。常脈一分七十六至、病熱者百至。百與七十六、無是非善惡可言。顧以反常而醫者變色。北行者不南轅、緣木者非求魚。南轅緣木非過也、顧以北行求魚則大謬。前之所非、非於反常。後之所非、非於失用。故曰寓諸庸。庸也者、用也。用也者、通也。通也者、得也。適得而幾矣。章炳麟曰、庸用通得、皆以疊韻為訓。得借為中、古無舌上音、中讀如冬、與得變聲。穆按：中庸之書本此。王闓運曰、主於德而不可求、適得而已。因是已。王敔曰、已、止也。謂因是而即止也。已而不知其然、謂之道。宣穎曰、不知其然、未嘗有心也。穆按：已而自以為然者仍非道。勞神明為一、而不知其同也、胡遠濬曰、勞神明為一、惠子是也。謂之朝三。何謂朝三、曰、狙七徐反。公賦芧、音序。奚侗曰、芧當作柔。崔譔曰、狙公、養猨狙者。司馬彪曰、芧、橡子也。朝三升、暮四升也。成玄英曰、賦、與也。曰、朝三而莫四。眾狙皆怒。曰、然則朝四而莫三。眾狙皆悅。名實未虧、而喜怒為用、亦因是也。穆按：狙公之順眾狙、亦因是之義也。是以聖人和之以是非、而休乎天鈞、是之謂兩行。錢澄之曰、道通為一、惟善因者、能不用一而用兩。兩者、一之所寓也。曹受坤曰、淮南原道、鈞旋轂轉、周而復匝。漢書注、陶家名模下圓轉者為鈞。此與循環義相照應。兩行、即從環中左旋右轉、無不同歸一點也。鈞、陸德明釋文又作均。成玄英曰、均、自然均平之理。王先謙曰、聖人和通是非、共休息於自然均平之地、物我各得其所、是兩行也。

古之人、其知有所至矣。成玄英曰、至、造極之名。惡乎至、有以為未始有物者、至矣盡矣、不可以加矣。郭象曰、此忘天地、遺萬物、外不察乎宇宙、內不覺其一身、故能曠然無界、與物俱往、而無所不應。其次以為有物矣、而未始有封也。王闓運曰、封、域也。彼此之界也。其次以為有封焉、而未始有是非也。陸長庚曰、未始有物之先、即無極也。有物、即太極也。有封、即動靜陰陽也。有是非、即五性感動、而善惡分、萬事出也。是非之彰也、道之所以虧也。道之所以虧、愛之所以成。吳汝綸曰、愛、隱也、障翳也。果且有成與虧乎哉、果且無成與虧乎哉。成玄英曰、道無增減、物有虧成。是以物愛既成、謂道為損、而道實無虧也。有成與虧、故章炳麟曰、故、此也。義見墨子天志篇。昭氏之鼓琴也。俞樾曰、列子載鄭師文學琴師襄事。師舉其氏。武延緒曰、疑昭為師字誤。馬敘倫曰、呂氏君守篇、鄭太師文終日鼓琴瑟。無成與虧、故昭氏之不鼓琴也。郭象曰、聲不可勝舉也。故吹管操絃、雖有繁手、遺聲多矣。而執籥鳴絃者、欲以彰聲也。彰聲而聲遺、不彰聲而聲全。昭文之鼓琴也、師曠之枝策也、司馬彪曰、枝、柱也。策、杖也。崔譔曰、舉杖以擊節。王闓運曰、師曠瞽者、故柱杖而行。惠子之據梧也、崔譔曰、梧、琴瑟也。成玄英曰、檢典籍、無惠子善琴之文。據梧者、止以梧几而據之談說。三子之知、幾乎皆其盛者也。奚侗曰、盛當作成。故載之末年。釋德清曰、言從事以終身。奚侗曰、載、事也。姚永樸曰、小爾雅、載、行也。末年、猶云終世。惟其好之也、以異於彼其好之也、欲以明之彼。錢澄之曰、既自以為成、有異於人矣。又欲明之於人、明己之成、所以見彼之虧也。非所明而明之、故以堅白之昧終。郭象曰、是猶對牛鼓簧耳。彼竟不明、故己之道術、終於昧然。而其子又以文之綸終、終身無成。郭象曰、昭文之子、終文之緒、亦卒不成。

若是而可謂成乎、雖我亦成也。若是而不可謂成乎、物與我無成也。胡遠濬曰、非所明而明之、以此為成、則孰非成者。然物與我皆衹能自明、不能明人。若明非所明、即不可謂成、則又無一成者矣。馬其昶曰、各私一我、皆可謂成。兼物與我、無所謂成也。嚴復曰、不獨人道如是、而造化尤然。日月經天、江河行地、寒暑推遷、晝夜相代、萬物成毀生滅於此區區一丸之中。來無始、去無終。問彼真宰、何因為是、雖有大聖、無能答也。是故滑古沒反。疑之耀、吳汝綸曰、滑疑、即滑稽也。史記、滑稽多智。顏師古說、滑、亂也。稽、疑也。索隱引鄒誕生曰、言是若非、言非若是、能亂同異也。子雲酒箴、鴟夷滑稽。注、圓轉縱舍、無窮之狀。皆與莊子語意相似。聖人之所圖也。王先謙曰、謀去之。曹受坤曰、說文、圖、計畫難也。此言聖人以為難。中庸吾弗能之矣、語意相似。為是不用而寓諸庸、此之謂以明。

今且有言於此、不知其與是類乎、其與是不類乎。類與不類、相與為類、則與彼無以異矣。王夫之曰、此欲顯其綱宗、而先自破其非。雖然、請嘗言之。有始也者。有未始有始也者。有未始有夫未始有始也者。有有也者。有無也者。有未始有無也者。有未始有夫未始有無也者。俄而有無矣、而未知有無之果孰有孰無也。今我則已有謂矣、而未知吾所謂之其果有謂乎、其果無謂乎。章炳麟曰、斷割一期、故有始。長無本剽、故無始。心本不生、故未始有夫未始有始。計色故有、計空故無。離色空、故未始有無。離偏計、故未始有夫未始有無。不覺心動、忽然念起、遂生有無之見。計色為有、離計孰證其有。計空為無、離計孰證其無。故曰、俄而有無矣、而未知有無之果孰有孰無也。然今之論者、現是有言。所詮之有、寗得遮撥為無。而此能詮、誠合於所詮否、又無明證。故復說言未知吾所謂之其果有謂乎、其果無謂乎。天下莫大於秋豪之末、而大山為小。莫壽乎殤子、而彭祖為夭。歸有光曰、始終、數也。有無、象也。無象無數、浩浩綿綿。馬其昶曰、秋豪性足、殤子反真、故稱久大。天地並生、故彭祖夭。萬物為一、故大山小。天地與我並生、而萬物與我為一。既已為一矣、且得有言乎。既已謂之一矣、且得無言乎。一與言為二、二與一為三。章炳麟曰、依幻有說、與萬物為一。若依圓成實性、惟是如來藏、一尚無有、人與萬物、何形隔器殊之有。所謂一者何耶。般若經說、諸法一性、即是無性。諸法無性、即是一性。是故一即無見無相、何得有言。以藏識中有數識、既見為一、不得無一之名。呼此一聲、為能詮之名。對此一者、為所詮之事。是一與言為二。識中一種、更與能詮所詮異分、是二與一為三。本自無性、而起三數。故曰自無適有、以至於三。無適者、不動之謂。一種一事一聲、泊爾皆寂、然後為至。所因者何、因其本是一也。此說齊物之至、本自無齊。穆按：老子云、道生一、一生二、二生三、三生萬物、即本此。自此以往、巧歷不能得、而況其凡乎。胡遠濬曰、凡對巧歷言。故自無適有、以至於三、而況自有適有乎。無適焉、因是已。穆按：無適、即各止於彼我之分、即因是也。亦即所謂休乎天鈞也。曹受坤曰、至是齊物論正文已完、以下不過條列、以申述前旨。

夫道未始有封、章炳麟曰、崔云、齊物七章、此連上章、而班固說在外篇、然則此自別為一章也。蔣錫昌曰、謂班固說在外篇者、乃言班固本此章亦在本篇、但班固驗之於義、以為應在外篇也。言未始有常、為是而有畛也。陸德明曰、畛謂封域畛陌。郭象曰、道無封、故萬物得恣其分域。請言其畛。有左有右、有倫有義、崔本作有論有議。曹受坤曰、左右乃極端反對之兩派。倫者、類也。義者、各持一義。此蓋同一派中、再分類別者。有分有辯、有競有爭。曹受坤曰、大派對立、則為分為競。小派紛爭、則為辨為爭。此之謂八德。王夫之曰、故老子曰、道失而後有德。六合之外、聖人存而不論。王闓運曰、存、察也。六合之內、聖人論而不議。春秋經世、先王之志、聖人議而不辯。郭象曰、順其成迹、而擬乎至當之極。故分也者、有不分也。辯也者、有不辯也。曰、何也。聖人懷之、眾人辯之、以相示也。故曰、辯也者、有不見也。錢澄之曰、只見一邊、則以所見為是、所不見為非。夫大道不稱。宣穎曰、無可名。大辯不言。大仁不仁。成玄英曰、亭毒群品、汎愛無心、譬彼青春、非為仁也。大廉不嗛。欺簟反。朱桂曜曰、嗛蓋磏之壞字。說文、磏、厲石也。韓詩外傳、磏乎其廉而不劌。馬其昶曰、嗛、與隒同。說文、隒、崖也。謂廉者不自顯崖岸。大勇不忮。王念孫曰、說文、忮、很也。道昭而不道。言辯而不及。仁常而不成。闕誤引或本成作周。郭象曰、有常愛、必不周。廉清而不信。馬其昶曰、清、謂明察也。信、與申同。勇忮而不成。五者园而幾向方矣。王念孫曰、园與刓通。吳汝綸曰、淮南作五者無棄而幾向方矣。高注方、道也。馬其昶曰、案园謂化五者之迹、猶老子之言挫其銳也。奚侗曰、疑古本莊子無作无、棄字破爛、鈔者作口以識、後人誤合為园。故知止其所不知、至矣。成玄英曰、知止其分、學之極造也。章炳麟曰、馳騖愈遠、本量逾乖。知止其所不止者、即不論不議之謂。孰知不言之辯、不道之道。若有能知、此之謂天府。蔣錫昌曰、天府、即自然之府、即至人藏道之心竅也。注焉而不滿、酌焉而不竭。而不知其所由來。郭象曰、至理之來、自然無迹。此之謂葆光。焦竑曰、葆光即知而不知之謂。趙以夫曰、葆光、言自晦其明也。故昔者堯問於舜曰、我欲伐宗膾胥敖、崔譔曰、宗一、膾二、胥敖三。洪亮吉曰、鄶膾、古今字。孫詒讓曰、宗、崇之借字。荀子堯伐驩兜、楊注、書曰、放驩兜於崇山。呂氏召類、禹攻曹魏屈驁、疑敖與驁字通。胥、或當作骨。骨敖即屈驁。南面而不釋然、其故何也。舜曰、夫三子者、猶存乎蓬艾之閒。郭象曰、物之所安、無陋也。則蓬艾、乃三子之妙處也。若不釋然、何哉。馬其昶曰、聽其自存、又何歉焉。昔者十日竝出、萬物皆照、馬其昶曰、照與炤同字。說文、灼、炙也。淮南言堯時十日竝出、焦禾稼、殺草木、即此所謂竝炤也。而況德之進乎日者乎。郭嵩燾曰、日、無心者也。德之求辯乎是非、方且以有心出之、民何所措手足乎。成玄英曰、欲奪蓬艾之願、而伐使從我、於至道豈宏哉。

齧缺問乎王倪曰、俞樾曰、廣韻、齧姓。子知物之所同是乎。曰、吾惡乎知之。子知子之所不知邪。曰、吾惡乎知之。然則物無知邪。曰、吾惡乎知之。雖然、嘗試言之。庸詎知吾所謂知之非不知邪。庸詎知吾所謂不知之非知邪。且吾嘗試問乎女。民溼寢、則腰疾偏死。司馬彪曰、偏枯死也。鰌音秋。然乎哉。木處、則惴慄恂懼。蝯猴然乎哉。三者孰知正處。民食芻豢。司馬彪曰、牛羊曰芻、犬豕曰豢、以所食得名。麋鹿食薦。司馬彪曰、薦、美草也。蝍且子徐反。甘帶陸德明曰、爾雅、蒺蔾、蝍蛆。郭璞注、似蝗、能食蛇腦。司馬彪曰、帶、小蛇也。陸容曰、即且、蜈蚣。鴟鴉耆鼠。四者孰知正味。蝯、篇面反。猵狙以為雌。向秀曰、猵狙以蝯為雌。麋與鹿交。鰌與魚游。毛嬙麗姬、司馬彪曰、毛嬙、越王美姬、麗姬、晉獻公之嬖。人之所美也。魚見之深入、鳥見之高飛、麋鹿見之決驟。崔譔曰、疾走不顧為決。四者孰知天下之正色哉。自我觀之、仁義之端、是非之塗、樊然殽亂、吾惡能知其辯。齧缺曰、子不知利害、則至人固不知利害乎。王倪曰、至人神矣。

大澤焚、而不能熱。河漢沍、戶故反。而不能寒。向秀曰、沍、凍也。疾雷破山、風闕誤引或本作飄風。振海、而不能驚。若然者、乘雲氣、騎日月、而遊乎四海之外。死生無變於己、而況利害之端乎。郭嵩燾曰、能不以物為重、而天地造化自存於吾心、則外境不足以相累。莊子之自期許如此、故屢及之。

瞿鵲子問乎長梧子曰、俞樾曰、據吾聞諸夫子之語、則瞿鵲子當為孔子弟子。國策有梧下先生、李頤曰、居長梧下、因以為名。吾聞諸夫子、聖人不從事於務。郭象曰、務自來而理自應、非從而事之也。不就利、不違害。郭象曰、任而直前。不喜求、王敔曰、自謂未得。不緣道。王敔曰、自謂已得。無謂有謂、有謂無謂、胡遠濬曰、此即寓言篇終身不言、未嘗不言、終身言、未嘗言也之旨。而遊乎塵垢之外。郭象曰、凡非真性、皆塵垢也。夫子以為孟浪之言、向秀曰、孟浪、音漫瀾、無所趣舍之謂。崔譔曰、不精要之貌。而我以為妙道之行也。吾子以為奚若。長梧子曰、是黃帝之所聽熒音瑩也。司馬彪曰、聽熒、疑惑也。而丘也何足以知之。且女亦大早計。見卵而求時夜、崔譔曰、時夜、司夜、謂雞也。見彈而求鴞炙。司馬彪曰、鴞、小鳩、可炙。郭象曰、物有自然、理有至極。循而直往、則冥然自合、非所言也。故言之者孟浪、而聞之者聽熒。夫不能安時處順、而探變求化、當生而慮死、執是以辯非、皆逆計之徒也。予嘗為女妄言之、女以妄聽之、奚。成玄英曰、奚、何如。旁日月、司馬彪曰、旁、依也。挾宇宙。為其脗武軫反。合、司馬彪曰、脗、合也。王闓運曰、明並日月、量兼宇宙、與世吻合、不置其滑古沒反。涽。音昏。向秀曰、滑涽、未定之謂。以隸相尊。吳汝綸曰、列子注、隸、猶群輩。穆按：群輩相尊、世情皆然、聖人亦不違之從事於務也。

也。眾人役役、聖人愚芚。徒奔反。司馬彪曰、渾沌、不察分也。參萬歲而一成純。郭象曰、參糅億載、千殊萬異、道行之而成、則古今一成也。物謂之而然、則萬物一然也。無物不然、無時不成、斯可謂純也。萬物盡然、而以是相蘊。郭象曰、蘊、積也。積然於萬物、無物不然也。王先謙曰、萬物無所不然、但以一是蘊積。穆按：此聖人所以因是而止、不復因於非是也。予惡乎知說生之非惑邪。予惡乎知惡死之非弱喪而不知歸者邪。郭象曰、少而失其故居、名為弱喪。麗之姬、艾封人之子也。成玄英曰、艾地之守封疆者。晉國之始得之也、涕泣沾襟。及其至於王所、崔譔曰、六國諸侯僭稱王、因謂晉獻公為王也。穆按：此證本篇之成、必在齊魏相王後也。與王同筐牀、崔譔曰、方牀也。食芻豢、而後悔其泣也。予惡乎知夫死者、不悔其始之蘄生乎。郭象曰、蘄、求也。夢飲酒者、旦而哭泣。夢哭泣者、旦而田獵。方其夢也、不知其夢也。夢之中又占其夢焉。覺而後知其夢也。且有大覺、而後知此其大夢也。章炳麟曰、覺夢之喻、非謂生夢死覺。大覺知大夢者、知生為夢、故不求長生。知生死皆夢、故亦不求寂滅。而愚者自以為覺、竊竊然知之。司馬彪曰、竊竊、猶察察也。君乎、牧乎、固哉。劉辰翁曰、舉世皆夢、人君人牧、方竊竊然有擇於此、陋矣。丘也、與女皆夢也。予謂女夢、亦夢也。是其言也、其名為弔音的。詭。陸德明曰、弔、至也。詭、異也。馬其昶曰、弔詭猶諔詭。天下篇、其辭雖參差、而諔詭可觀。萬世之後而一遇大聖、知其解者、是旦暮遇之也。王先謙曰、解人難得、萬世一遇、猶旦暮然。既使我與若辯矣、若勝我、我不若勝。若果是也、我果非也邪。我勝若、若不吾勝。我果是也、而果非也邪、郭象曰、若、而、皆汝也。其或是也、其或非也邪。其俱是也、其俱非也邪。我與若不能相知也。則人固受其黮貪闇反。闇。李頤曰、黮闇、不明貌。吾誰使正之。使同乎若者正之、既與若同矣、惡能正之。使同乎我者正之、既同乎我矣、惡能正之。使異乎我與若者正之、既異乎我與若矣、惡能正之。使同乎我與若者正之、既同乎我與若矣、惡能正之。然則我與若、與人、俱不能相知也、而待彼也邪。郭象曰、各自正耳。何謂和之以天倪。郭象曰、天倪、自然之分也。馬敘倫曰、當從班固作天研。說文、研、礦也。天研、猶言自然礦之。礦道回旋、終而復始、以喻是非之初無是非也。朱桂曜曰、釋文引舍人云、研、平也。天研即天平。曰、是不是、然不然。是若果是也、則是之異乎不是也亦無辯。然若果然也、則然之異乎不然也亦無辯。化聲之相待、呂惠卿曰、此下五句、至所以窮年也、應移而待彼也邪句下。若其不相待。和之以天倪、因之以曼衍、所以窮年也。司馬彪曰、曼衍、無極也。王雱曰、天倪、自然之妙本也。言有其本、則應變而無極。則古今之年有時窮盡、而吾之所言、無時而極也。郭象曰、是非之辯為化聲。化聲之相待、俱不足以相正、故若不相待。和之以自然之分、任以無極之化、則是非之境自泯、而性命之致自窮也。忘年忘義、郭象曰、忘年、故玄同死生。忘義、故彌貫是非。振於無竟、故寓諸無竟。郭象曰、是非死生、蕩而為一。至理暢於無極、故宗之者不得有窮。姚鼐曰、疑何謂和之以天倪至此、是雜篇寓言章末錯入此處。

罔兩問景曰、郭象曰、罔兩、景外之微陰也。嚴復曰、凡物之非此非彼者曰罔兩。魑魅罔兩之罔兩、介於人鬼物魅之間。問影之罔兩、介於光影明闇之間。天文家所謂闇虛。室中有二燈、則所成之影皆闇虛、必兩光之所不及者、乃為真影。曩子行、今子止。曩子坐、今子起。何其無特操與。景曰、吾有待而然者邪。吾所待又有待而然者邪。曾國藩曰、有待、景為形使也。又有待、形為氣使也。吾待蛇蚹音付蜩翼邪。成玄英曰、蚹、蛇蛻皮。蜩翼、即外篇所云蜩甲。蛇蛻故皮。蜩出新甲也。陶鴻慶曰、此待字當作特。高亨曰、待字疑涉上文而衍。寓言篇、予蜩甲也、蛇蛻也、似之而非也。即其證。穆按：蛇蚹蜩翼、皆已與蛇蜩不相關。故知相待實不相待、皆自然也。惡識所以然、惡識所以不然。成玄英曰、待與不待、然與不然、天機自張、莫知其宰。

昔者莊周夢為胡蝶、栩栩況羽反。然胡蝶也。陸德明曰、栩栩、喜貌。自喻適志與。李頤曰、喻、快也。奚侗曰、字當作愉。穆按：自喻、猶云自謂。不知周也。俄然覺、則蘧蘧然周也。李頤曰、蘧蘧、有形貌。王闓運曰、蘧蘧、重貌。嚴復曰、大宗師、蘧然覺、則蘧然自是覺貌。不知周之夢為胡蝶與。胡蝶之夢為周與。周與胡蝶、則必有分矣。此之謂物化。王先謙曰、周蝶必有分、而其入夢方覺、不知周蝶之分也。謂周為蝶可、謂蝶為周亦可、則一而化矣。馬其昶曰、物有分、化則一也。至人深達造化之原、絕無我相、故一切是非利害、貴賤生死、不入胸次、忘年忘義、浩然與天地精神往來。

養生主

內篇之三。陳景元曰、主、真君也。王夫之曰、形、寓也、賓也。心知寓神以馳役也。皆吾生之有、而非生之主也。養生之主者、賓其賓、役其役、薪盡而火不喪其明。楊時曰、逍遙篇、子思所謂無入不自得。養生主篇、孟子所謂行其所無事。

吾生也有涯、而知也無涯。呂惠卿曰、生隨形而有盡、知逐物而無窮。以有涯隨無涯、殆已。已而為知者、殆而已矣。姚鼐曰、已而之已、此也。穆按：老子云、知止可以不殆、本此。為善無近名、為惡無近刑。郭象曰、忘善惡而居中、悶然與至當為一。故刑名遠己、而全理在身。胡遠濬曰、大宗師云、過而弗悔、當而不自得、此真人之不近刑近名也。張文虎曰、兩無字皆轉語辭。與無乃將無得無辭氣相近。劉咸炘曰、管子白心、為善乎、無提提。為不善乎、將陷於刑、是其證。緣督以為經。王夫之曰、身後之中脈曰督。居靜而不倚於左右、有位而無形質者、緣督者、循虛而行、以適得其中。可以保身。可以全生。吳汝綸曰、生讀為性。可以養親。可以盡年。

庖丁為文惠君解牛。崔譔曰、文惠君、梁惠王也。穆按：據此稱謂、似此篇較逍遙齊物為先成。手之所觸、肩之所倚、足之所履、膝之所踦。居彼反。馬其昶曰、膝之所踦、謂屈一足之膝以案之也。說文、踦、一足也。砉音畫然嚮然、司馬彪曰、砉然、皮骨相離聲。武延緒曰、嚮疑曏字誤。曏、一作的。嚮、一作向。形近。奏刀騞呼獲反然。崔譔曰、聲大於砉也。張湛曰、破聲。莫不中音、合於桑林之舞、乃中經首之會。司馬彪曰、桑林、湯樂名。經首、咸池、樂章也。奚侗曰、經疑貍字誤。樂記、左射貍首、右射騶虞。武延緒曰、疑首乃肯字譌。文惠君曰、譆、音熙。善哉、技蓋至此乎。庖丁釋刀對曰、臣之所好者、道也。進乎技矣。始臣之解牛之時、所見無非牛者。三年之後、未嘗見全牛也。郭象曰、但見其理閒。方今之時、臣以神遇、而不以目視。官知止而神欲行。向秀曰、專所司察而後動、謂之官智。縱手放意、無心而得、謂之神欲。依乎天理。韓非曰、理者、成物之文也。成玄英曰、依天然之腠理。批大郤、陸德明曰、字林、批、擊也。崔譔曰、郤、閒也。導大窾、苦管反。司馬彪曰、窾、空也。因其固然。技經肯綮音啟之未嘗、俞樾曰、技疑枝之誤。素問、治其經絡。王注引靈樞云、經脈為裏、支脈為絡。支與枝通。枝經、猶經絡也。陸德明曰、肯、說文作肎、著骨肉也。司馬彪曰、綮、猶結處也。王闓運曰、嘗、試也。穆按：未嘗、猶不到。章炳麟曰、技者、小也、言未嘗小經肯綮也。而況大軱音孤乎。崔譔曰、槃結骨。良庖歲更刀、割也。族庖月更刀、折也。崔譔曰、族、眾也。俞樾曰、折謂折骨。今臣之刀、十九年矣。所解、數千牛矣。而刀刃若新發於硎。音刑。郭象曰、硎、砥石也。彼節者有閒、而刀刃者無厚。以無厚入有閒、恢恢乎、其於遊刃、必有餘地矣。是以十九年而刀刃若新發於硎。雖然、每至於族、吾見其難為。郭象曰、交錯聚結為族。怵然為戒、視為止、行為遲。動刀甚微、謋化百反。然已解、王念孫曰、說文、捇、裂也。謋與捇同。奚侗曰、謋疑磔之誤。廣雅、磔、開也。如土委地。郭象曰、理解而無刀迹、若聚土也。提刀而立、為之四顧、為之躊躇滿志。郭象曰、逸足容豫、自得之謂。善刀而藏之。郭象曰、拭刀而弢之也。王闓運曰、善、讀若繕人之繕。文惠君曰、善哉、吾聞庖丁之言、得養生焉。

公文軒見右師而驚曰、司馬彪曰、姓公文氏、名軒、宋人。簡文曰、右師、官名。是何人也、惡乎介也。向秀曰、介、偏刖也。天與、其人與。舊注、與、同歟。曰、天也、非人也。天之生是使獨也。司馬彪曰、獨、一足。人之貌有與也。郭象曰、兩足並行。以是知其天也、非人也。嚴復曰、分明是人、乃說是天、言養生之安無奈何之命。

澤雉十步一啄、百步一飲、陶望齡曰、防患周慎。阮毓崧曰、言不易得。不蘄畜乎樊中。郭象曰、蘄、求也。邵晉涵曰、爾雅、樊、藩也。神雖王、于況反。不善也。陳壽昌曰、雉未歷樊中束縛之苦、故以澤中之飲啄為常、神氣雖旺、初不自覺其善。忘適之適如此。馬其昶曰、不蘄猶言不期、樊中飲啄、神雖不勞、非鳥所樂。嚴復曰、上既言安於無奈何、而不以人賊天、又養生者所當知、故以澤雉繼。

老聃死、秦失本又作佚。弔之、三號而出。弟子曰、非夫子之友邪。曰、然。然、則弔焉若此、可乎。曰、然。始也、吾以為其人也。而今非也。馬其昶曰、氣還太虛、則與天合。向吾入而弔焉、有老者哭之、如哭其子。少者哭之、如哭其母。彼胡遠濬曰、彼、彼哭者。其所以會之、必有不蘄言而言、不蘄哭而哭者。是遁天倍情、吳汝綸曰、倍、背也。情、讀情偽之情。穆按：是、亦斥哭者。忘其所受。古者謂之遁天之刑。郭象曰、馳騖憂樂之境、雖楚戮未加、性情已困、庸非刑哉。適來、夫子時也。適去、夫子順也。安時而處順、哀樂不能入也。嚴復曰、安時處順、是依乎天理注腳。古者謂是帝之縣音玄解。崔譔曰、以生為縣、以死為解。穆按：老子曰、吾所以有大患者、為吾有身。及吾無身、吾有何患。即縣解也。指窮於為薪、火傳也、不知其盡也。錢澄之曰、指薪為火、此薪既盡、所指窮矣。而火固在也。薪謂有涯之生。穆按：火喻大道。佛典以神形喻薪火、非莊子本旨。王夫之曰、形成而神因附之、形敝則神舍之而去。寓於形、謂之神。不寓於形、天而已矣。此亦通。

人間世

內篇之四。郭象曰、與人群者、不得離人。然人間事故、世世異宜、惟無心而不自用者、為能惟變所適、而何足累。陳于廷曰、莊子拯世、非忘世。其為書、求入世、非求出世也。王夫之曰、此篇為涉亂世以自全之妙術、君子深有取焉。釋德清曰、真人無心遊世、以實庖丁解牛之譬、以見養生主之效也。篇雖各別、而意實貫。又曰、孔子乃用世之聖人、顏子乃聖門之高第、故借以為重、使其信然。

顏回見仲尼、請行。曰、奚之。曰、將之衛。曰、奚為焉。曰、回聞衛君、陳景元曰、蓋是出公輒。其年壯、其行獨。郭象曰、不與民同欲也。輕用其國、而不見其過。郭象曰、莫敢諫也。輕用民死、死者以國量乎澤若蕉。釋德清曰、以國比乎澤、而死者若澤中之蕉也。奚侗曰、國字涉上文而衍。呂覽期賢篇、死者量乎澤矣、與此相同。曹受坤曰、呂氏高注、量滿也。章炳麟曰、蕉、說文云、生枲也。言死者其多如枲、猶云死人如麻耳。民其無如矣。王先謙曰、無所歸往。回嘗聞之夫子曰、治國去之、亂國就之。醫門多疾。願以所聞思其則、崔譔曰、則、法也。闕誤本思其下有所行二字、則字屬下讀。庶幾其國有瘳乎。仲尼曰、譆、音熙。若殆往而刑耳。夫道不欲雜。雜則多。多則擾。擾則憂。憂而不救。奚侗曰、而借為乃。

古之至人、先存諸己、而後存諸人。[武延緒曰、存當為求字譌。]所存於己者未定、何暇至於暴人之所行。且若亦知夫德之所蕩、而知之所為出乎哉。德蕩乎名、知出乎爭。名也者、相札也。[崔譔本札作軋。成玄英曰、軋、傷也。]知也者、爭之器也。二者凶器、非所以盡行也。且德厚信矼、[古江反。]未達人氣。[簡文曰、矼、慤實貌。王闓運曰、矼、硜之借字、堅也。馬敘倫曰、矼借為鞏、堅固義。此言德之厚、信之固、未足以感人。]名聞不爭、未達人心。而彊以仁義繩墨之言術暴人之前者、[姚鼐曰、術、同述。闕誤本又作衒。]是以人惡有其美也。[郭象曰、回之德信、與其不爭之名、彼所未達。而強以仁義準繩之、彼將謂回欲毀人以自成也。]命之曰菑人。[王闓運曰、菑同剚、人不欲受、如剚刃其身。]菑人者、人必反菑之。若殆為人菑夫。且苟為悅賢而惡不肖、惡用而求有以異。[王先謙曰、下而、汝也。衛君苟好善惡惡、則朝多正人、何用汝之求有以自異。]若唯無詔、王公必將乘人而鬬其捷。[郭象曰、汝惟有寂然不言耳。言則王公必乘人以勢、而角其捷辯。]而目將熒之、[王念孫曰、說文、䁝、惑也。與熒通。]而色將平之、口將營之、[郭象曰、自救解不暇。]容將形之、[成玄英曰、容將益恭。]心且成之。[郭象曰、且釋己以就彼。]是以火救火、以水救水、名之曰益多。順始無窮。若殆以不信厚言、必死於暴人之前矣。[郭象曰、未信而諫、雖厚為害。]且昔者桀殺關龍逢、紂殺王子比干。是皆修其身以下傴[紆甫反。]拊[音撫。]人之民、以下拂其上者也。[崔譔曰、傴拊、猶嘔呴、謂養也。武延緒曰、下字衍。]故其君因其修以擠之。是好名者也。昔者堯攻叢枝胥敖、朱亦棟曰、胥敖二字切音為苗、即三苗也。叢枝、即宗也。奚侗曰、枝疑快字之誤。快膾音近、齊物論作宗膾。禹攻有扈。國為虛厲、李頤曰、居宅無人曰虛、死而無後為厲。身為刑戮。其用兵不止、其求實無已。是皆求名實者也。而獨不聞之乎。名實者、聖人之所不能勝也。而況若乎。郭象曰、惜名貪欲之君、雖復堯禹不能勝化也、故與眾攻之。雖然、若必有以也。嘗以語我來。王引之曰、來、句末語詞。顏回曰、端而虛、勉而一、則可乎。曰、惡、惡可。夫以陽為充、孔揚、采色不定。馬其昶曰、外貌為陽、見禮疏。孔揚、采色不定、狀其貌為充盛、內無定執。穆按：此斥言衛君也。常人之所不違。郭象曰、莫之敢逆。因案人之所感、以求容與其心。成玄英曰、案、抑也。容與、猶快樂。人以箴規感動、乃因而挫抑之、以求放縱其心意。名之曰日漸之德不成、陸長庚曰、日漸者、以漸而進、小德也。王先謙曰、雖日日漸漬之以德、不能有成。而況大德乎。將執而不化、宣穎曰、自以為是。外合而內不訾、方苞曰、不訾、言貌相承、而心漫不訾省。其庸詎可乎。然則我內直而外曲、成而上比。王敔曰、以成言上比古人。馬其昶曰、禮記注、成、猶奏也。內直者、與天為徒。與天為徒者、知天子之與己、皆天之所子、而獨以己言蘄乎而人善之、蘄乎而人不善之邪。王闓運曰、蘄、祈也。猶望也。己言而人有從否、不能無望、視人重也。若知己與天子、無所貴賤、則不冀人從、不料人違、稱己而言、不設機械、故無患也。若然者、人謂之童子。是之謂與天為徒。外曲者、與人之為徒也。擎其驚反。跽其里反。曲拳、人臣之禮也。成玄英曰、擎手跽足、磬折曲躬。人皆為之、吾敢不為邪。為人之所為者、人亦無疵焉。是之謂與人為徒。成而上比者、與古為徒。其言雖教讁之實也、古之有也、非吾有也。若然者、雖直、不為病。郭象曰、寄直於古、無以病我。是之謂與古為徒。若是、則可乎。仲尼曰、惡、惡可。太多政法而不諜。崔譔曰、諜、間也。宣穎曰、言正人之法太多、而不能審覘人意。王敔曰、諜、狎也。俞樾曰、列禦寇篇、形諜成光、釋文、諜、便僻也。此諜義同、言有法度而不便僻。武延緒曰、政疑故字譌。多故、猶言多端。雖固亦無罪、雖然、止是耳矣。夫胡可以及化、猶師心者也。顏回曰、吾無以進矣。敢問其方。仲尼曰、齋、吾將語若。有而為之、其易邪。闕誤本有下有心字。郭象曰、有其心而為之、誠未易也。易之者、皞天不宜。穆按：在宥篇、亂天之經、逆物之情、玄天弗成。與此句法同。顏回曰、回之家貧、唯不飲酒、不茹葷者、數月矣。郝懿行曰、方言、茹、食也。若此、則可以為齋乎。曰、是祭祀之齋、非心齋也。回曰、敢問心齋。仲尼曰、若一志、劉文典曰、若一二字疑誤倒。王叔岷曰、一下疑脫汝字。無聽之以耳、而聽之以心。無聽之以心、而聽之以氣。成玄英曰、心有知覺、猶起攀緣。氣無情慮、虛柔任物。故去彼知覺、取此虛柔。遣之又遣、漸階玄妙。聽止於耳。俞樾曰、當作耳止於聽，傳寫誤倒也。此申說無聽之以耳之義、言耳之為用、止於聽而已。心止於符。俞樾曰、此申說無聽之以心之義。言心之用止於符而已、符之言合。陳祥道曰、心止於符、則極於心之所合而已。氣也者、虛而待物者也。唯道集虛。虛者、心齋也。顏回曰、回之未始得使、實自回也。奚侗曰、自係有誤。郭象曰、未使心齋、故有其身。得使之也、未始有回也。可謂虛乎。夫子曰、盡矣。吾語若。若能入遊其樊、而無感其名。王闓運曰、名、門楣也。胡遠濬曰、謂入遊衛國、無以衛君惡聲橫於胸中。入則鳴、不入則止。郭象曰、譬之宮商、應而無心。無門無毒、李楨曰、門毒對文、毒蓋壔之借字。說文、壔、保也。張行孚發疑云、壔者、累土為臺以傳信、即呂覽所謂高保。王先謙曰、門者可以沿為行路、毒者可以望為標的。無門無毒、使人無可窺尋指目之意。章炳麟曰、毒當以聲借為竇窬等字。一宅而寓於不得已、釋德清曰、一宅者、安心於一、了無二念。馬敘倫曰、宅寓義重、一為而字壞文、本當作而宅於不得已。則幾矣。絕迹易、無行地難。為人使、易以偽。為天使、難以偽。聞以有翼飛者矣。未聞以無翼飛者也。聞以有知知者矣。未聞以無知知者也。馬其昶曰、不行而絕迹、此出世法。行而不踐地、則入世而不為世攖者。蓋人閒世不能不為人使。易以偽、故難也。惟能飛不以翼、知不以知、則人而天矣、虛故也。穆按：偽即為也。為人使易以為、是以有翼飛也。為天使難以為、是以無翼飛也。瞻彼闋苦穴反。者、虛室生白。司馬彪曰、闋、空也。室喻心。心能空虛、則純白獨生也。崔譔曰、白者、日光所照。穆按：者、堵之借字。闋堵、即虛室也。吉祥止止。郭象曰、吉祥之所集者、至虛至靜也。俞樾曰、淮南俶真作止也。奚侗曰、下止字當作之。夫且不止、是之謂坐馳。馬其昶曰、淮南是謂坐馳陸沉、注言坐行神化、疾於馳傳。林雲銘曰、如繫馬而止、身坐於此、心逐於彼、愈見為天使之難以偽也。夫徇耳目內通、而外於心知。李頤曰、徇、使也。林雲銘曰、徇與循同、率也。率其聰明而通於內、屏其心知而外之、虛之而也。鬼神將來舍、而況人乎。成玄英曰、虛懷任物、鬼神將冥附而舍止。人倫歸依、固其宜矣。是萬物之化也。禹舜之所紐也。成玄英曰、紐、綱紐也。伏戲几蘧之所行終。向秀曰、几蘧、古帝王。王敔曰、行終、行之終身也。而況散焉者乎。宣穎曰、散、眾人。

葉公子高將使於齊、陸德明曰、沈諸梁、字子高、楚大夫、為葉縣尹、僭稱公。問於仲尼曰、王使諸梁也甚重。齊之待使者、蓋將甚敬而不急。宣穎曰、貌敬而緩於應事。匹夫猶未可動也、而況諸侯乎。吾甚慄之。子嘗語諸梁也、曰、凡事若小若大、寡不道以懽成。劉辰翁曰、未有不依道而能使美滿成就無後悔者。事若不成、則必有人道之患。事若成、則必有陰陽之患。郭象曰、人患雖去、然喜懼戰於胸中、固已結冰炭於五藏矣。若成若不成、而無後患者、唯有德者能之。吾食也、執粗而不臧。宣穎曰、甘守粗糲、不求精善。爨、無欲清之人。郭象曰、對火而不思涼、明其所饌儉薄也。今吾朝受命而夕飲冰、我其內熱與。王先謙曰、憂灼之故。吾未至乎事之情、宣穎曰、未到行事實處。而既有陰陽之患矣。事若不成、必有人道之患。是兩也。為人臣者、不足以任之。子其有以語我來。仲尼曰、天下有大戒二。成玄英曰、戒、法也。其一、命也。其一、義也。子之愛親、命也。不可解於心。臣之事君、義也。無適而非君也。無所逃於天地之間。是之謂大戒。是以夫事其親者、不擇地而安之、孝之至也。夫事其君者、不擇事而安之、忠之盛也。自事其心者、哀樂不易施以豉反。乎前。崔譔曰、施、移也。王念孫曰、晏子、君臣易施。知其不可奈何而安之若命、德之至也。劉咸炘曰、莊言命與孟言性同。孟子就一人以觀、故重言性。莊周就宇宙以觀、故言重命。為人臣子者、固有所不得已。行事之情、而忘其身。吳汝綸曰、呂覽、入山行木。注、行、察也。何暇至於悅生而惡死。夫子其行、可矣。唐順之曰、知命不可逃、則無陰陽之患。知傳言有法、則無人道之患。丘請復以所聞。凡交近、則必相靡以信。王敔曰、靡、同縻、維繫也。遠、則必忠之以言。言、必或傳之。夫傳兩喜兩怒之言、天下之難者也。夫兩喜必多溢美之言。兩怒必多溢惡之言。凡溢之類妄。妄、則其信之也莫。成玄英曰、莫、致疑貌。奚侗曰、論語邢疏、莫、薄也。猶言信之不篤。陶鴻慶曰、莫、慔之借字。淮南高注、莫、勉也。勉強信不堅。莫、則傳言者殃。故法言曰、傳其常情、無傳其溢言、則幾乎全。且以巧鬬力者、始乎陽、常卒乎陰。大音泰。至則多奇巧。王先謙曰、鬬力屬陽、求勝則終於陰謀。欲勝之至、則奇譎百出矣。以禮飲酒者、始乎治、常卒乎亂。大至則多奇樂。凡事亦然。始乎諒、常卒乎鄙。俞樾曰、諒與鄙文不相對、諒蓋諸之誤。諸讀為都。淮南詮言訓、故始於都者、常大於鄙、即本莊子。大乃卒字之誤。其作始也簡、其將畢也必巨。言者、風波也。行者、實喪也。郭嵩燾曰、實喪、猶言得失。夫風波易以動、實喪易以危。故忿設無由。馬其昶曰、言忿起無端。巧言偏辭。郭象曰、忿怒之作、常由巧言過實、偏辭失當。王叔岷曰、崔譔本偏作諞。說文、諞、便巧言也。獸死不擇音。王敔曰、音、通蔭。氣息茀音拂。然、王引之曰、茀、為艴之借字。於是並生心厲。王先謙曰、欲噬人也。剋核太至、則必有不肖之心應之、而不知其然也。苟為不知其然也、孰知其所終。故法言曰、無遷令。郭象曰、傳彼實也。無勸成。郭象曰、任其自成。

過度、益也。俞樾曰、益、讀為溢。即上文溢美溢惡。遷令、勸成、殆事。美成在久。郭象曰、任其時化。惡成不及改。可不慎與。且夫乘物以遊心、託不得已以養中、至矣。何作為報也。郭象曰、任齊所報，何必為齊作意於其間。莫若為致命、此其難者。王先謙曰、但致君命、不以己與。

顏闔將傅衛靈公太子、陸德明曰、顏闔、魯賢人。司馬彪曰、太子、蒯聵也。而問於蘧伯玉曰、有人於此、其德天殺。劉辰翁曰、如言天生刻薄人。陸長庚曰、天薄其賦、使之無德。馬其昶曰、猶詩云天降慆德。與之為無方、則危吾國。李頤曰、方、道也。與之為有方、則危吾身。其知適足以知人之過、而不知其所以過。若然者、吾奈之何。蘧伯玉曰、善哉、問乎。戒之、慎之。正女身哉。晁迥曰、人間世提出戒慎正身、而世反以放達宗莊、何也。形莫若就。心莫若和。雖然、之二者有患。就不欲入。郭象曰、就者、形順。入者、還與同。和不欲出。郭象曰、和者、義濟。出者、自顯代。形就而入、且為顛為滅、為崩為蹶。心和而出、且為聲為名、武延緒曰、名疑色字譌。為妖為孽。彼且為嬰兒、焦竑曰、無知也。亦與之為嬰兒。彼且為無町徒頂反。畦、音攜。焦竑曰、町畦猶疆界、言無收拾。亦與之為無町畦。彼且為無崖、焦竑曰、崖猶崖岸、言無容止。亦與之為無崖。達之入於無疵。呂惠卿曰、因其性之有所有而通之、孟子於齊王是也。汝不知夫螳蜋乎。怒其臂以當車轍、不知其不勝任也。是其才之美者也。戒之、慎之。

積伐而美者以犯之、幾矣。成玄英曰、幾、危也。汝不知夫養虎者乎。不敢以生物與之、為其殺之之怒也。不敢以全物與之、為其決之之怒也。宣穎曰、皆恐觸動其性。時其飢飽、達其怒心。虎之與人異類、而媚養己者、順也。故其殺者、逆也。夫愛馬者、以筐盛矢、以蜄市軫反。盛溺。陸德明曰、蜄、蛤類。適有蚉音文虻孟庚反。僕緣、宣穎曰、僕、附也。蚉虻附緣馬身。而拊之不時、郭象曰、雖救其患、而掩馬之不意。則缺銜毀首碎胸。成玄英曰、馬驚至此。意有所至、而愛有所亡。宣穎曰、怒心忽至、忘人愛己。林雲銘曰、一時意所偶疏、平日之愛盡棄。可不愼邪。

匠石之齊、至乎曲轅。崔譔曰、曲轅、道名。見櫟社樹。其大蔽牛、絜之百圍。宣穎曰、絜、量度。其高、臨山十仞而後有枝。其可以為舟者、旁十數。俞樾曰、旁、讀為方。且也。觀者如市。匠伯不顧、武延緒曰、伯乃石字譌、當從崔本。遂行不輟。弟子厭觀之。舊注、飽觀。走及匠石。曰、自吾執斧斤以隨夫子、未嘗見材如此其美也。先生不肯視、行不輟、何邪。曰、已矣、勿言之矣。散木也。郭象曰、不在可用之數曰散木。可用之木為文木。以為舟、則沈。以為棺槨、則速腐。以為器、則速毀。以為門戶、則液樠。亡言反。李楨曰、廣韻、樠、松心。液樠、謂脂出如松心也。章炳麟曰、樠借為槾、古無漫字、以槾為之。以為柱、則蠹。是不材之木也。無所可用、故能若是之壽。匠石歸、櫟社見夢曰、女將惡乎比予哉。若將比予於文木邪。夫柤側加反。奚侗曰、柤借為樝。說文、樝果似梨而酢。梨橘柚果蓏力果反。之屬、實熟則剝、則辱。本或疊剝字。章炳麟曰、釋名、辱、衄也。言折衄。大枝折、小枝泄。俞樾曰、泄、抴之叚字。謂牽引也。此以其能苦其生者也。故不終其天年、而中道夭。自掊擊於世俗者也。物莫不若是。且予求無所可用、久矣。幾死。乃今得之、為予大用。使予也而有用、且得有此大也邪。且也、若與予也皆物也。奈何哉、其相物也。穆按：物、類別義。同屬一物不能相類別、猶言不能相評騭。此句起下文。而幾死之散人、又烏知散木。郭象曰、以戲匠石。匠石覺而診其夢。王念孫曰、診、讀為畛。爾雅、畛、告也。弟子曰、趣取無用、穆按：趣取、猶言旨求。則為社、何邪。郭象曰、猶嫌其以為社自榮。曰、密、若無言。姚鼐曰、田子方篇、默、女無言。密默字通。達生篇、公密而不應。彼亦直寄焉、以為不知己者詬厲也。宣穎曰、特託於社、使不知己者從而詬病、並無用為用之義都自晦也。嚴復曰、此即所謂木雁之間。不為社者、且幾有翦乎。王念孫曰、幾、讀為豈。且也、彼其所保與眾異、馬敘倫曰、保借為寶。而以義譽之、不亦遠乎。吳汝綸曰、義與儀同。廣雅疏證、儀、貌同義。譽、稱也。穆按：以義譽之、猶云以常理論耳。

南伯子綦遊乎商之丘。李頤曰、南伯、即南郭。武延緒曰、伯疑讀陌。司馬彪曰、商之丘、今梁國睢陽縣。穆按：此證莊子時宋不都睢陽、否則不云商之丘。見大木焉、有異。結駟千乘、隱將闕誤本作將隱。芘甫至反。其所藾。音賴。崔譔曰、隱、傷於熱也。向秀曰、藾、蔭也。可以隱芘千乘也。子綦曰、此何木也哉，此必有異材夫。仰而視其細枝、則拳曲而不可以為棟梁。俯而視其大根、則軸解而不可以為棺槨。吳汝綸曰、軸、甹之借字。廣雅、甹、空也。嚴復曰、軸解者、木橫截時、見其由心而裂至於外也。咶食紙反。其葉、則口爛而為傷。嗅之、則使人狂酲音呈。李頤曰、狂如酲也。病酒曰酲。三日而不已。子綦曰、此果不材之木也、以至於此其大也。嗟乎、神人以此不材。王先謙曰、由木悟人。宋有荊氏者、宜楸柏桑。崔譔曰、荊氏之地、宜此三木。其拱把而上者、求狙猴之杙以職反。者斬之。李頤曰、欲以栖戲狙猴也。三圍四圍、求高名之麗者斬之。姚範曰、名、讀為甍。郭慶藩曰、名、大也。吳汝綸曰、麗、與欐同。七圍八圍、貴人富商之家、求樿音膳。傍者斬之。司馬彪曰、棺之全一邊者、謂之樿傍。朱桂曜曰、樿釋文本亦作檀。從單亶聲字多通。說文、擅、專也。木大者以一木板為棺之一邊、故謂之樿傍。故未終其天年、而中道夭於斧斤、此材之患也。故解之以牛之白顙者、羅勉道曰、解祠見郊祀志。穆按：漢郊祀志、古天子常以春解祠、言解罪求福也。吳汝綸曰、淮南、禹之為水、以身解於陽盱之河。與豚之亢鼻者、崔譔曰、亢、仰也。與人有痔直里反。病者、不可以適河。成玄英曰、古者將人沉河以祭、西門豹為鄴令、方斷之。穆按：莊子在西門豹後、蓋此風不止於鄴。此皆巫祝以知之矣。奚侗曰、以、讀為已。所以為不祥也。穆按：巫祝謂其不祥而不用。此乃神人之所以為大祥也。

支離疏者、司馬彪曰、支離、形體不全貌。疏、其名。頤隱於齊。羅勉道曰、齊與臍同。肩高於頂。會古外反。撮指天。崔譔曰、會撮、項椎也。李楨曰、難經、骨會大杼。注、大杼、穴名、在項後第一椎。司馬彪曰、會撮、髻也。古者髻在項中、脊曲頭低、故髻指天也。奚侗曰、會借作髻、髻之異文。義取會聚。單言曰髻、複言則曰髻撮。五管在上。李頤曰、管、腧也。五臟之腧、皆在上也。兩髀。音陛為脅。司馬彪曰、脊曲髀豎、故與脅並。挫鍼治繲、音綫。一作繲、今從崔。足以餬口。崔譔曰、挫、案也。王闓運曰、繲、綫或文、縫衣工也。鼓筴播精、足以食十人。司馬彪曰、小箕曰筴。王應麟曰、文選注作播糈。翁元圻曰、楚辭、懷椒糈而要之。上徵武士、則支離攘臂於其間。郭象曰、恃其無用、故不自竄匿。上有大役、則支離以有常疾、不受功。宣穎曰、不任功作。上與病者粟、則受三鍾、與十束薪。司馬彪曰、六斛四斗曰鍾。夫支離其形者、猶足以養其身、終其天年。又況支離其德者乎。王闓運曰、言此者、以明不與人接、則以無用為貴。顏回諫諍之法、葉公交際之準、顏闔教化之道三者、與人接之道盡矣。然不得已則有此、若幸無事、莫若自全而無見材。櫟社之樹有託、處富貴之善者。商丘之木支離、處貧賤之善者也。

孔子適楚。楚狂接輿遊其門、曰、鳳兮鳳兮、何如德之衰也。俞樾曰、如、讀為而、即爾也。來世不可待、往世不可追也。郭象曰、趣當盡臨時之宜耳。天下有道、聖人成焉。天下無道、聖人生焉。蘇輿曰、莊引數語、見所遇非時。苟生當有道、固樂用世、不僅自全其生矣。方今之時、僅免刑焉。福輕乎羽、莫之知載。禍重乎地、莫之知避。郭象曰、福者、即向所謂全耳、非假物也。舉其自舉、載其自載、天下之至輕也。然知以無涯傷性、心以欲惡蕩真。棄夫自舉之至輕、而取夫載彼之至重。此世之常患也。已乎已乎、臨人以德。殆乎殆乎、畫地而趨。馬其昶曰、擇地而蹈。迷陽迷陽、無傷吾行。王應麟曰、胡明仲云、荊楚有草、叢生修

條、其膚多刺、野人呼為迷陽。羅勉道曰、迷陽、蕨也吾行郤去逆曲、闕誤作郤曲郤曲。王闓運曰、刺
。蕨生蒙密、能迷陽明之路、故曰迷陽。託興言之。反。木也。陸德明曰、郤、字書作迟
。廣雅云、
迟、曲也。無傷吾足。山木、自寇也。武延緒曰、寇煎不成韻、疑當為朷司馬彪曰、
、即髡字。集韻、朷、斫木枝也。膏火、自煎也。木為斧柄、
還自伐。膏起
火、還自消。桂可食、故伐之。漆可用、故割之。人皆知有用之用、而莫知無用之用也。釋德清
曰、初
以孔子為善於涉世之聖、故託言以發其端。終篇以楚狂譏孔子、意謂雖聖而不知止、真見處世之難
。嚴復曰、莊生人閒世之論、固美矣。然人之生世、有其應善之天職、殺身成仁、舍生取義、亦所
謂不可解於心、無所逃於天地之間者。且生之為事、亦有
待而後貴耳。使其禽視獸息、徒曰支離其德、亦何取焉。

德充符

內篇之五。郭象曰、德充於內、應物於外。外內玄合、信若符命、而遺其形骸也。王先謙曰、德充於內、自有形外之符驗也。

魯有兀者王駘、音臺。李頤曰、刖足曰兀。從之遊者、與仲尼相若。郭象曰、弟子多少敵孔子。常季問於仲尼曰、陸德明曰、常季、或云孔子弟子。王駘、兀者也。從之遊者、與夫子中分魯。立不教、坐不議。王闓運曰、立則弟子、坐者友游。虛而往、實而歸。固有不言之教、無形而心成者邪。是何人也。仲尼曰、夫子、聖人也。丘也、直後而未往耳。王引之曰、直、特也。丘將以為師、而況不若丘者乎。奚假魯國、吳汝綸曰、爾雅、假、已也。已、止也。丘將引天下而與從之。常季曰、彼、兀者也、而王先生、其與庸亦遠矣。宣穎曰、與庸人相遠。若然者、其用心也、獨若之何。仲尼曰、死生亦大矣、而不得與之變。雖天地覆墜、亦將不與之遺。馬其昶曰、遺、亡也。吳汝綸曰、遺疑當依淮南作抮。精神篇又云、千變萬抮、是抮有變義。審乎無假、王念孫曰、淮南作無瑕。劉咸炘曰、淮南瑕、乃假之誤。穆按：莊子又云、假乎異物、託於同體。無假、則其非假之異物者、是我之真也。而不與物遷。命物之化、而守其宗也。穆按：遷即物之化、宗即我之無假。兩語互倒而相足。奚侗曰、周語、命、信也。信物之化、即順其自然。常季曰、何謂也。仲尼曰、自其異者視之、肝膽楚越也。自其同者視之、萬物皆一也。陳澧曰、莊子言萬物皆一、託為孔子語。又云、知天子之與己、皆天之所子、託為顏子語。橫渠西銘即此意。夫若然者、且不知耳目之所宜、而遊心乎德之和。穆按：耳宜聲、目宜色。遊心於德之和、則聲色俱泯、而混然同一矣。物視其所一、而不見其所喪。視喪其足、猶遺土也。王闓運曰、萬物一體、故足如土。常季曰、彼為己、以其知得其心、以其心得其常心。方潛曰、以知得心、明心也。以其心得其常心、見性也。物何為最之哉。司馬彪曰、最、聚也。屈大均曰、心從知而得、知之外無所謂心也。常心從心而得、心之外、無所謂常心也。知即心、心即常心。大抵聖愚之分、在知不知。知即有物皆心、不知即有心皆物。莊生之齊物、亦齊之於吾心爾，知心之外無物、物斯齊矣。穆按：常季之意、殆如陽明之倡良知、人人皆可反己自得、則不必聚於王駘之門也。仲尼曰、人莫鑑於流水、而鑑於止水。唯止、能止眾止。楊文會曰、就俗諦言之、一家仁、一國興仁、一家讓、一國興讓。就真諦言之、一人發真歸元、十方虛空、盡皆消殞。受命於地、唯松柏獨也、在冬夏青青。受命於天、唯舜獨也正。陸長庚曰、正、如各正性命之正。幸能正生、以正眾生。郭象曰、若物皆青全、則無貴於松柏。人各自正、則無羨於大聖而趨之。夫保始之徵、陸長庚曰、正生、即正性也。正性、即守宗也。守宗、即保始也。王先謙曰、保守本始之性命、於何徵驗。不懼之實、穆按：自此以下、至未嘗死者乎、分偏全兩層、指陳保始之徵也。勇士一人、雄入於九軍。將求名而能自要者、而猶若是。而況官天地、府萬物、郭象曰、冥然無不體也。直寓六骸、象耳目、章炳麟曰、官府同物、則寓象亦同物。郊祀志、木寓龍、木寓車、即今偶像字。穆按：六骸耳目、假於異物、皆非真我。守宗者、以偶象視之也。一知之所知、楊文會曰、證無分別心、而有分別用。而心未嘗死者乎。宣穎曰、得其常心、不以死生變。章炳麟曰、大乘發心、惟在斷所知障。此既斷已、何有生滅與非生滅之殊。嚴復曰、心未嘗死、即所謂得其常心。即老子所謂知常、即佛所謂妙明、即耶穌所云靈魂不死。彼且擇日而登假、姚範曰、假當讀遐、與周穆王登遐同。宣穎曰、曲禮、天王登假。此借言遺世獨立。王叔岷曰、假遐、並霞之借字。楚辭遠遊、載營魄而登霞。人則從是也。吳汝綸曰、是、猶之也。彼且何肯以物為事乎。

申徒嘉、兀者也、李頤曰、申徒氏、嘉名。而與鄭子產同師於伯昏無人。陸德明曰、雜篇作瞀人。子產謂申徒嘉曰、我先出、則子止。子先出、則我止。郭象曰、羞與刖者並行。其明日、又與合堂同席而坐。子產謂申徒嘉曰、我先出、則子止。子先出、則我止。今我將出、子可以止乎、其未邪。且子見執政而不違、王先謙曰、執政、子產自稱。違、避也。子齊執政乎。申徒嘉曰、先生之門、固有執政焉如此哉。子而說子之執政而後人者也。胡遠濬曰、而、猶乃也。也、讀為邪。郭象曰、笑其矜說在位、欲處物先。聞之曰、鑑明則塵垢不止、止則不明也。久與賢人處、則無過。今子之所取大者、先生也。唐順之曰、取大猶言尊信。

而猶出言若是、不亦過乎。子產曰、子既若是矣、猶與堯爭善。計子之德、不足以自反邪。申徒嘉曰、自狀其過、以不當亡者眾。不狀其過、以不當存者寡。陸長庚曰、自狀己過、以為吾足不當亡者眾矣。不自陳己過、而謂吾足不當存者、幾何人哉。馬其昶曰、人情多自狀其獲譴、謂足不當亡。少有不自白訴、謂其足不當存者。由不知命也。知不可奈何而安之若命、唯有德者能之。遊於羿之彀。音遘中、郭象曰、弓矢所及為彀中。中央者、中地也。然而不中者、命也。褚伯秀曰、遊羿彀中、莫非中地。其不中、幸免耳。人處世苟得免患、亦幸也。人以其全足笑吾不全足者、眾矣。我怫然而怒。而適先生之所、則廢然而反。郭象曰、見至人之知命遺形、故廢向者之怒而復常。不知先生之洗我以善邪。奚侗曰、洗、借為先。周禮注、先、猶導也。吾與夫子遊、十九年矣、而未嘗知吾兀者也。郭象曰、忘形故也。今子與我遊於形骸之內、而子索我於形骸之外、郭象曰、形骸外矣、其德內也。穆按：易稱形而上、形而下。不亦過乎。子產蹵子六反。然改容更貌、曰、子無乃稱。章炳麟曰、乃然雙聲。然者、如此也。王闓運曰、乃讀為仍。嚴復曰、王駘使人忘其兀、申徒嘉使人忘己兀、至叔山無趾不但自忘其兀、而轉以不兀者為天刑、其弔詭微妙有如是。

魯有兀者叔山無趾、踵見仲尼。李頤曰、叔山、氏。崔譔曰、無趾、故踵行。仲尼曰、子不謹前、既犯患若是矣。雖今來、何及矣。無趾曰、吾唯不知務而輕用吾身、吾是以無足。今吾來也、猶有尊足者存。吾是以務全之也。夫天無不覆、地無不載。吾以夫子為天地、安知夫子之猶若是也。孔子曰、丘則陋矣。夫子胡不入乎、請講以所聞。無趾出。孔子曰、弟子勉之。夫無趾、兀者也。猶務學以復補前行之惡、而況全德之人乎。無趾語老聃曰、孔丘之於至人、其未邪。彼何賓賓以學子為。（俞樾曰、賓賓、猶頻頻。漢書注、頻字或作賓。）彼且蘄以諔詭幻怪之名聞、不知至人之以是為己桎梏邪。老聃曰、胡不直使彼以死生為一條、以可不可為一貫者、解其桎梏、其可乎。無趾曰、天刑之、安可解。（穆按：此章淺薄不類。）

魯哀公問於仲尼曰、衛有惡人焉、曰哀駘它。（徒何反。郭象曰、惡、醜也。李頤曰、哀駘、醜貌。它、其名。俞樾曰、哀駘姓、漢有哀章。）丈夫與之處者、思而不能去也。婦人見之、請於父母曰、與人為妻、（陶鴻慶曰、人為二字誤倒。）寧為夫子妾者、十數而未止也。未嘗有聞其唱者也、常和人而已矣。無君人之位以濟乎人之死。無聚祿以望人之腹。（武延緒曰、周禮稍聚甸聚、聚祿平列。焦竑曰、望如月望、滿足也。）又以惡駭天下。和而不唱。知不出乎四域。（陸長庚曰、不見有遠略。王敔曰、名不遠出。）且而雌雄合乎前。（褚伯秀曰、雌雄、丈夫婦人也。言歸之者眾也。）是必有異乎人者也。寡人召而觀之、果以惡駭天下。與寡人處、不至以月數、而寡人有意乎其為人也。

不至乎期年、而寡人信之。國無宰、而寡人傳國焉。郭象曰、委之以國政。悶然而後應。氾而若辭。陸德明曰、氾、不係也。奚侗曰、當作氾若而辭。田子方篇、泛然而辭。氾泛通。寡人醜乎、卒授之國。崔譔曰、醜、愧也。馬其昶曰、醜乎合下讀、言以授國為恥。無幾何也、去寡人而行。寡人卹焉、若有亡也。朱桂曜曰、徐無鬼、若卹若失。若無與樂是國也。是何人者也。仲尼曰、丘也、嘗使於楚矣。適見㹠徒門反、又作豚。子食於其死母者。郭象曰、食乳也。少焉、眴若、司馬彪曰、眴若、驚貌。皆棄之而走。俞樾曰、始就其母、少焉覺其死、皆驚走也。不見己焉爾。不得類焉爾。穆按：死者與己不類、則驚為異物。所愛其母者、非愛其形也。愛使其形者也。穆按：喻它之使其形者美、故形惡不為累。戰而死者、其人之葬也、不以翣所甲反。資。王闓運曰、周人飾牆置翣、所以掩形彌深者也。戰死則暴骨原野、無為護掩之。奚侗曰、翣借作鋏、為武士所用。李頤曰、資、送也。刖者之屨、無為愛之。皆無其本矣。為天子之諸御、不爪翦、不穿耳。取妻者止於外、不得復使。崔譔曰、不復入直也。馬其昶曰、不爪翦、不穿耳、疑古女子在室之容。今新婦始翦面髮、是其遺意。此言女御。娶妻者不使、言男御。蓋天子諸御、必男女之未婚娶者。體純全也。形全猶足以為爾、而況全德之人乎。今哀駘它、未言而信、無功而親。使人授己國、唯恐其不受也。是必才全而德不形者也。陸長庚曰、才即孟子所謂降才之才。自其賦於天者言。德指其成於己者言。嚴復曰、說文、才艸木之初。蓋言其最初所蘊蓄之能力、今西人所謂儲能也。又曰、此篇扼要在才全德不形一語、猶逍遙遊之無待、齊物論之和以天倪、養生主之依乎天理、人間世之乘物遊心。哀公曰、何謂才全。

仲尼曰、死生存亡、窮達貧富、賢與不肖、毀譽飢渴寒暑、是事之變、命之行也。日夜相代乎前、而知不能規乎其始者也。馬敘倫曰、規為窺省。馬其昶曰、命行事變、知者不能預圖。故不足以滑和。成玄英曰、滑、亂也。不可入於靈府。郭象曰、靈府者、精神之宅也。馬其昶曰、靈府、即靈臺。王安石曰、莊生之書、通性命之分、而不以死生禍福累其心、此其近聖人也。使之和豫通而不失於兌。姚鼐曰、劉辰翁言、兌即老子塞其兌之兌。正是要義、如醫家脫證。日夜無郤、正謂此也。段玉裁曰、古假閱為穴、兌即閱之省。王叔岷曰、淮南精神訓、兌作充。高注、充、實也。實與通對文、與老子大盈若沖義近。使日夜無郤、去逆反。而與物為春。李頤曰、郤、間也。奚侗曰、莊書郤隙通用。章炳麟曰、說文、春推也。與物為春、與物相推移也。穆按：春有生意。當連下句看。是接而生時於心者也。馬其昶曰、接而生時、純亦不已也。時即謂春。宣穎曰、吾心之春、無有間斷。是之謂才全。何謂德不形。曰、平者、水停之盛也。郭象曰、天下之平、莫盛於停水。其可以為法也、內保之而外不蕩也。嚴復曰、法、準也。焦竑曰、平則內保、停則外不蕩。德者、成和之修也。武延緒曰、疑作和修之成也。成、盛之壞字。王闓運曰、修、外飾也。心先和豫、人見為德耳。德不形者、物不能離也。宣穎曰、不形也、內保之而外不蕩、欽和者必親德、猶取平者必法水也。哀公異日以告閔子、曰、始也、吾以南面而君天下、執民之紀而憂其死、吾自以為至通矣。今吾聞至人之言、恐吾無其實、輕用吾身、而亡吾國。吾與孔丘、非君臣也、德友而已矣。嚴復曰、德段作直。

闉音因。跂音企。支離無脤音脣。說衛靈公、崔譔曰、闉跂、偃者、支離、傴者。脤、脣同。靈公說之。而視全人、其脰。音豆肩肩。陸德明曰、脰、頸也。羅勉道曰、肩、同顧。周禮注、顧、長脰貌。郭象曰、偏情一往、則醜者更好、而好者更醜也。甕㼜烏莽反。大癭一領反。說齊桓公、李頤曰、甕㼜、大癭貌。陸德明曰、說文、癭、瘤也。桓公說之。而視全人、其脰肩肩。故德有所長、而形有所忘。人不忘其所忘、而忘其所不忘、此謂誠忘。宣穎曰、形宜忘、德不宜忘。故聖人有所遊、而知為孽。司馬彪曰、智慧生妖孽。宣穎曰、智巧乃枝孽。王闓運曰、孽讀蘖。約為膠。宣穎曰、約束乃膠漆、非自然而合。德為接。穆按：德意向人、如中斷使復續。工為商。呂惠卿曰、以工為商、非所以為器也。穆按：此云以工巧求售。王敔曰、四者、聖人視之如此。聖人不謀、惡用知。不斲、惡用膠。無喪、惡用德。不貨、惡用商。嚴復曰、不謀、接時生心也。不斲、審乎無假也。無喪、視所一。不貨、不益生。四者、天鬻音育也。林雲銘曰、四者、不謀不斲無喪不貨。陸德明曰、鬻、養也。天鬻也者、天食也。既受食於天、又惡用人。有人之形、無人之情。有人之形、故群於人。無人之情、故是非不得於身。眇亡小反。乎小哉、所以屬於人也。謷五羔反。乎大哉、獨成其天。王念孫曰、廣雅、驁、大也。驁與謷通。嚴復曰、此天演論所謂吾為弱草、貴能通靈。

惠子謂莊子曰、人故無情乎。莊子曰、然。惠子曰、人而無情、何以謂之人。莊子曰、道與之貌、天與之形、錢澄之曰、一陰一陽之謂道。天與道、所以為氣者之號名也。惡得不謂之人。惠子曰、既謂之人、惡得無情。莊子曰、是非吾所謂情也。吾所謂無情者、言人之不以好惡內傷其身。

常因自然而不益生也。穆按：老子曰、益生曰祥。惠子曰、不益生、何以有其身。穆按：此荀卿所以譏莊子，謂其知有天而不知人也。莊子曰、道與之貌、天與之形、無以好惡內傷其身。今子、外乎子之神、勞乎子之精。倚樹而吟、據槁梧而瞑。音眠。天選子之形、姚鼐曰、選與撰同、具也。子以堅白鳴。

大宗師

內篇之六。宣穎曰、張子云、乾稱父、坤稱母、民吾同胞、物吾與也、可以知大宗矣。老子云、人法地、地法天、天法道、道法自然、可以知大師矣。釋德清曰、內七篇次第相因。大宗師、總上六義。必若此、乃可為萬世所宗師。內聖之學、此為極則。

知天之所為、知人之所為者、至矣。林雲銘曰、天與人相待而成。天固自然矣、又必以人為合之、而後人事盡、而天理見。故曰至。釋德清曰、知天人合德、乃知之至也。知天之所為者、天而生也。郭象曰、天者、自然之謂也。知人之所為者、以其知之所知、以養其知之所不知。郭象曰、所知不以無涯自困、則一體之中、知與不知、闇相與會而俱全、斯以其所知養所不知也。陸長庚曰、以其可知者盡之己、其不可知者付之天。終其天年、而不中道夭者、是知之盛也。雖然、有患。郭象曰、雖知之盛、未若遺知任天之無患也。夫知有所待而後當。其所待者、特未定也。成玄英曰、知必對境、非境不當。境既生滅不定、知亦待奪無常。惟當境知兩忘、然後無患。庸詎知吾所謂天之非人乎。所謂人之非天乎。王雱曰、猶有患者、知天人之二、不知其一也。達觀者知天人大同、渾然無別、則所謂同出而異名之玄矣。且有真人而後有真知。何謂真人。王筠曰、呂覽淮南所說真人、皆僊人也。漁父篇、真者、精誠之至也。荀子勸學、真積力久。楊注、真、誠也。說文、禎、以真受福也。致祭之真、非精誠而何。此乃古訓。王闓運曰、刻意篇專釋真人。古之真人、不逆寡。劉辰翁曰、逆、惡也。逆寡、猶嫌少。王先謙曰、雖寡少、不逆忤。不雄成。洪頤煊曰、雄即勇之借字。王先謙曰、不以成功自雄。不謩沒乎反。士。褚伯秀曰、士同事、不豫謀也。若然者、過而弗悔、當而不自得也。成玄英曰、天時已過、曾無悔吝之心。分命偶當、不以自得為美。若然者、登高不慄。入水不濡。入火不熱。是知之能登假於道也、若此。王闓運曰、養生主言以知為殆、非真知也。登假、終也。道之始終在知。古之真人、其寢不夢。其覺無憂。其食不甘。成玄英曰、不耽滋味。其息深深。真人之息以踵。成玄英曰、踵、足根。宣穎曰、呼吸通於湧泉。王闓運曰、踵者、不可脈候之地、而息通焉、喻深藏也。眾人之息以喉。屈服者、其嗌言若哇。獲媧反。簡文曰、嘔也。宣穎曰、嗌、聲之入。言、聲之出。喉間吞吐、如欲哇也。其耆欲深者、其天機淺。陳壽昌曰、妄念憧擾、則真息不調。曹受坤曰、說文、主發動謂之機。天機、是發動出於自然之義。程顥云、莊子此言最善。人於天理昏者、止是為耆欲所亂。古之真人、不知說生。不知惡死。其出不訢。其入不距。吳澄曰、老子云、出生入死。章炳麟曰、訢、借為忻。翛音蕭。然而往、翛然而來而已矣。不忘其所始。不求其所終。穆按：忘疑志字之譌。成玄英曰、始、生也。終、死也。生死都遺、曾無滯著。武延緒曰、忘疑忌譌。則陽篇、未生不可忌。受而喜之。忘而復之。馬敘倫曰、忘、當作亡。成玄英曰、復反未生也。馬其昶曰、受而喜者、鼠肝蟲臂、無往不可也。忘而復者、安時處順、哀樂不入也。是之謂不以心揖道。揖一作捐。吳汝綸曰、郭作揖者是也。章炳麟曰、說文、揖、手著匈也。引伸為匈有所著。不以心揖道者、不以心著道也。王叔岷曰、史記賈誼傳索隱引作損、與助相對而言。朱桂曜曰、猶言不以心害道也。不以人助天。是之謂真人。李贄曰、此言真人一任其生死、而不以人助天也。樂通物以下、皆助天之事。若然者、其心志。王敔曰、志、專一也。焦竑曰、志字、趙氏正為忘字。其容寂。其顙頯。去軌反。郭象曰、大朴之貌。王念孫曰、廣雅、頯、厚也。淒然似秋。煖音煊。然似春。喜怒通四時。與物有宜、而莫知其極。郭象曰、聖人之在天下、煖然若陽春之自和、故蒙澤者不謝。淒乎若秋霜之自降、故彫落者不怨。故聖人之用兵也、亡國而不失人心。崔譔曰、亡敵國而得其人心。穆按：孟子曰、以生道殺人、雖死不怨。與此意略似。利澤施乎萬世、不為愛人。王先謙曰、由仁義行、非行非義。故樂通物、非聖人也。有親、非仁也。天時、非賢也。王闓運曰、天當作先。馬敘倫曰、郭注、時之者、未若忘時而自合之賢也。是郭本作時天。利害不通、非君子也。王先謙曰、利害不觀其通、故有趨避。行名失己、非士也。武延緒曰、行疑為循。穆按：行名、猶云行仁義。亡身不真、非役人也。郭象曰、自失其性、受役多矣、安能役人。若狐不偕、務光、伯夷、叔齊、箕子、胥餘、紀他、申徒狄、成玄英曰、狐不偕、不受堯讓、沉河死。朱亦棟曰、釋文、尸子曰、箕子胥餘、漆身為厲、被髮佯狂、與秦策箕子接輿、漆身為厲、被髮為狂、無益於殷楚、語同。是胥餘、即接輿也。王闓運曰、申徒、楚官、因以為氏。馬敘倫曰、史記鄒陽傳索隱、引韋昭曰、申徒狄、六國時人。御覽引墨子、申徒狄謂周公曰。周公乃東西周之君。是役人之役、適人之適、而不自適其適者也。王闓運曰、外篇駢拇專明此意。古之真人、其狀義、而不朋。俞樾曰、義、讀為峨。天道篇、而狀義然、與此同。朋、讀為崩。易、朋來。漢志作崩。若不足、而不承。宣穎曰、卑以自牧、而非居人下。曹受坤曰、說文、承、受也。與音豫。乎、其觚音孤。而不堅也。崔譔曰、觚、棱也。姚鼐曰、當作堅而不觚、以韻求之亦是。劉師培曰、堅本作固。隋諱堅改固、唐人復固為堅、其有故文作固者、亦或例易為堅。王先謙曰、謂固執。李楨曰、與當是趣之借字。說文、趣、安行也。張乎、其虛而不華也。邴邴音丙乎、其似喜乎。簡文曰、邴邴明貌。崔乎、其不得已乎。向秀曰、崔乎、動貌。滀勑六反。乎進、我色也。司馬彪曰、滀、色憤起貌。方以智曰、滀、淵停義。與乎止、我德也。高駿烈曰、與、讀容與之與。陳祥道曰、邴乎其似喜、暢然自適也。崔乎不得已、迫而後應也。滀乎進我色、嗇精於內、發神於外也。與乎止我德、利用於外、不蕩於內也。陸長庚曰、色則日見其進、容色充粹也。德則日見其止、止於至善、止其所而不遷也。厲乎、其似世乎。厲、崔譔作廣。俞樾曰、世乃泰之借字。郭慶藩曰、厲廣古通借、泰字作大、世大古亦通借。謷乎、其未可制也。成玄英曰、謷然高遠。連乎、其似好閉也。崔譔曰、連、蹇連也。高亨曰、連、徐遲也。易往蹇來連、疏、遲久之意。詩執訊連連、傳、徐也。姚鼐曰、閉、當作閑。悗亡本反。乎、忘其言也。成玄英曰、悗、無心貌。胡遠濬曰、閑言為韻。似好閑、謂如不出諸口。忘其言、謂不自知其言。即寓言篇終身言、未嘗言、終身不言、未嘗不言之意。

以刑為體。方潛曰、以刑為體、言克己也。以禮為翼。以知為時。以德為循。以刑為體者、綽乎其殺也。王闓運曰、殺減之乃寬綽也。陸長庚曰、老子云、為道日損。章炳麟曰、綽、借為焯。殺、借為察。猶言明乎其察也。以禮為翼者、所以行於世也。以知為時者、不得已於事也。以德為循者、言其與有足者至於丘也。錢澄之曰、時至而事起、本無知也。循其固然、未嘗以為德也。而人真以為勤行者也。馬其昶曰、有足者皆可至丘、循也。非勉也。釋德清曰、老子云、用之不勤。故其好之也一、其弗好之也一。成玄英曰、概忘懷於美惡、亦遣蕩於愛憎。王雱曰、真人無心、其好惡所以一也。其一也一。其不一也一。郭象曰、真人同天人、均彼我、不以其一、異乎不一。其一與天為徒。

其不一與人為徒。馬其昶曰、一者、統體一極也。不一者、物物一極也。天與人不相勝也、是之謂真人。郭象曰、真人同天人、齊萬致。成玄英曰、雖天無彼我、人有是非、確然論之、咸歸空寂。若使天勝人劣、豈謂齊乎。

死生、命也。其有夜旦之常、天也。吳汝綸曰、有、讀為猶。人之有所不得與、宣穎曰、非人所得參與。皆物之情也。陸長庚曰、死生大數、皆物之實理。彼特以天為父、陶鴻慶曰、天父二字傳寫互易。而身猶愛之、而況其卓乎。郭象曰、卓者、獨化之謂也。人特以有君為愈乎己、陳壽昌曰、愈、勝也。而身猶死之、而況其真乎。泉涸、王懋竑曰、泉涸以下七十字、疑為錯簡。與上下文不甚相貫。大塊六句、又見後子祀章、其為錯簡重出無疑。魚相與處於陸。相呴況于反。以濕。相濡音儒以沫。音末。不如相忘於江湖。王闓運曰、天運篇引此為老聃語。與其譽堯而非桀也、不如兩忘而化其道。穆按：此欲人兩忘生死耳。似非錯簡。夫大塊載我以形。勞我以生。佚我以老。息我以死。故善吾生者、乃所以善吾死也。程子曰、死之道、即生是也。

夫藏舟於壑、藏山於澤、武延緒曰、山讀為汕。郭璞曰、撩罟。謂之固矣。然而夜半有力者負之而走、昧者不知也。宣穎曰、造化默運。奚侗曰、淮南俶真訓昧作寐。藏小大有宜、猶有所遯。江遹曰、大化之密移、求之於身、百年之役、顏色智態、無日不異、奈何其不自悟邪。若夫藏天下於天下、而不得所遯、是恆物之大情也。郭象曰、不知與化為體、而思藏之使不化、則雖至深至固、各得其所宜、而無以禁其變也。無所藏而都任之、則與物無不冥、與化無不一、索所遯不得矣。特犯人之形、而猶喜之。姚鼐曰、犯人之犯、與後子祀章犯字、皆如范金合土之范。吳汝綸曰、特犯、淮南俶真訓作一範、蓋對下萬化為辭。特一義同。曹受坤曰、範即犯之借字。淮南高注、範、猶遇也、遭也。本文郭注、一遇人之形、又曰、人乃萬化之一遇。是郭與高同。穆按：訓遇較愜。若人之形者、萬化而未始有極也。其為樂可勝計邪。王懋竑曰、以上三句二十九字、與上下文不協、亦疑錯簡。馬敘倫曰、當在夫造化者必以為不祥之人下。穆按：不得所遯為一義。為樂無窮為二義。直貫下句、亦非錯簡。故聖人將遊於物之所不得遯而皆存。善夭善老、善始善終、人猶效之。馬其昶曰、詩傳、夭、少也。又況萬物之所係、而一化之所待乎。穆按：萬物所係、一化所待、指下道字。夫道、有情有信、穆按：老子云、恍兮惚兮、其中有物。杳兮冥兮、其中有精。其精甚真、其中有信、本此。奚侗曰、情借為精。曹受坤曰、此又見齊物論、不煩改字。無為無形。可傳而不可受。王應麟曰、屈子言、道可受兮、不可傳。莊子所謂傳、傳以心也。屈子所謂受、受以心也。郭象曰、古今傳而宅之、莫能受而有之。可得而不可見。成玄英曰、方寸獨悟、離於形色。自本自根、未有天地、自古以固存。成玄英曰、老子云、有物混成、先天地生。神鬼神帝、王先謙曰、下文堪坏馮夷等、鬼也。狶韋伏羲等、帝也。其神、皆道神之。生天生地。成玄英曰、老子云、天得一以清、地得一以寧。在太極之先而不為高。穆按：本文疑當作在太極之上、郭象注即可證。先字由後人據易大傳妄改。在六極之下而不為深。王闓運曰、六極、坤也。穆按：此稱必出易有太極之後。先天地生而不為久。長丁丈反。於上古而不為老。狶褚伊反。李頤曰、音豕。韋氏得之、以挈天地。司馬彪曰、狶韋、上古帝王名。方以智曰、狶韋即豕韋。夏封於豕韋。成玄英曰、挈、又作契。言能混同萬物、符合二儀。伏戲得之、以襲氣母。司馬彪曰、襲、入也。成玄英曰、襲、合也。氣母、元氣之母。陸長庚曰、老子云、守母、食母。維斗得之、終古不忒。李頤曰、北斗所以為天下之綱維。日月得之、終古不息。堪坏扶眉反。得之、以襲崑崙。司馬彪曰、堪坏、神名。淮南作欽負。馮夷得之、以遊大川。司馬彪曰、馮夷、是為河伯。肩吾得之、以處大山。司馬彪曰、肩吾、山神。王闓運曰、肩吾與孫叔敖同時。黃帝得之、以登雲天。陸長庚曰、即今傳鼎湖上升事。穆按：事詳史記封禪書、乃晚周神仙家言。顓頊得之、以處玄宮。李頤曰、玄宮、北方宮也。月令、其帝顓頊、其神玄冥。穆按：此晚周陰陽家言。禺音虞強得之、立乎北極。司馬彪曰、山海經、北海之渚有神、名禺強。西王母得之、坐乎少廣。成玄英曰、西王母、太陰精也。少廣、西極山名。莫知其始、莫知其終。彭祖得之、上及有虞、下及五伯。傅說得之、以相武丁、奄有天下。乘東維、騎箕尾、而比於列星。成玄英曰、傅說、星精也。傅說一星在箕尾上。穆按：此章言伏羲黃帝顓頊云云、似頗晚出。崔本列星下、尚有其生無父母、死登假三年而形遯、此言神之無能名者也、凡二十二字。蓋郭象疑而刪之、而不知其全章皆可疑也。嚴復曰、自夫道以下數百言、是莊文最無內心處、不必深究。

南伯子葵李頤曰、葵當為綦聲之誤。問乎女偊音禹。曰、子之年長矣、而色若孺子、何也。曰、吾聞道矣。南伯子葵曰、道、可得學邪。曰、惡、惡可、子非其人也。夫卜梁倚、有聖人之才、而無聖人之道。李頤曰、卜梁、姓。倚、名。曹耀湘曰、卜梁倚、蓋墨子後。我有聖人之道、而無聖人之才。吾欲以教之、庶幾其果為聖人乎。不然、以聖人之道、告聖人之才、亦易矣。吾猶守而告之。參日而後能外天下。已外天下矣、吾又守之、七日而後能外物。郭象曰、物者朝夕所需、切己難忘。已外物矣、吾又守之、九日而後能外生。已外生矣、而後能朝徹。郭象曰、豁然無滯。成玄英曰、如朝陽初啟。武延緒曰、朝當讀為周。周徹、猶洞徹也。朝徹而後能見獨。王先謙曰、見一而已。穆按：無空間相。見獨而後能無古今。成玄英曰、任造物之日新、隨變化而俱往。穆按：無時間相。呂惠卿曰、見獨者、彼是莫得其偶。無古今者、通萬歲而一成純。無古今而後能入於不死不生。章炳麟曰、外天下至於外生、則生空觀成矣。朝徹見獨至於無古今、則前後際斷、法空觀成矣。凡二乘皆有生空觀、無法空觀。大乘有法空觀者、非至遠行地、猶未能證無生。卜梁倚既成法空觀、又入於不死不生、此其在遠行地哉。殺生者不死、生生者不生。憨山曰、生者、有形之累也。若形骸已外、則一性獨存。故曰殺生者不死。能造化群生、而一真湛然。故曰生生者不生。其為物、無不將也、無不迎也。成玄英曰、將、送也。道之為物、迎無窮之生、送無量之死。無不毀也、無不成也。其名為攖寧。崔譔曰、攖、有所繫著也。陸長庚曰、攖、拂亂也。攖寧、言世棼擾擾之中而成大定。此即不壞世相、而成實相。如來所云上乘義諦也。楊文會曰、攖者、煩擾也。寧者、沉靜也。兩門相反、適以相成。所謂八萬塵勞、即解脫相也。曹受坤曰、在宥攖人心。司馬注、攖、引也。孟子、物交物、則引之而已。此文攖寧、即謂外物雖來牽引、而依然不失其大寧也。攖寧也者、攖而後成者也。

南伯子葵曰、子獨惡乎聞之。曰、聞諸副墨之子。李頤曰、可以副貳玄墨也。副墨之子聞諸洛誦之孫。李頤曰、誦、通也。苞洛無所不通。歸有光曰、副墨、書冊。洛誦、記誦也。王闓運曰、周末墨未通行。洛誦之孫聞之瞻明。瞻明聞之聶許。陸長庚曰、瞻明、視也。馬其昶曰、說文、聶、附耳私小語。廣雅、許、聽也。王闓運曰、瞻明、孟子所云見而知。聶許、孟子云聞知也。聶許聞之需役。需役聞之於音烏謳。陸長庚曰、需役、行也。於謳、歌也。於謳聞之玄冥。玄冥聞之參寥。郭象曰、雖玄冥猶未極、而又推寄於參寥、亦玄之又玄也。參寥聞之疑始。宣穎曰、似有始而未嘗有始也。陳壽昌曰、大道之傳、由外而內。究其本始、實吾性天所自有。

子祀子輿子犁子來四人相與語。崔譔曰、子祀、淮南作子永。曰、孰能以無為首、以生為脊、以死為尻。苦羔反。陳壽昌曰、脊骨盡處為尻。王敔曰、首脊尻、一體也。孰知死生存亡之一體者、吾與之友矣。四人相視而笑、莫逆於心。遂相與為友。俄而子輿有病、子祀往問之。曰、偉哉、夫造物者、將以予為此拘拘也。司馬彪曰、拘拘、體拘攣也。奚侗曰、也、淮南精神訓作邪。曲僂發背、上有五管、頤隱於齊、肩高於頂、句古侯反。贅指天、李頤曰、句贅、項椎也。其形似贅。奚侗曰、句贅、淮南精神訓作獨營。高誘注讀曰括撮。蓋以括為髺。武延緒曰、句疑昏字譌、髺之借字。贅、古通撮。昏贅即會撮、見人閒世。陰陽之氣有沴。音麗。郭象曰、沴、陵亂也。奚侗曰、漢書五行志、氣相傷謂之沴。王闓運曰、有、又也。其心閒而無事。跰步田反。躚悉田反。而鑑於井。奚侗曰、跰躚與蹁躚同、音變則為蹩躠。王闓運曰、跰躚、盤跚、通用字。曰、嗟乎、夫造物者、又將以予為此拘拘也。子祀曰、女惡之乎。曰、亡、王引之曰、亡、與無同、否也。予何惡。浸假王叔岷曰、浸、御覽引作侵、當從之。說文、侵、漸進也。而化予之左臂以為雞、奚侗曰、雞當為卵。齊物論、見卵而求時夜、可證。予因以求時夜。浸假而化予之右臂以為彈、予因以求鴞炙。浸假而化予之尻以為輪、以神為馬、予因而乘之。豈更駕哉。郭象曰、無往不因、無因不可。且夫得者、時也。失者、順也。安時而處順、哀樂不能入也。此古之所謂縣解也。曹受坤曰、此五句、又見養生主。而不能自解者、物有結之。且夫物不勝天、久矣。吾又何惡焉。俄而子來有病、喘喘川轉反。然將死。其妻子環而泣之。子犁往問之。曰、叱、避、無怛丁達反。化。郭象曰、將化而化、無為怛之也。倚其戶、與之語。曰、偉哉、造化。又將奚以汝為、將奚以汝適。以汝為鼠肝乎。以汝為蟲臂乎。林雲銘曰、鼠無肝、蟲無臂。子來曰、父母於子、宣穎曰、此倒裝句。東西南北、唯命之從。陰陽於人、不翅於父母。舊注、啻、與翅通。彼近吾死、而我不聽。宣穎曰、近、迫也。我則悍矣、彼何罪焉。夫大塊載我以形。勞我以生。佚我以老。息我以死。故善吾生者、乃所以善吾死也。今大冶鑄金。金踊躍曰、我且必為鏌音莫鋣。似嗟反。陸德明曰、鏌鋣、劍名。大冶必以為不祥之金。今一犯人之形、而曰人耳人耳、夫造化者必以為不祥之人。今一以天地為大鑪、以造化為大冶、惡乎往而不可哉。成然寐、蘧然覺。奚侗曰、成、釋文本作戌。說文、戌、威也。威、滅也。寐狀若火之熄滅。武延緒曰、成、釋文一本作俄。

子桑戶孟子反子琴張三人相與友。馬其昶曰、楚辭桑扈、洪注謂桑戶。馬敘倫曰、論語有孟子反、孟子如琴張曾皙牧皮者、孔子之謂狂矣。疑孟子反即牧皮。孟牧音近。皮反形似。曰、孰能相與於無相與、相為於無相為。成玄英曰、如百體各有司存、更相御用。無心於相與、無意於相為、而相濟之功成矣。孰能登天遊霧、撓挑無極。李頤曰、撓挑、猶宛轉也。相忘以生、陳壽昌曰、不悅生。無所終窮。陳壽昌曰、不知死。三人相視而笑、莫逆於心。遂相與友。莫然崔譔曰、莫然、定也。奚侗曰、廣雅、莫、漠也。莫然、謂冡漠無言。有閒、而子桑戶死。未葬、孔子聞之、使子貢往待事焉。或編曲、李頤曰、曲、蠶薄。王闓運曰、編曲、以藁葬也。或鼓琴、相和而歌曰、嗟來、王引之曰、嗟來、猶嗟乎。桑戶乎。嗟來、桑戶乎。而已反其真、而我猶為人猗。崔譔曰、猗、辭也。子貢趨而進、曰、敢問臨尸而歌、禮乎。二人相視而笑、曰、是惡知禮意。宣穎曰、禮者、天理之節文。禮以意言、則刊落節文、獨任天理矣。子貢反、以告孔子。曰、彼何人者邪。修行無有、而外其形骸。臨尸而歌、顏色不變。無以命之、崔譔曰、命、名也。彼何人者邪。孔子曰、彼、遊方之外者也。成玄英曰、方、區域也。奚侗曰、論語、且知方也。鄭注、方、禮法也。而丘、遊方之內者也。外內不相及、而丘使女往弔之、丘則陋矣。彼方且與造物者為人、王引之曰、人者、偶也。中庸鄭注、人、讀如相人偶之人。而遊乎天地之一氣。彼以生為附贅縣疣、音尤。以死為決𤴯胡亂反。潰癰。音雍。夫若然者、又惡知死生先後之所在。假於異物、王世貞曰、假於異物、便是圓覺地水火風之論。託於同體。忘其肝膽、遺其耳目。宣穎曰、外身也。反覆終始、不可端倪。曹受坤曰、端倪、皆始義。莫知其始、即如環無端也。芒然彷徨乎塵垢之外、逍遙乎無為之業。俞樾曰、達生篇無為作無事、無事之業、謂無事之始。廣雅、業、始也。彼又惡能憒憒然為世俗之禮、以觀眾人之耳目哉。成玄英曰、憒憒、猶煩亂也。陸德明曰、觀、示也。子貢曰、然則夫子何方之依。王闓運曰、言方外可遊、何自拘於方內也。曰、丘、天之戮民也。馬其昶曰、爾雅、戮、病也。戮民、猶言勞人。孔子欲為世法、故云。穆按：德充符、天刑之、安可解。與此同義。雖然、吾與汝共之。子貢曰、敢問其方。孔子曰、魚相造乎水、人相造乎道。相造乎水者、穿池而養給。相造乎道者、無事而生定。俞樾曰、定、疑足字之誤。馬其昶曰、生讀為性。故曰、魚相忘乎江湖、人相忘乎道術。子貢曰、敢問畸人。司馬彪曰、畸、不耦也。曰、畸人者、畸於人而侔於天。故曰、天之小人、人之君子。人之君子、天之小人也。王先謙曰、疑當作天之君子、人之小人。故成玄英曰、子反琴張、不偶於俗、乃曰畸人、實天之君子也。嚴復曰、魚不能去水、人不能離道、則方內外皆可相忘。何必求為畸人之侔於天而畸於人乎。莊子蓋知孔子之深。

顏回問仲尼曰、孟孫才、其母死、李頤曰、孟孫、三桓後。才、其名也。哭泣無涕。中心不慼。居喪不哀。無是三者、以善喪蓋魯國。李楨曰、以善處喪名蓋魯國也。固有無其實而得其名者乎。回一怪之。王引之曰、一、語助、猶甚也。陸長庚曰、一、常也。仲尼曰、夫孟孫氏盡之矣、進於知矣。郭象曰、盡死生之理、非知之匹也。唯簡之而不得、夫已有所簡矣。姚鼐曰、常人束於生死之情、謂哀痛簡之不得、而不知已於性命之真有所簡矣。孟孫氏不知所以生、不知所以死。不知就先、不知就後。若化為物、以待其所不知之化已乎。郭象曰、不違化也。馬其昶曰、郭訓若為順。且方將化、惡知不化哉。方將不化、惡知已化哉。郭象曰、已化而生、焉知未生之時哉。未化而死、焉知已死之後哉。故無所避就、而與化俱往也。吾特與汝其夢未始覺者邪。且彼有駭形、而無損心。馬敘倫曰、駭形、淮南精神訓作戒形。高注、戒或作革。有旦宅、而無情死。馬其昶曰、旦、同但。淮南、媒但者、非學謾也。注云、但、猶詐也。旦但皆誕之借字。旦宅與情死對文。情者、誠也、實也。形為假宅、故有駭動。心非實死、故無損累。章炳麟曰、旦即嬗禪等字之借。穆按：旦疑且字形譌。且宅、暫居也。猶言蘧廬。孟孫氏特覺人哭亦哭、陳壽昌曰、特覺人之居喪皆哭、則己亦哭耳。蘇輿曰、特覺句絕。言我汝皆夢、而孟孫獨覺。是自其所以乃。章炳麟曰、乃然雙聲、然、如此也。王叔岷曰、乃、成疏本作宜。馬敘倫曰、宜、所安也。且也相與吾之耳矣、奚侗曰、吾、借為寤。庸詎知吾所謂吾之乎。曹受坤曰、依奚說、吾之下應奪非夢二字。郭象曰、死生變化、吾皆吾之。既皆是吾、吾何失哉。未始失吾、吾何憂哉。靡所不吾、故玄同內外、彌貫古今、與化日新、豈知吾之所在也。穆按：莊意特謂人皆自名曰吾、而豈知吾之真。而郭象乃深言之。且汝夢為鳥而厲乎天、夢為魚而沒於淵。不識今之言者、其覺者乎、其夢者乎。郭象曰、言無往而不自得也。造適不及笑、獻笑不及排。陳壽昌曰、造、至也。排、安排。人造適意之境、不待笑而已適。既動發笑之容、不及排而已笑。適笑、只在當境之須臾。入夢者不及覺、亦猶是也。安排而去化、乃入於寥天一。宣穎曰、由此觀之、凡事皆非己所及排、冥冥中有排之者。今但當安於所排、而忘去死化之悲、乃入於空虛之天之至一者耳。

意而子見許由。李頤曰、意而子、賢士也。許由曰、堯何以資汝。郭象曰、資者、給濟之謂。意而子曰、堯謂我、汝必躬服仁義、而明言是非。許由曰、而奚來為軹。崔譔曰、軹、辭也。王闓運曰、軹、同只。夫堯既已黥汝以仁義、而劓汝以是非矣。汝將何以遊夫遙蕩恣睢轉徙之塗乎。王叔之曰、遙蕩、縱散也。恣睢、自得貌。王念孫曰、遙蕩與嗂惕通。方言、嗂、惕、遊也。廣雅、戲也。嗂之言逍遙。惕之言放蕩也。王闓運曰、馬蹏篇釋此意。意而子曰、雖然、吾願遊於其藩。崔譔曰、藩、域也。許由曰、不然。夫盲者無以與乎眉目顏色之好。瞽者無以與乎青黃黼黻之觀。意而子曰、夫無莊之失其美、據梁之失其力、司馬彪曰、無莊、據梁、皆人名。黃帝之亡其知、皆在鑪捶之閒耳。李頤曰、鑪、錘鴟頭頰口句鉄、以吸火也。章炳麟曰、知北遊、大馬之捶鉤者。釋文、江東三魏之間人、皆謂鍛為捶。郭象曰、天下之物、未必皆自成也。三人亦皆聞道而後亡其所務。庸詎知夫造物者之不息我黥、而補我劓、王闓運曰、息、肉復生、讀若息壤。使我乘成以隨先生邪。宣穎曰、乘、猶載也。黥劓則體不備、息之補之、復完成矣。許由曰、噫、未可知也。我為汝言其大略。吾師乎。吾師乎。韲子兮反萬物而不為義。司馬彪曰、韲、碎也。羅勉道曰、韲、釀也。陶光曰、韲讀為濟。韲或體作齏、與濟皆從齊聲。爾雅、濟、成也。武延緒曰、天道篇義作戾。穆按：戾不可從、語詳天道篇。澤及萬世而不為仁。長於上古而不為老。覆載天地、刻雕眾形而不為巧。王闓運曰、天道篇引此語、云此之謂天樂。此所遊已。

顏回曰、回益矣。仲尼曰、何謂也。曰、回忘仁義矣。胡遠濬曰、仁義就及物言、此謂忘物。曰、可矣、猶未也。它日、復見。曰、回益矣。曰、何謂也。曰、回忘禮樂矣。胡遠濬曰、禮樂、就吾體言、此謂忘我。王叔岷曰、淮南道應、仁義與禮樂互錯、當從之。曰、可矣、猶未也。它日、復見。曰、回益矣。曰、何謂也。曰、回坐忘矣。司馬彪曰、坐而自忘其身。曾國藩曰、無故而忘、曰坐忘。仲尼蹵然曰、何謂坐忘。顏回曰、墮枝體、黜聰明、離形去知、同於大通、奚侗曰、大、淮南道應訓作化。此謂坐忘。仲尼曰、同則無好也。化則無常也。宣穎曰、無私心、無滯理。阮毓崧曰、同字橫說、化字豎說。而果其賢乎。丘也、請從而後也。

子輿與子桑友、而霖雨十日。子輿曰、子桑殆病矣。裹飯而往食之。至子桑之門、則若歌若哭、鼓琴、曰、父邪、母邪。天乎、人乎。有不任其聲、而趨七住反。舉其詩焉。崔譔曰、不任其聲、憊也。趨舉其詩、無音曲也。王敔曰、不能歌、且口誦之。子輿入、曰、子之歌詩、何故若是。曰、吾思夫使我至此極者、而弗得也。父母豈欲吾貧哉。天無私覆、地無私載、天地豈私貧我哉。求其為之者而不得也。然而至此極者、命也夫。

應帝王

內篇之七。郭象曰、無心而任乎自化者、應為帝王也。王夫之曰、應者、物適至而我應之也。不自任以帝王、而獨全其天以命物之化、而使自治、則天下莫能出吾宗。非私智小材、辨是非治亂利害吉凶者之所可測也。釋德清曰、莊子之學、以內聖外王為體用。大宗師乃得道之人、推其緒餘、則無為而化、絕無有意而作為也。錢澄之曰、逍遙遊始、應帝王終。謂之應者、時至則然也。又云、應而不藏、此其所以遊、所以逍遙與。

齧缺問於王倪、四問而四不知。向秀曰、事在齊物論中。陳景元曰、四問、一同是、二所不知、三物無知、四利害。穆按：據是、知此篇之成、在齊物論之後。齧缺因躍而大喜、行以告蒲衣子。崔譔曰、蒲衣、即被衣、王倪之師。穆按：被衣見知北遊篇。蒲衣子曰、而乃今知之乎。有虞氏不及泰氏。司馬彪曰、泰氏、上古帝王。王懋竑曰、史記古有泰王。即泰氏。有虞氏其猶藏仁以要人。亦得人矣、而未始出於非人。唐順之曰、言舜猶有意、非出於天道。王闓運曰、胠篋篇釋此意、在宥篇證之。泰氏其臥徐徐、其覺于于。司馬彪曰、徐徐、安穩貌。于于、無所知貌。郭嵩燾曰、說文、于、於也、象氣之舒。一以己為馬、一以己為牛。李威曰、呼我為馬、應之曰馬。呼我為牛、應之曰牛。此非玩世不恭也。心無我相、已解脫形骸之外也。其知情信。馬其昶曰、情、實也。其德甚真。而未始入於非人。唐順之曰、泰氏之於天道、不期而合。

肩吾見狂接輿。狂接輿曰、日中始何以語女。崔譔曰、中始、賢人也。俞樾曰、日、猶云日者。左氏傳云、日衛不睦。肩吾曰、告我君人者、以己出經式義度、王念孫曰、義、讀為儀。經式儀度、皆謂法度。人孰敢不聽而化諸。王闓運曰、天地篇蔣閭葂告季徹語同。接輿曰、是欺德也。郭象曰、以己制物、則物失其真。錢澄之曰、是非自然之德。其於治天下也、猶涉海鑿河、王先謙曰、涉海而鑿為河。而使蚉負山也。夫聖人之治也、治外乎。王先謙曰、用法、是治外也。正而後行、郭象曰、各正性命之分也。釋德清曰、老子云、清靜為天下正。確乎能其事者而已矣。宣穎曰、不強人以性之所難為。焦竑曰、確乎盡其性命之能事而已、我無為而民自正也。且鳥高飛以避矰弋之害、則能反。鼷音兮鼠深穴乎神丘之下、以避熏鑿之患。邵晉涵曰、漢書所謂社鼷不灌、屋鼠不薰也。朱桂曜曰、神通申、重也。重丘亦猶層丘。而曾二蟲之無知。焦竑曰、鳥鼠避患、曾不待教。況民之有知、豈必作為經式義度、以拂亂其常性哉。

天根遊於殷陽。崔譔曰、地名。至蓼水之上、適遭無名人而問焉。曰、請問為天下。無名人曰、去。汝鄙人也、何問之不豫也。簡文曰、豫、悅也。朱桂曜曰、問以治天下、非彼所心悅也。俞樾曰、爾雅、豫、厭也。言不憚煩。予方將與造物者為人。厭、則又乘夫莽眇之鳥、陸德明曰、莽眇、輕虛之狀。王闓運曰、莽眇、眇茫也。王先謙曰、謂清虛若鳥然。以出六極之外。而遊無何有之鄉、以處壙埌音浪之野。崔譔曰、壙埌、猶曠蕩。武延緒曰、讀若曠閬。汝又何帠音藝以治天下感予之心為。帠、崔本作為。錢澄之曰、古文為字作爫、以此而訛。王闓運曰、古為字從二爪相對、下從帠、象之足也。孫詒讓曰、帠疑當為叚。何叚、猶言何籍也。作為、於文複贅。又復問。無名人曰、汝遊心於淡、合氣於漠、順物自然、而無容私焉。而天下治矣。

陽子居成玄英曰、姓楊、名朱、字子居。姚鼐曰、即楊朱。見老聃。曰、有人於此、嚮疾彊梁、簡文曰、如嚮應聲之疾。朱桂曜曰、文選羽獵賦、嚮智如神、注、嚮智、疾也。蜀都賦、翕響揮霍、注、奄忽之間也。又嚮與趨同義、廣雅、趨、疾也。是嚮亦疾也。簡文說迂曲。武延緒曰、梁與良通。墨子公孟篇、身體強良、思慮徇通。據此、下句物乃徇字譌。物徹疏明、章炳麟曰、四字平列、物為易之誤。易借為圛、詩齊風箋、圛、明也。胡遠濬曰、物、當為聰之壞字。學道不勸。如是者、可比明王乎。王闓運曰、天地篇夫子語老聃語大同。老聃曰、是於聖人也、胥易技係、勞形怵心者也。陸長庚曰、胥徒更番直事、工技居肆省功。郭慶藩曰、易、治也。胥易、謂胥徒供役治事。技係、若王制凡執技以事上者、不貳事、不移官、是為技所係也。孫詒讓曰、胥為諝之借字。說文、諝、知也。胥易、謂知識惑易。王叔岷曰、技本或作枝。枝謂枝體。勞形承枝係言、怵心承胥易言。且也、虎豹之文來田。李頤曰、田、獵也。蝯狙之便、執斄之狗來藉。崔譔曰、藉、繫也。武延緒曰、藉與籍通。淮南繆稱、猨狖之捷來措、措即籍借字、高注刺也。孫詒讓曰、斄犛貍留、竝一聲之轉。郭象曰、此皆以文章技能係累其身。如是者、可比明王乎。陽子居蹵然曰、敢問明王之治。老聃曰、明王之治、功蓋天下、而似不自己。化貸萬物、而民弗恃。陸長庚曰、與老子生而不有、為而不恃、功成而弗居之意同。有莫舉名、使物自喜。立乎不測、而遊於無有者也。

鄭有神巫曰季咸。知人之死生存亡禍福壽夭、期以歲月旬日、若神。鄭人見之、皆棄而走。郭象曰、不憙自聞死日也。列子見之而心醉。向秀曰、迷惑於其道也。歸以告壺子、司馬彪曰、壺子名林、鄭人、列子師。曰、始吾以夫子之道為至矣、則又有至焉者矣。壺子曰、吾與汝既其文、未既其實。武延緒曰、既疑翫字譌。列子黃帝篇觴深節、吾與若玩其文。李頤曰、既、盡也。釋德清曰、文、外面皮毛耳。王闓運曰、文章可得而聞、性與天道不可得聞也。而固得道與。眾雌而無雄、而又奚卵焉。羅勉道曰、參同契云、牝雞不獨卵。方潛曰、無雄則無種。郭象曰、言列子之未懷道。穆按：言列子盡文而未盡其實也。而以道與世亢必信、穆按：列子亢作抗。夫故使人得而相汝。馬其昶曰、挾其道以與世亢、而必求其伸、人則有窺其微矣。有我相故也。王旦曰、古者帝王之治天下、必有不測之用、使人不可得而相。嘗試與來、以予示之。明日、列子與之見壺子。出而謂列子曰、嘻、子之先生死矣。弗活矣。不以旬數矣。吾見怪焉、見溼灰焉。宣穎曰、言無氣燄。列子入、泣涕沾襟、以告壺子。壺子曰、鄉吾示之以地文、崔譔曰、文、猶理也。向秀曰、塊然若土也。羅勉道曰、地文者、山川草木。王闓運曰、如地之文、萬物資生、而實無文也。萌乎不震不止。止一作正、今從崔本。成玄英曰、震、動也。馬其昶曰、賈子、萌之為言盲也。漢書民萌、注、無知之貌。是殆見吾杜德機也。郭象曰、德機不發曰杜。嘗又與來。明日、又與之見壺子。出而謂列子曰、幸矣、子之先生遇我也。有瘳矣。全然有生矣。蘇軾曰、全然、列子作灰然、是也。陶光曰、灰字句、承上見溼灰焉而言。武延緒曰、有讀又。吾見其杜權矣。郭象曰、權、機也。羅勉道曰、閉藏之中卻有權變。向秀曰、季咸見其尸居而坐忘、即謂之將死。覩其神動而天隨、因謂之有生。列子入、以告壺子。壺子曰、鄉吾示之以天壤、王敔曰、天氣入於壤中。名實不入、而機發於踵。陸長庚曰、真人之息以踵。釋德清曰、從至深靜地而發起照用也。是殆見吾善者機也。宣穎曰、諸無所有、而一陽之復、根於黃泉。善者、動之初也。易曰、繼之者善。嘗又與來。明日、又與之見壺子。出而謂列子曰、子之先生不齊、陸德明曰、側皆反。本又作齋、下同。吾無得而相焉。試齊、且復相之。列子入、以告壺子。壺子曰、吾鄉示之以太沖莫勝、章炳麟曰、列子黃帝篇作莫朕、古音無如莫。王叔岷曰、勝與朕通。淮南兵略、凡物有朕、惟道無朕。文子作勝。陸長庚曰、莫勝、言無偏勝。穆按：太沖、至虛至和、無所偏倚、無偏勝即無朕、義可通。是殆見吾衡氣機也。宣穎曰、衡、平也。向秀曰、無往不平、混然一之。鯢桓之潘一作審、今從崔。為淵。崔譔曰、潘、回流所鍾之域也。朱桂曜曰、潘與波通。奚侗曰、潘當作審、為瀋沉之叚字、言深淵也。司馬彪曰、鯢桓、二魚名。陶光曰、列子作鯢旋之潘為淵、旋桓古音相近。庚桑楚、尋常之溝、巨魚無所還其體、而鯢鰌為之制。止水之潘為淵。流水之潘為淵。釋德清曰、鯢桓處深泥、喻至靜、即初止。止水澄清、萬象斯鑑、即天壤之觀。流水雖動、而水性湛然、即太沖莫勝、止觀不二也。陳壽昌曰、鯢桓之水非靜非動、喻衡氣機。止水靜、喻杜德機。流水動、喻善者機。三者不同、其淵深莫測一也。淵有九名、此處三焉。陸德明曰、淮南子有九琁之淵。成玄英曰、九淵名、見列子。嘗又與來。明日、又與之見壺子。立未定、自失音逸而走。壺子曰、追之。列子追之、不及。反以報壺子、曰、已滅矣。已失矣。吾弗及已。馬其昶曰、在己之天全、則人之知巧自消。壺子曰、鄉吾示之以未始出吾宗。王夫之曰、未始出吾宗、則得環中以應無窮、不蘄治天下、而天下莫能遯也。各相安於其天、而恩怨殺生、不以一曲之知行其私智、此則大小無不可遊、物論無不可齊、德無不充、生無不可養、死無不可忘、人間世無不可入、此渾然至一之宗也。於以應帝王也何有。穆按：出、表出義。吾與之虛而委蛇、成玄英曰、隨順貌。不知其誰何。向秀曰、泛然無所係。因以為弟靡。馬其昶曰、弟、列子作茅。孫志祖曰、埤雅、茅靡、言其轉徙無定。一作弟靡、弟、讀如稊。稊、茅之始生也。王闓運曰、弟、穨借字。因以為波隨。王念孫曰、流、崔作隨、是也。蛇何靡隨為韻。蛇、古音徒禾反。靡、古音摩。隨、古音徒河反。聞一多曰、波隨當為陂墮、即陂陁、與委蛇穨靡義皆相近。故逃也。然後列子自以為未始學而歸。三年不出、為其妻爨。食音嗣。豕如食人。郭象曰、忘貴賤也。於事無與親。郭象曰、惟所遇耳。雕琢復朴、塊然獨以其形立。成玄英曰、槁木之形、塊然無偶。紛而封戎、戎、一作哉、今從崔本。馬其昶曰、列子亦作封戎。詩毛傳、封、大也。爾雅、戎、大也。楚辭注、紛、盛貌。陶光曰、封戎、猶詩狐裘蒙耳。李楨曰、人親為韻、朴立為韻、戎終為韻。一以是終。宣穎曰、帝王之道、在虛己無為、不可使天下得相其端以開機智。馬其昶曰、淮南言人主之意欲見於外、則為人臣之所制。故老子曰、塞其兌、閉其門、終身不勤。

無為名尸。成玄英曰、尸、主也。無為謀府。無為事任。郭象曰、付物使各自任。無為知主。郭象曰、無心、則物各自主其知也。體盡無窮、郭象曰、因天下之自為、故馳萬物而無窮也。而遊無朕。郭象曰、任物故無迹。盡其所受乎天、而無見得。呂惠卿曰、所謂常因自然而不益。亦虛而已。郭象曰、不虛則不能任群實。劉大櫆曰、虛乃莊子宗旨、所謂無心無為無用者是也。至人之用心若鏡。不將不迎。應而不藏。故能勝物而不傷。陸長庚曰、勝字平讀、任萬感而不傷本體。王闓運曰、藏則有得、有得必有失、則傷矣。薛瑄曰、程子所謂形容道體之言、此類是也。

南海之帝為儵。音叔北海之帝為忽。中央之帝為渾沌。簡文曰、儵忽取神速為名。渾沌以合和為貌。儵忽譬有為、合和譬無為。儵與忽時相與遇於渾沌之地。渾沌待之甚善。儵與忽謀報渾沌之德。曰、人皆有七竅、以視聽食息。此獨無有。嘗試鑿之。日鑿一竅、七日而渾沌死。郭象曰、為者敗之。嚴復曰、內七篇秩序井然、不可棼亂。學道者以拘虛囿時束教為厲禁。故開宗明義、首戒學者必遊心於至大之域。逍遙遊云者、猶佛言無所住也。必得此而後聞道之基以立。次則當知物論之本齊、美惡是非之無定。曰寓庸、曰以明、曰因是、曰寓諸無竟、曰物化、喻人可謂至矣。再進則語學者以治道之要、曰養生主。養生主者，非養生也。其主旨曰依乎天理。是故有變境而無生滅、薪盡火傳、不知其盡。然而人間不可棄、有無所逃於天地之間者、又不可不講、故命曰人間世。一命一義、而寓諸不得已、故莊非出世之學。由是群己之道交得、則有德充之符。處則為大宗師、周易見龍之在田也。達則為應帝王、九五飛龍之在天也。而道之能事畢矣。

外篇

焦竑曰、內篇命題、各有深意。外雜則但取篇首字名之、而大義亦存焉。王夫之曰、外篇非莊子之書、蓋為莊子之學者、欲引伸之、而見之匆遽、求肖而不能也。又曰、外篇但為老子作訓詁、其可與內篇相發明者、十之二三。乃學莊者雜輯以成書。其間若駢拇馬蹄胠篋天道繕性至樂諸篇、尤為悁劣。

駢拇

外篇之一。吳澄曰、莊生書、瓌瑋參差、不以觭見之。唯駢拇胠篋馬蹄繕性刻意五篇、自為一體。其果莊氏之書乎。抑周秦間文士所為乎。未可知也。蘇輿曰、駢拇下四篇、於申老外別無精義。蓋學莊者緣老為之。且文氣直衍、無所發明。亦不類內篇汪洋俶詭。王夫之姚鼐、皆疑外篇不出莊子、最為有見。

駢拇枝指、出乎性哉、而侈於德。陸德明曰、駢、廣雅云、竝也。枝指、三蒼云、手有六指也。宣穎曰、性、生也。人所同得曰德。附贅縣疣、出乎形哉、而侈於性。多方乎仁義而用之者、馬其昶曰、方旁古通用。多方二字平列、故下文曰多方駢枝。又曰多駢旁枝。列於五藏哉、而非道德之正也。呂惠卿曰、其氣為五行、其德為五常、其形為五藏。穆按：以仁義禮智信為五常、分列五藏、以配五行、其說甚後起、非先秦所有。是故、駢於足者、連無用之肉也。枝於手者、樹無用之指也。多方焦竑曰、此二字疑衍。駢枝於五藏之情者、淫僻於仁義之行、而多方闕誤、張君房本無方字。於聰明之用也。是故駢於明者、亂五色、淫文章、青黃黼黻之煌煌非乎、而離朱是已。俞樾曰、而如古通用。司馬彪曰、離朱、孟子作離婁。多於聰者、亂五聲、淫六律、金石絲竹黃鐘大呂之聲非乎、而師曠是已。陸德明曰、師曠、晉大夫。枝於仁者、擢德塞性、以收名聲、王念孫曰、塞、當為搴。擢搴皆拔取之義。淮南作攓。使天下簧鼓以奉不及之法非乎、而曾史是已。陸德明曰、簧、謂笙簧也。曾參行仁、史鰌行義。駢於辯者、纍瓦結繩、竄句遊心於堅白同異之閒、而敝跬丘婢反。譽無用之言非乎、而楊墨是已。陸德明曰、瓦、一云當作丸。高駿烈曰、累丸結繩、喻辯之駢枝也。司馬彪曰、竄句、謂穿鑿文句。敝、罷也。向秀曰、跬、近也。郭嵩燾曰、跬譽、猶咫言。謂邀一時之近譽也。孫詒讓曰、郭本跬當作辭。馬蹄篇云。蹩躠為仁。嚴復曰、敝跬即屓屭、用力貌。故此皆多駢旁枝之道。陶鴻慶曰、疑本作多旁駢枝、旁讀為方。非天下之至正也。彼正正者、宜穎曰、上正字乃至字之誤。不失其性命之情。故合者不為駢、而枝者不為跂、奚侗曰、當作跂者不為枝。說文、跂、足多指也。此段以言手。長者不為有餘、短者不為不足。是故鳧脛本又作踁。雖短、續之則憂。鶴脛雖長、斷之則悲。故性長非所斷、性短非所續。無所去憂也。宣穎曰、率其本然、自無憂、何待去。馬其昶曰、去弃通。去憂、藏憂也。漢書主皆藏去以為榮、師古曰、去、亦藏也。意仁義其非人情乎。彼仁人何其多憂也。且夫駢於拇者、決之則泣。枝於手者、齕音紇。之則啼。二者或有餘於數、或不足於數。其於憂、一也。今世之仁人、蒿目而憂世之患。宣穎曰、愁視則睫蒙如蒿。章炳麟曰、蒿借為眊。說文、眊、目少精也。憂勞者多耗損、故今目眊。不仁之人、決性命之情、而饕吐刀反。富貴。故意仁義其非人情乎。自三代以下者天下、何其囂囂也。且夫、待鉤繩規矩而正者、是削其性也。待繩約膠漆而固者、是侵其德也。屈折禮樂、呴（況於反。）俞仁義、以慰天下之心者、（成玄英曰、呴俞、猶嫗撫。吳汝綸曰、慰、鬱也。見外物篇釋文。）此失其常然也。天下有常然。常然者、曲者不以鉤。直者不以繩。圓者不以規。方者不以矩。附離不以膠漆。（王敔曰、離麗通。）約束不以纆（音墨。）索。（陸長庚曰、纆、索之兩股者。）故天下誘然皆生、而不知其所以生。（宣穎曰、誘然、若有導以生者。馬其昶曰、誘與褎通。爾雅、誘、進也、漢書、褎然為舉首。注、褎、進也。王念孫云、褎然、出眾之貌。此誘然與淮南誘然與日月爭光、其訓正同。）同焉皆得、而不知其所以得。故古今不二、不可虧也。（穆按：不二、即常然也。）則仁義又奚連連如膠漆纆索、而遊乎道德之間為哉。使天下惑也。夫小惑易方、大惑易性。何以知其然邪。自虞氏招仁義以撓天下也、（俞樾曰、國語韋注、招、舉也。音翹。）天下莫不奔命於仁義。是非以仁義易其性與。（司馬光曰、大抵莊子之所言仁義、其字義本與孟子不同。）故嘗試論之。自三代以下者天下、莫不以物易其性矣。小人則以身殉利。士則以身殉名。大夫則以身殉家。聖人則以身殉天下。故此數子者、（蘇輿曰、數子、猶言此數等人。）事業不同、名聲異號、其於傷性、以身為殉、一也。臧與穀二人、（張揖曰、壻婢之子謂之臧。崔譔曰、孺子曰穀。）相與牧羊、而俱亡其羊。問臧奚事、則挾筴（字又作策。）讀書。（王先謙曰、左傳、繞朝贈策。策、驅羊鞭也。問穀奚事、則博塞悉代反。以遊。陸德明曰、塞、博之類也。王敔曰、塞簺通、古簺用五木。二人者、事業不同、其於亡羊、均也。伯夷死名於首陽之下、盜跖死利於東陵之上。李頤曰、東陵謂泰山。二人者、所死不同、其於殘生傷性、均也。奚必伯夷之是、而盜跖之非乎。天下盡殉也。彼其所殉仁義也、則俗謂之君子。其所殉貨財也、則俗謂之小人。其殉一也、則有君子焉、有小人焉。若其殘生損性、則盜跖亦伯夷已。又惡取君子小人於其間哉。且夫屬其性乎仁義者、郭象曰、以此係彼為屬。屬性於仁、殉仁者耳、故不善也。雖通如曾史、非吾所謂臧也。成玄英曰、臧、善也。王夫之曰、詆訶曾史伯夷、以是其所是、非其所非、矜氣以固其封畛、非莊子之言。屬其性於五味、雖通如俞兒、司馬彪曰、俞兒、古之善識味人。陸長庚曰、見淮南子。武延緒曰、五味當作五藏、俞兒當作楊墨。音義雖通如楊墨、一本無此句、是其證。五藏即篇首五藏之情。非吾所謂臧也。屬其性乎五聲、雖通如師曠、非吾所謂聰也。屬其性乎五色、雖通如離朱、非吾所謂明也。吾所謂臧、非仁義之謂也、臧於其德而已矣。吾所謂臧者、非所謂仁義之謂也、任其性命之情而已矣。吾所謂聰者、非謂其聞彼也、自聞而已矣。吾所謂明者、非謂其見彼也、自見而已矣。夫不自見而見彼、不自得而得彼者、是得人之得、而不自得其得者也。適人之適、而不自適其適者也。郭象曰、此捨己效人者、雖效之若人、而己已喪矣。阮毓崧曰、二語又見大宗師。夫適人之適、而不自適其適、雖盜跖與伯夷、是同為淫僻也。余愧乎道德、是以上不敢為仁義之操、而下不敢為淫僻之行也。蘇輿曰、篇首云淫僻於仁義之行、此復以淫僻仁義平列、踳駁顯然。且云余媿乎道德、莊子焉肯為此謙辭乎。

馬　蹄

外篇之二。王夫之曰、引老子無為自正之說而長言之。蘇輿曰、老子云、無為自化、清靜自正。通篇皆申此旨。而終始以馬作喻、亦莊子內篇所未有也。

馬、蹄可以踐霜雪。毛可以禦風寒。齕草飲水、翹足（本作尾）而陸。（司馬彪曰、陸、跳也。）此馬之真性也。雖有義臺路寢、無所用之。（奚侗曰、義借為峨。廣雅、峨、高也。章炳麟曰、義借為巍。說文、巍、高也。巍臺者、周禮有象巍。鄭司農云、闕也。巍闕有觀臺、故曰巍臺。）及至伯樂、曰、我善治馬。燒之、剔之、刻之、雒之。（司馬彪曰、燒、謂燒鐵以爍之。剔、謂翦其毛。刻、謂削其甲。雒、謂羈絡其頭也。王念孫曰、雒、讀為鉻。說文、鉻、鬄也。通作落。吳子治兵篇、刻剔毛髮、謹落四下。郭嵩燾曰、雒、同烙、謂印烙。穆按：王郭之訓、與燒之剔之義重、仍以司馬說為當。闕誤引江南古藏本、及御覽八九六引、並作絡、是其證。）連之以羈馽。（丁邑反。陸德明曰、羈、勒也。馽、絆也。）編之以皁（才老反。）棧。（陸德明曰、皁、櫪也。編木作欞、似牀、曰棧、以禦溼。）馬之死者、十二三矣。饑之、渴之。馳之、驟之。整之、齊之。前有橛（其月反。）

飾之患、司馬彪曰、橛、銜也。飾、排銜也。謂加飾於馬鑣。而後有鞭筴之威。而馬之死者、已過半矣。陶者曰、我善治埴。時力反。司馬彪曰、埴土可以為陶器。尚書傳、土黏曰埴。圓者中規、方者中矩。匠人曰、我善治木。曲者中鉤、直者應繩。夫埴木之性、豈欲中規矩鉤繩哉。然且世世稱之曰、伯樂善治馬、而陶匠善治埴木。此亦治天下者之過也。吾意善治天下者、不然。彼民有常性。織而衣、耕而食、是謂同德。一而不黨、命曰天放。宣穎曰、任天自在。故至德之世、其行填填、其視顛顛。崔譔曰、填填、重遲也。顛顛、專一也。當是時也、山無蹊隧、崔譔曰、隧、道也。澤無舟梁。陸長庚曰、即老子所謂民至老死不相往來。萬物群生、連屬其鄉。王叔之曰、既無國異家殊、故其鄉連屬。禽獸成群、草木遂長。是故禽獸可係羈而遊。鳥鵲之巢、可攀援而闚。郭象曰、與物無害、故物馴也。夫至德之世、同與禽獸居、族與萬物竝。惡乎知君子小人哉。同乎無知、其德不離。同乎無欲、穆按：老子曰、常使民無知無欲。是謂素樸。素樸而民性得矣。及至聖人、蹩步結反。躠悉結反。為仁、踶直氏反。跂丘氏反。為義、而天下始疑矣。李頤曰、蹩躠踶跂、皆用心為仁義之貌。穆按：蹩躠猶言盤散、跛行貌。踶躗踐蹋、必先舉足。跂亦企舉義，乃急行貌。澶徒旦反。漫為樂、摘辟為禮、而天下始分矣。崔譔曰、澶漫、淫衍也。郭嵩燾曰、摘僻、當作摘擗。楚辭王注、擗、析也。摘者、摘取、擗者、分析。謂煩碎也。故純樸不殘、孰為犧尊。白玉不毀、孰為珪璋。道德不廢、安取仁義。阮毓崧曰、老子云、大道廢、有仁義。性情不離、安用禮樂。五色不亂、孰為文采。五聲不亂、孰應六律。夫殘樸以為器、工匠之罪也。毀道德以為仁義、聖人之過也。焦竑曰、糠粃瓦礫、道無不載。獨棄絕仁義禮樂、明乎非蒙莊之意矣。彼其自言有之、遠而不可不居者、義也。節而不可不積者、禮也。學者知其一說、不知其又有一說也。夫馬、陸居、則食草飲水。喜、則交頸相靡。怒、則分背相踶。大計反。李頤曰、靡、摩也。踶、蹋也。馬知已此矣。馬其昶曰、已、止也。夫加之以衡扼、宣穎曰、扼、同軛、橫木駕馬領曰衡軛。齊之以月題、司馬彪曰、月題、馬額上當頸如月形者也。而馬知介倪闉音因扼鷙曼詭銜竊轡。孫詒讓曰、倪也、扼也、曼也、銜也、轡也、皆車馬被具之物。而馬介之、闉之、鷙之、詭之、竊之也。倪、借為輗。說文、大車耑持衡者也。曼、即周禮巾車之幦、車覆笭也。曼從冒得聲、冒幦一聲之轉。于省吾曰、介應讀作遏、闉猶塞也。遏闉同訓。遏輗闉軛、皆不安於御事。陸德明曰、詭銜、吐出銜也。竊轡、齧轡也。故馬之知而能至盜者、伯樂之罪也。夫赫胥氏之時、司馬彪曰、赫胥氏、上古帝王。民居不知所為、行不知所之。含哺而熙、鼓腹而遊。民能已此矣。及至聖人、屈折禮樂、以匡天下之形。縣跂仁義、章炳麟曰、跂、借為庪。釋天、祭山曰庪縣。郭璞曰、或庪或縣、置之於山。以慰天下之心。而民乃始踶跂好知、穆按：老子延頸舉踵、踶跂即舉踵義。陸長庚曰、篇中屢用故曰、可見段段議論、皆道德經之疏義。爭歸於利、不可止也。此亦聖人之過也。嚴復曰、此篇持義、極似法之盧梭。盧梭民約諸書、以初民為最樂。顧以事實言、乃最苦、故其說盡破。

胠篋

外篇之三。王夫之曰、引老子聖人不死大盜不止之說、而鑿鑿言之。蓋懲戰國之紛紜、而為憤激之言、亦學莊者已甚之成心也。

將為胠（起居反。）篋探囊發匱之盜而為守備、（司馬彪曰、從旁開為胠。馬其昶曰、楚辭注、匱、匣也。）則必攝緘縢、（李頤曰、攝、結也。陸德明曰、爾雅云、緘、縢、皆繩也。）固扃鐍。（古穴反。李頤曰、扃、關也。鐍、紐也。）此世俗之所謂知也。然而巨盜至、則負匱揭篋擔囊而趨、唯恐緘縢扃鐍之不固也。然則鄉之所謂知者、不乃為大盜積者也。（顧炎武曰、也與邪通。）故嘗試論之。世俗所謂知者、有不為大盜積者乎。所謂聖者、有不為大盜守者乎。何以知其然邪。昔者、齊國、鄰邑相望、雞狗之音相聞。罔罟之所布、耒耨之所刺、方二千餘里。闔四竟之內、所以立宗廟社稷、治邑屋州閭鄉曲者、曷嘗不法聖人哉。然而田成子一旦殺齊君而盜其國。陸德明曰、齊君、簡公也。哀公十四年、陳恆殺之舒州。所盜者、豈獨其國邪。並與其聖知之法而盜之。故田成子有乎盜賊之名、而身處堯舜之安。小國不敢非、大國不敢誅、十二世有齊國。穆按：史記自成子至王建之滅、僅十世。據竹書紀年、中脫悼子侯剡兩世。此亦本篇晚出之確證。姚鼐曰、此蓋有慨於始皇。則是不乃竊齊國、並與其聖知之法、以守其盜賊之身乎。嘗試論之。世俗之所謂至知者、有不為大盜積者乎。所謂至聖者、有不為大盜守者乎。何以知其然邪。昔者、龍逄斬、比干剖、萇弘胣、勑紙反。崔譔曰、胣、裂也。淮南子云、萇弘鈹裂而死。子胥靡。崔譔曰、爛之於江中。武延緒曰、方言、靡、滅也。滅一訓沒。故四子之賢、而身不免乎戮。郭象曰、言暴亂之君、戮賢人而莫之敢亢者、皆聖法之由也。向無聖法、則桀紂焉得守斯位而放其毒。故跖之徒問於跖曰、盜亦有道乎。跖曰、何適而無有道邪。夫妄意室中之藏、聖也。王引之曰、意者、度也。入先、勇也。出後、義也。知可否、知也。分均、仁也。五者不備、而能成大盜者、天下未之有也。由是觀之、善人不得聖人之道不立、跖不得聖人之道不行。天下之善人少而不善人多、則聖人之利天下也少、而害天下也多。故曰、脣竭則齒寒。王念孫曰、竭、與揭通。說文、揭、高舉也。俞樾曰、說文豕下云、竭其尾。脣竭、謂反舉其脣以向上。魯酒薄而邯鄲圍。陸德明曰、楚宣王朝諸侯、魯恭公後至而酒薄。宣王怒、攻魯。梁惠王常欲擊趙、而畏楚救。楚以魯為事、故梁得圍邯鄲。

言事相由也。許慎注淮南云、楚之主酒吏求酒於趙、趙不與。吏怒、乃以趙厚酒易魯薄酒、奏之。楚王以趙酒薄、故圍邯鄲也。聖人生而大盜起。掊擊聖人、縱舍盜賊、而天下始治矣。夫川竭而谷虛、丘夷而淵實。聖人已死、則大盜不起、天下平而無故矣。聖人不死、大盜不止。雖重聖人而治天下、則是重利盜跖也。為之斗斛以量之、向秀曰、自此以下、皆所以明苟非其人、雖法無益。則并與斗斛而竊之。為之權衡以稱之、則并與權衡而竊之。為之符璽以信之、則并與符璽而竊之。為之仁義以矯之、則并與仁義而竊之。何以知其然邪。彼竊鉤者誅、陸德明曰、鉤、謂帶也。竊國者為諸侯。諸侯之門、而仁義存焉。王引之曰、存焉當作焉存。焉、於是也。古書如此句法甚多。則是非竊仁義聖知邪。故逐於大盜、揭諸侯、竊仁義、并斗斛權衡符璽之利者、雖有軒冕之賞弗能勸。斧鉞之威弗能禁。此重利盜跖、而使不可禁者、是乃聖人之過也。故曰、魚不可脫於淵。國之利器、不可以示人。語見老子。彼聖人者、天下之利器也。褚伯秀曰、聖人當作聖知。非所以明天下也。王叔岷曰、據郭注成疏、明下疑脫示字。故絕聖棄知、大盜乃止。老子曰、絕聖棄知、民利百倍。擿持赤反。玉毀珠、小盜不起。陸德明曰、擿義與擲字同。老子曰、不貴難得之貨、使民不為盜。焚符破璽、而民朴鄙。掊斗折衡、而民不爭。殫殘天下之聖法、而民始可與論議。擢亂六律、鑠詩灼反。絕竽瑟、崔譔曰、鑠絕、燒斷之也。

塞瞽曠之耳、而天下始人含其聰矣。滅文章、散五采、膠離朱之目、而天下始人含其明矣。毀絕鉤繩、而棄規矩、（武延緒曰、而疑當作面、與偭通、背也。）攦（力結反。）工倕之指、（崔譔曰、攦撕之也。孫詒讓曰、攦與歷通。撕與㯕同。說文、櫪㯕、柙指也。段玉裁曰、柙指如今之拶指。）而天下始人有其巧矣。故曰、大巧若拙。削曾史之行、鉗（巨炎反。）楊墨之口、攘棄仁義、而天下之德始玄同矣。（陸長庚曰、玄同二字出老子。）彼人含其明、則天下不鑠矣。人含其聰、則天下不累矣。人含其知、則天下不惑矣。人含其德、則天下不僻矣。彼曾史楊墨師曠工倕離朱者、皆外立其德、而以爚（音藥）亂天下者也。（成玄英曰、言數子皆標名於外、炫燿群生。）法之所無用也。子獨不知至德之世乎。昔者、容成氏、大庭氏、伯皇氏、中央氏、栗陸氏、驪畜氏、軒轅氏、赫胥氏、尊盧氏、祝融氏、伏戲氏、神農氏。（司馬彪曰、此十二氏、皆古帝王。）當是時也。民結繩而用之。甘其食。美其服。樂其俗。安其居。鄰國相望。雞狗之音相聞。民至老死而不相往來。（結繩以下至此、語見老子。）若此之時、則至治已。今遂至使民延頸舉踵曰、某所有賢者、贏糧而趣之。（崔譔曰、贏、裹也。）則內棄其親、而外去其主之事。足跡接乎諸侯之境。車軌結乎千里之外。則是上好知之過也。上誠好知而無道、則天下大亂矣。何以知其然邪。

夫弓弩畢弋機變之知多、則鳥亂於上矣。馬其昶曰、淮南止田獵畢弋、注云、畢、掩網也。奚侗曰、變非器用、當是羉字。爾雅釋器、彘罟謂之羉。此段掩獸之具以言掩鳥。武延緒曰、變疑讀辟、與罼同。鉤餌網罟罾笱音鉤之知多、則魚亂於水矣。成玄英曰、罟罾、皆網也。笱、曲梁也、亦筌也。削格羅落罝子斜反。罘音浮。之知多、則獸亂於澤矣。郭嵩燾曰、左思賦、峭格周施。峭削義通。漢書為中周虎落。顏注、謂遮落之。削格羅落、皆所以要遮禽獸。章炳麟曰、削借為箾。陸德明曰、爾雅、兔罟謂之罝。罬謂之罦。罦、覆車也。知詐漸毒頡滑堅白解垢同異之變多、則俗惑於辯矣。王引之曰、知、謂智故也。漸、欺詐。李頤曰、頡滑、滑稽也。武延緒曰、玉篇、猾、黠也。淮南俶真、孰肯解構人間之事。後漢隗囂傳、勿用傍人解構之言。馬其昶曰、解詬、即謑詬。集韻、謑詬、力諍也。故天下每每大亂。李頤曰、每每、猶昏昏也。奚侗曰、每每頻頻誼近。罪在於好知。故天下皆知求其所不知、而莫知求其所已知者。皆知非其所不善、而莫知非其所已善者。是以大亂。故上悖日月之明。下爍失約反。山川之精。中墮四時之施。惴本亦作蠕。耎耳轉反。之蟲、肖翹之物、崔譔曰、蠉蝡、動蟲也。肖翹、植物也。奚侗曰、惴、當作喘。耎、當作蝡。謂喘息蝡動之蟲。肖、借作梢。翹、借作喬。爾雅、小枝上繚為喬。莫不失其性。甚矣夫、好知之亂天下也。自三代以下者是已。舍夫種種之機、奚侗曰、機、當依各本作民。而悅夫役役之佞。成玄英曰、種種、淳樸。役役、輕黠也。釋夫恬淡無為、而悅夫啍啍他昆反。之意。郭象曰、啍啍、以己誨人也。姚鼐曰、荀子云、口啍誕也。啍啍已亂天

在宥

外篇之四。王夫之曰、此篇言有條理、意亦與內篇相近、而間雜老子之說。滯而不圓、猶未得乎象外之旨、亦非莊子之書也。姚鼐曰、馬蹄胠篋及在宥之首二章、皆申老子之說、然非莊子之文。

聞在宥天下、不聞治天下也。馬其昶曰、說文、在、存也。吳汝綸曰、宥與囿通。呂惠卿曰、在者、存之而不亡、任自然而不益。宥者、放之而不縱、如囿之宥物。方以智曰、在如持載、圍中之範。宥如覆幬、範中之圍。蘇輿曰、存諸心而不露是善非惡之迹、以使民相安於渾沌、正胠篋篇含字之旨。在之也者、恐天下之淫其性也。宥之也者、恐天下之遷其德也。天下不淫其性、不遷其德、有治天下者哉。昔堯之治天下也、使天下欣欣焉人樂其性、是不恬也。桀之治天下也、使天下瘁瘁焉人苦其性、是不愉也。夫不恬不愉、非德也。非德也而可長久者、天下無之。人大喜邪、毗於陽。大怒邪、毗於陰。俞樾曰、毗、讀毗劉之毗。言傷陰陽之和也。淮南原道篇、人大怒破陰、大喜破陽。陰陽並毗、四時不至、寒暑之和不成。其反傷人之形乎。使人喜怒失位。居處無常。思慮不自得。中道不成章。郭象曰、人在天地之中、最能以靈知喜怒擾亂群生、而振蕩陰陽也。於是乎天下始喬詰卓鷙、而後有盜跖曾史之行。崔譔曰、喬詰、意不平也。卓鷙、行不平也。于省吾曰、喬詰、即狡黠。故舉天下以賞其善者不足、舉天下以罰其惡者不給。故天下之大、不足以賞罰。自三代以下者、匈匈焉、奚侗曰、荀子楊倞注、匈匈、諠譁之聲。字當作訩。終以賞罰為事、彼何暇安其性命之情哉。而且說明邪、是淫於色也。說聰邪、是淫於聲也。說仁邪、是亂於德也。說義邪、是悖於理也。說禮邪、是相於技也。郭象曰、相、助也。王夫之曰、與之偕而自失曰相。說樂邪、是相於淫也。說聖邪、是相於藝也。說知邪、是相於疵也。胡遠濬曰、見得則曰技曰藝、見失則曰淫曰疵、其致一也。天下將安其性命之情、之八者、存、可也。亡、可也。天下將不安其性命之情、之八者、乃始臠力轉反。奚侗曰、臠借為攣。卷愴囊而亂天下也。司馬彪曰、臠卷、不申舒之狀。崔譔曰、戕囊、猶搶攘。而天下乃始尊之惜之。甚矣、天下之惑也。豈直過也而去之邪。宣穎曰、豈但過時便任其去乎。乃齊戒以言之。跪坐以進之。鼓歌以儛之。宣穎曰、乃奕世欣奉不能已如此。吾若是何哉。故君子不得已而臨莅天下、莫若無為。無為也、而後安其性命之情。嚴復曰、法蘭西革命之先、自然黨人挈士尼號歐洲孔子、及顧爾耐輩學說、正復如是。不獨盧梭之殫殘法制、還復本初、以遂其自由平等之性者、與漆園合也。故貴以身於為天下、則可以托天下。愛以身於為天下、則可以寄天下。語見老子。馬其昶曰、以已同。爾雅、已、此也。謂貴其身甚於貴天下、愛其身甚於愛天下也。陶鴻慶曰、故下當有曰字。胠篋引老子凡兩見、知北遊篇凡三見、本篇一見、皆冠以故曰字。故君子苟能無解其五藏、陸德明曰、解、散也。穆按：駢拇云、多方乎仁義而用之者、列於五藏哉、而非道德之正也。無擢其聰明。穆按：駢拇云、擢德塞性。尸居而龍見。馬其昶曰、尸居、猶齋居。淵默而雷聲。神動而天隨。從容無為、而萬物炊累焉。司馬彪曰、炊累、猶動升也。向秀曰、如埃塵之自動。羅勉道曰、萬物皆囿吾生育之中、如炊氣積累而熟。吾又何暇治天下哉。

崔瞿問於老聃曰、不治天下、安臧人心。王先謙曰、言人心無由善。老聃曰、汝慎無攖人心。崔譔曰、攖、羈落也。人心排下而進上。宣穎曰、排抑則降下、稍進則亢上。郭象曰、言其易搖蕩也。上下囚殺。宣穎曰、上下之間、係之若囚、傷之若殺。蘇輿曰、其亢上也如殺、其排下也如囚。殺則驕、囚則僨。淖昌約反。約柔乎剛強。郭象曰、能淖約、則剛強者柔矣。廉劌居衛反。彫琢。陸德明曰、廣雅、劌、利也。老子曰、廉而不劌。其熱焦火。其寒凝冰。其疾俛仰之閒、而再撫四海之外。朱子曰、心之變化如此、止是人自不求。纔思便在、更不移步。其居也、淵而靜。武延緒曰、當作靜而淵、天淵為韻。宣穎曰、言其深伏。其動也、縣而天。宣穎曰、言其飛浮。僨驕而不可係者、林希逸曰、僨憤同。其唯人心乎。昔者、黃帝始以仁義攖人之心、堯舜於是乎股無胈、畔末反。李頤曰、胈、白肉也。脛無毛、以養天下之形。愁其五藏、以為仁義。矜其血氣、郭慶藩曰、釋言、矜、苦也。以規法度。然猶有不勝也。堯於是放讙兜於崇山、投三苗於三峗、流共工於幽都、此不勝天下也夫。施以智反。及三王、而天下大駭矣。崔譔曰、施、延也。嚴復曰、駭通絯、亂也。下有桀跖、上有曾史、而儒墨畢起。於是乎喜怒相疑、愚知相欺、善否相非、誕信相譏、而天下衰矣。大德不同、而性命爛漫矣。成玄英曰、爛漫、散亂。天下好知、而百姓求竭矣。章炳麟曰、求竭即膠葛。今作糾葛、雙聲語。上爛漫、疊韻語也。於是乎釿音斤。鋸音據。制焉、繩墨殺焉、馬其昶曰、爾雅、殺、克也。吳汝綸曰、殺、當為設。椎鑿決焉。天下脊脊大亂。罪在攖人心。陸德明曰、脊脊、相踐藉也。王先謙曰、與藉藉同。故賢者伏處大山嵁巖之下。俞樾曰、嵁、讀為湛。山言其大、巖言其深。而萬乘之君憂慄乎廟堂之上。今世殊死者、相枕也。陸德明曰、廣雅、殊、斷也。桁戶剛反。楊者、相推也。崔譔曰、械夾頸及脛者、皆曰桁楊。刑戮者、相望也。而儒墨乃始離跂攘臂乎桎梏之間。王念孫曰、離跂、疊韻字、自異於眾之意。意、甚矣哉、其無愧而不知恥也。舊注、意、同噫。甚矣、吾未知聖知之不為桁楊椄音接。槢音習。也。司馬彪曰、椄槢、械楔。仁義之不為桎梏鑿枘人銳反。也。成玄英曰、鑿、孔也。以物納孔中曰枘。郭象曰、桁楊以椄槢為管、桎梏以鑿枘為用。焉知曾史之不為桀跖嚆許交反。矢也。向秀曰、嚆矢、矢之鳴者。陸長庚曰、嚆矢、今之響箭、行劫者之先聲也。郭象曰、言曾史為桀跖之利用也。械無楔不牢、桎無孔無用。故曰、絕聖棄知、而天下大治。

黃帝立為天子十九年、令行天下。聞廣成子在於空同之上、故往見之。曰、我聞吾子達於至道、敢問至道之精。吾欲取天下之精、以佐五穀、以養民人。吾又欲官陰陽、以遂群生。為之奈何。廣成子曰、而所欲問者、物之質也。而所欲官者、物之殘也。郭象曰、問至道之精、可謂質也。不任其自爾、而欲官之、故殘也。陸長庚曰、質者、猶云未散之朴。殘者、猶云朴散之器。自而治天下、雲氣不待族而雨。司馬彪曰、族、聚也。未聚而雨、言澤少。草木不待黃而落。司馬彪曰、言殺氣多也。爾雅、落、死也。日月之光、益以荒矣。章炳麟曰、荒、借為㬒。說文、㬒、日無色也。古音㬒如滂、荒如芒、故得相借。奚侗曰、荒、借作芒。而佞人之心翦翦者、又奚足以語至道。郭象曰、翦翦、善辯也。朱駿聲曰、翦、借為諓。

黃帝退捐天下、築特室、席白茅、閒居三月、復往邀之。廣成子南首而臥。黃帝順下風、膝行而進、再拜稽首而問。曰、聞吾子達於至道、敢問治身、奈何而可以長久。馬其昶曰、此即大學壹是皆以修身為本之意。非謂不治天下也。嚴復曰、此乃楊朱為我三摩地正眼藏法。廣成子蹶然而起。曰、善哉、問乎。來、吾語女至道。至道之精、窈窈冥冥。穆按：老子曰、窈兮冥兮、其中有精。蘇軾曰、所以致一也。至道之極、昏昏默默。蘇軾曰、所以全真也。無視無聽、抱神以靜。蘇軾曰、無為也。陸長庚曰、老子曰、載營魄、抱一。形將自正。胡遠濬曰、正、定也。必靜必清、無勞女形、無搖女精、陸長庚曰、勞則不靜、搖則不清。蘇軾曰、無慾也。乃可以長生。目無所見、耳無所聞、心無所知、蘇軾曰、無思也。

女神將守形、形乃長生。愼女內、閉女外、多知為敗。宣穎曰、內外交引、病在於知、故總言之。我為女遂於大明之上矣、奚侗曰、易大壯、不能遂。虞注、遂、進也。至彼至陽之原也。為女入於窈冥之門矣、至彼至陰之原也。高秋月曰、言動靜返乎陰陽之極。天地有官、陰陽有藏。愼守女身、物將自壯。姚鼐曰、天地有官、不必為歷象以明之。物將自壯、不必為醫藥以救之。我守其一、以處其和。故我修身千二百歲矣、吾形未嘗衰。穆按：此晚世神仙家言、莊子初未有之。黃帝再拜稽首曰、廣成子之謂天矣。廣成子曰、來、余語女。彼其物無窮、而人皆以為終。彼其物無測、而人皆以為極。得吾道者、上為皇而下為王。陸長庚曰、上德行無為之道、下德行有為之事。失吾道者、上見光而下為土。王敔曰、死則昭明升上、形魄降下。姚鼐曰、皇王乃天地上下惟吾獨尊之意。不見光、不見土、即空四大之意。今夫百昌、皆生於土而反於土。司馬彪曰、百昌、猶百物也。姚永樸曰、古微書引書考靈曜云、審地理者昌、昌者、地之財也。司馬注本此。馬其昶曰、百物皆成土壤、惟有道者常存也。穆按：老子曰、萬物芸芸、各歸其根。此處土、即以喻道。故余將去女、入無窮之門、以遊無極之野。吾與日月參光。吾與天地為常。當我緡武巾反。乎、遠我昏乎。人其盡死、而我獨存乎。司馬彪曰、緡昏竝無心之謂。郭象曰、物之去來、皆不覺也。以死生為一體、則無往而非存。蘇軾曰、長生、物之固然、非我獨能。我能守一而處和、故不見其分成與毀耳。夫可見言去取者、人也。不可見言去取者、是真我也。人其盡死而我獨存、此之謂也。

雲將東遊、過扶搖之枝、而適遭鴻蒙。李頤曰、雲將、雲主帥。扶搖、神木也。司馬彪曰、鴻蒙、自然元氣也。鴻蒙方將拊音甫。成玄英曰、拍也。髀音陛雀躍而遊。雲將見之、倘然止、贄然立。胡鳴玉曰、倘、音敞、忽止貌。今作惝、誤。李頤曰、贄然、不動貌。奚侗曰、贄、段作槷。冬官疏、柱也。曰、叟何人邪、叟何為此。鴻蒙拊髀雀躍不輟。對雲將曰、遊。雲將曰、朕願有問也。鴻蒙仰而視雲將曰、吁。雲將曰、天氣不和、地氣鬱結。六氣不調、四時不節。今我願合六氣之精、以育群生。為之奈何。鴻蒙拊髀雀躍掉頭曰、吾弗知、吾弗知。雲將不得問。又三年、東遊、過有宋之野、而適遭鴻蒙。雲將大喜、行趨而進曰、天忘朕邪、天忘朕邪。王先謙曰、尊之曰天、如黃帝之於廣成子。再拜稽首、願聞於鴻蒙。鴻蒙曰、浮遊不知所求。猖狂不知所往。遊者鞅掌、以觀無妄。馬其昶曰、鞅掌、紛擾也。猶秧穰。朕又何知。雲將曰、朕也、自以為猖狂、而民隨予所往。朕也不得已於民、今則民之放也。郭象曰、為民所放效。吳汝綸曰、放、依也。願聞一言。鴻蒙曰、亂天之經、逆物之情、玄天弗成。解獸之群、而鳥皆夜鳴。災及草木、禍及止蟲。孫詒讓曰、止、崔本作正、正與貞通。墨子淮南竝有貞蟲之文。字又作征。墨子言蜚鳥征蟲、謂能行之蟲也。吳汝綸曰、郝懿行爾雅義疏云、止、即豸之聲。嚴復曰、左傳庶有豸乎、豸、止也。上文言草木、不當獨對征行之蟲。意、本又作噫。治人之過也。雲將曰、然則吾奈何。鴻蒙曰、意、毒哉。馬其昶曰、廣雅、毒、痛也。僊僊乎、歸矣。馬其昶曰、僊僊、猶翩翩。文句類佁佁乎耕而不顧。雲將曰、吾遇天難、願聞一言。鴻蒙曰、意、心養。王先謙曰、惟心當養。汝徒處無為、而物自化。老子曰、我無為而民自化。墮爾形體、吐爾聰明。王引之曰、吐當為咄、與黜同。見徐無鬼釋文。漢書外戚傳吐字、漢紀譌咄。俞樾曰、吐借為杜。劉文典曰、吐疑绌字之壞。淮南覽冥訓、隳肢體、绌聰明。倫與物忘、章炳麟曰、倫借為侖。說文、侖、思也。穆按：倫與物忘、即與物忘倫。即大同乎涬溟也。大同乎涬音幸溟。司馬彪曰、涬溟、自然氣也。郭象曰、與物無際。解心釋神、莫然無魂。萬物云云、舊注同芸。各復其根。老子曰、夫物芸芸、各歸其根。各復其根而不知、渾渾沌沌、終身不離。若彼知之、乃是離之。無問其名、無闚其情、物故自生。成玄英曰、任於獨化、物得生理也。雲將曰、天降朕以德、示朕以默。躬身求之、乃今也得。再拜稽首、起辭而行。穆按：此節辭義皆淺俗。

世俗之人、武內義雄曰、下二章、郭象引他雜篇附入。皆喜人之同乎己、而惡人之異於己也。同於己而欲之、異於己而不欲者、以出乎眾為心也。夫以出乎眾為心者、曷常出乎眾哉。郭象曰、眾皆以出眾為心、故所以為眾人也。因眾以寧所聞、不如眾技眾矣。王先謙曰、並無獨見、但因聞眾論、遂執一而安之、則反不如能集眾技者之信為眾矣。而欲為人之國者、此攬乎三王之利、而不見其患者也。宣穎曰、然且欲以己見治人之國者、此徒以聖知仁義為利、而不見其害也。此以人之國僥倖也。幾何僥倖而不喪人之國乎。其存人之國也、無萬分之一。而喪人之國也、一不成而萬有餘喪矣。穆按：一不成、即無一有成。悲夫、有土者之不知也。夫有土者、有大物也。有大物者、不可以物。馬其昶曰、此言有天下者、必超乎天下。物而不物、故能物物。蘇輿曰、言有土者、自以為若有物存、則為物所物矣。惟物而不物、故能以一身物萬物。明乎物物者之非物也、豈獨治天下百姓而已哉。出入六合、遊乎九州、獨往獨來、是謂獨有。獨有之人、是之謂至貴。郭象曰、夫與眾玄同、非求貴於眾、而眾人不能不貴、斯至貴也。若乃信其偏見、而以獨異為心、則雖同於一致、故是俗中之一物耳。非獨有者也。未能獨有、而欲饕竊軒冕、冒取非分、眾豈歸之也哉。

大人之教、若形之於影、聲之於嚮。本又作響。有問而應之、盡其所懷、為天下配。郭象曰、問者為主、應故為配。處乎無嚮、郭象曰、寂以待物。行乎無方。郭象曰、隨物轉化。挈汝適復之撓撓、以遊無端。吳汝綸曰、方言、適、往也。適復、往復也。爾雅、契、絕也。淮南高注、揳、塞也。挈與契揳竝同。出入無旁。郭象曰、玄同無表。林雲銘曰、獨往獨來、無依傍也。與日無始。郭象曰、與日俱新、故無始也。頌論形軀、合乎大同。呂惠卿曰、頌論、言也。形軀、形也。章炳麟曰、頌、說文、皃也。論、借為類。廣雅、類、象也。大同而無己。無己、惡乎得有有。郭象曰、天下之難無者己、己無、則群有不足復有。覩有者、昔之君子。覩無者、天地之友。

賤而不可不任者、物也。卑而不可不因者、民也。匿而不可不為者、事也。阮毓崧曰、匿、藏也。馬其昶曰、匿、同暱、近也。麤而不可不陳者、法也。遠而不可不居者、義也。親而不可不廣者、仁也。

節而不可不積者、禮也。中而不可不高者、德也。穆按：中庸曰、中庸之為德也。一而不可不易者、道也。穆按：易、變化也。管子形勢篇、道之所言者一、而用之者異。神而不可不為者、天也。故聖人觀於天而不助。成於德而不累。郭象曰、自然與高會也。出於道而不謀。會於仁而不恃。成玄英曰、老子云、為而不恃。薄於義而不積。馬其昶曰、楚辭注、薄、止也。應於禮而不諱。俞樾曰、諱讀為違。接於事而不辭。齊於法而不亂。胡遠濬曰、亂、治也。恃於民而不輕。因於物而不去。物者、莫足為也、而不可不為。不明於天者、不純於德。不通於道者、無自而可。不明於道者、悲夫。何謂道。有天道、有人道。無為而尊者、天道也。有為而累者、人道也。主者、天道也。臣者、人道也。天道之與人道也、相去遠矣、不可不察也。宣穎曰、此段意膚文雜、與本篇義不甚切、不似莊子之筆。王先謙曰、郭象有注、則晉世傳本已然。

天地

外篇之五。王夫之曰、此篇暢言無為之旨、有與應帝王篇相發明者。陸方壺曰、此篇頭緒各別、不可串為一章。

天地雖大、其化均也。萬物雖多、其治一也。人卒雖眾、其主君也。穆按：此句、承前兩句、辭不類而義淺、益出馬蹄胠篋下矣。君原於德、而成於天。故曰、玄古之君天下、無為也、天德而已矣。以道觀言、而天下之君正。郭嵩燾曰、言者、名也。正其君之名、而天下聽命焉。穆按：君或名字之譌。以道觀分、而君臣之義明。以道觀能、而天下之官治。以道汎觀、而萬物之應備。故通於天地者、德也。行於萬物者、道也。王叔岷曰、陳碧虛闕誤作故通於天者、道也。順於地者、德也。行於萬物者、義也。當從之。上治人者、事也。能有所藝者、技也。技兼於事。宣穎曰、兼、猶統也。事兼於義。義兼於德。德兼於道。道兼於天。故曰、古之畜天下者、無欲而天下足。無為而萬物化。淵靜而百姓定。老子曰、我無欲而民自朴、我無為而民自化、我好靜而民自正。記曰、通於一而萬事畢、陸德明曰、記、書名也。無心得而鬼神服。穆按：得無心也。

夫子曰、司馬彪曰、夫子、莊子也。一云、老子也。宣穎曰、孔子也。下言夫子問於老聃、可知。穆按：此與上節、皆出晚世小儒之手。夫道、覆載萬物者也。王叔岷曰、據成疏、疑此文本作覆載天地、化生萬物。洋洋乎、大哉、君子不可以不刳心焉。成玄英曰、刳、去也、洒也。陸長庚曰、刳心、去其知識之私。穆按：廣雅、夸、大也。又呂覽高注、夸、虛也。今欲虛其心使大、故曰刳心。君子非大其心、不足以容道。下文韜乎其事心之大也可證。無為為之之謂天。無為言之之謂德。胡遠濬曰、易傳、默而成之、不言而信、存乎德行。愛人利物之謂仁。不同同之之謂大。行不崖異之謂寬。有萬不同之謂富。故執德之謂紀。德成之謂立。循於道之謂備。不以物挫志之謂完。君子明於此十者、則韜乎其事心之大也。姚永概曰、韜同滔。淮南注、滔、大貌。俞樾曰、禮鄭注、事、猶立也。奚侗曰、呂覽論人篇、事心乎自然之塗。高注、事、治也。陳祥道曰、執大象。沛乎其為萬物逝也。王敔曰、逝、歸往也。陳祥道曰、天下往。若然者、藏金於山、藏珠於淵。不利貨財、不近貴富。不樂壽、不哀夭。不榮通、不醜窮。不拘一世之利、以為己私分。馬其昶曰、荀子注、拘讀為鉤。鉤、規也、取也。不以王天下為己處顯。顯則明。吳汝綸曰、顯顯則明為句。則猶而也。穆按：仍當以為己處顯為句。即猶云有天下而不與也。天地篇、自為處危、句法略相似。下顯則明三字、疑或人旁注、殘入正文。范無隱曰、三字當連下文為句。乃若所顯、在明萬物一府、死生同狀耳。萬物一府、死生同狀。

夫子曰、夫道、淵乎其居也。漻良由反。乎其清也。王念孫曰、說文、漻、清深也。金石不得、無以鳴。郭象曰、聲由寂彰。故金石有聲、不考不鳴。成玄英曰、考、擊也。郭象曰、以喻體道者、物感而後應也。萬物孰能定之。郭象曰、應感無方。穆按：老子曰、虛而不屈、動而愈出。夫王德之人、素逝而恥通於事。王先謙曰、抱朴以往、羞通於庶務。蘇輿曰、素逝、即山木篇晏然體逝之意。通於事、與通於神對文、恥字疑誤。穆按：恥疑心字誤。素逝而心通於事、即下文時騁而要其宿也。立之本原而知通於神、即下文至無而供其求也。立之本原、而知通於神。故其德廣。其心之出、有物採之。郭象曰、非先物而唱。故形非道不生。生非德不明。老子曰、道生之、德畜之。吳汝綸曰、生非德不明、與下窮生字、皆讀為性。存形窮生、立德明道、非王德者邪。蕩蕩乎、忽然出、勃然動、郭象曰、忽勃、皆無心而應之妙。而萬物從之乎、此謂王德之人。視乎冥冥。聽乎無聲。宣穎曰、道不在形聲。冥冥之中、獨見曉焉。無聲之中、獨聞和焉。宣穎曰、道又不在寂滅。故深之又深、而能物焉。神之又神、而能精焉。老子曰、恍兮惚兮、其中有物。窈兮冥兮、其中有精。故其與萬物接也、至無而供其求。陸長庚曰、虛而不屈、動而愈出。時騁而要其宿。陸長庚曰、逝曰遠、遠曰反。大小長短修遠。姚鼐曰、此下有缺文。吳汝綸曰、六字當為郭氏注文。郭注大小長短修遠、皆恣而任之、會其所極而已。蓋釋時騁而要其宿之義。今注文無上六字、奪入正文也。又據淮南原道、作大小修短、各有其具云云、則姚謂缺文者是也。

黃帝遊乎赤水之北、登乎崑崙之丘、而南望還歸、遺其玄珠。司馬彪曰、玄珠、道真也。使知索之而不得、使離朱索之而不得、使喫口懈反。詬索之而不得也。成玄英曰、絕慮不可以心求。非色不可以目取。離言不可以辯索。喫詬、言辯也。劉文典曰、喫詬、疑即賈誼治安策之謨詬。謨即謑字。荀子非十二子篇、無廉恥而任謑詢、謂詈辱也。亦即本書天下篇之謑髁。乃使象罔、象罔得之。呂惠卿曰、象則非無、罔則非有。不皦不昧、此玄珠之所以得也。黃帝曰、異哉、象罔乃可以得之乎。

堯之師曰許由。許由之師曰齧缺。齧缺之師曰王倪。王倪之師曰被衣。堯問於許由曰、齧缺可以配天乎。郭象曰、謂為天子。吾藉王倪以要之。許由曰、殆哉、圾五急反。乎、天下。郭象曰、圾、危也。齧缺之為人也、聰明睿知、給數以敏。其性過人、而又乃以人受天。宣穎曰、非純乎天者。彼審乎禁過、而不知過之所由生。郭象曰、過生於聰知、又役知以禁之、其過彌甚矣。與之配天乎、彼且乘人而無天。方且本身而異形。褚伯秀曰、肝膽楚越。王先謙曰、顯分人己。方且尊知而火馳。孫詒讓曰、火乃兆之誤。說文、兆、分也。兆馳、猶僢馳。方且為緒使。馬其昶曰、爾雅、緒、事也。荀子注、使、役也。方且為物絯。公才反。陸德明曰、廣雅、絯、束也。方且四顧而物應。陸長庚曰、非靜而應者也。方且應眾宜。王先謙曰、事事求合。方且與物化而未始有恆。宣穎曰、屢為物變而不能定。夫何足以配天乎。雖然、有族有祖、可以為眾父、而不可以為眾父父、宣穎曰、眾父父者、乃族之祖也。萬代之大宗也。齧缺亦可為眾人之父、但不能為眾父之父耳。治亂之率也。 王先謙曰、率、主也。用智理物、治之主、亦亂之主。馬其昶曰、治字斷句。爾雅、率、自也。天運篇名曰治之、而亂莫甚焉。 北面之禍也。南面之賊也。

堯觀乎華。 司馬彪曰、華、地名。 華封人曰、嘻、聖人。請祝聖人。使聖人壽。堯曰、辭。使聖人富。堯曰、辭。使聖人多男子。堯曰、辭。封人曰、壽、富、多男子、人之所欲也。女獨不欲、何邪。堯曰、多男子、則多懼。富、則多事。壽、則多辱。是三者、非所以養德也。故辭。封人曰、始也、我以女為聖人邪。今然、君子也。 穆按：然猶如此。 天生萬民、必授之職。多男子而授之職、則何懼之有。富而使人分之、則何事之有。夫聖人鶉居而鷇 口豆反。 食、鳥行而無彰。 馬其昶曰、藝文類聚引作無迹、是也。食迹為韻。褚伯秀曰、鶉無常居、鷇仰母哺、鳥行虛空、過而無迹、皆無心自然之意。 天下有道、則與物皆昌。天下無道、則修德就閒。千歲厭世、去而上僊。 姚鼐曰、上僊是秦以後人語。 乘彼白雲、至於帝鄉。 吳汝綸曰、白雲帝鄉、亦非雅詞、周秦人無此。 三患莫至、身常無殃。 成玄英曰、三患、前富壽多男子也。 則何辱之有。封人去之。堯隨之。曰、請問。封人曰、退已。 林雲銘曰、此段義無著落而詞近、疑非莊叟真筆。

堯治天下、伯成子高立為諸侯。 俞樾曰、廣韻、伯成、複姓。列子稱伯成子不以一毫利物、舍國而隱耕。 堯授舜、舜授禹、伯成子高辭為諸侯而耕。禹往見之、則耕在野。禹趨就下風、立而問焉。曰、昔堯治天下、吾子立為諸侯。堯授舜、舜授予、而吾子辭為諸侯而耕。敢問其故、何也。子高曰、昔堯治天下、不賞而民勸、不罰而民畏。今子賞罰、而民且不仁。德自此衰。刑自此立。後世之亂、自此始矣。夫子闔本亦作盍。行邪、無落吾事。陸德明曰、落、猶廢也。于省吾曰、落格古通、謂無阻吾事也。奚侗曰、落義近留。俋俋乎、耕而不顧。林雲銘曰、淺率直遂、何以為莊子。

泰初有無、司馬彪曰無、句。無有無名。老子曰、無名、天地之始。一之所起、有一而未形。物得以生、謂之德。未形者有分、且然無閒、謂之命。劉概曰、且、非久安意。無間、始卒若環、無端可指。穆按：方且同訓。齊物論、方生方死、方死方生、即且然無間也。留動而生物。王敔曰、留而動、動而留、一動一靜也。宣穎曰、動即造化之流行。少留於此、即生一物。朱駿聲曰、留、借為流。物成生理謂之形。形體保神、各有儀則、謂之性。宣穎曰、形載神而保合之、視聽言動、各有當然之則、所謂性也。朱子曰、各有儀則之謂性、比之諸家差善。性修反德。德至同於初。同乃虛。虛乃大。合喙丁豆反。鳴。郭象曰、無心於言而自言者、合於喙鳴。劉咸炘曰、喙鳴、猶齊物之舉眾竅。喙鳴合、與天地為合。郭象曰、天地亦無心而自動。呂惠卿曰、天地之間、其猶槖籥。馬其昶曰、喙鳴、謂聲息也。猶史記之喙息。合喙鳴、萬物一體也。其合緡緡、若愚若昏。陸長庚曰、老子所謂眾人昭昭、我獨若昏。眾人察察、我獨若悶。是謂玄德、同乎大順。馬其昶曰、莊子論性命之原、證之繫辭及周子圖說、皆合。故程子曰、莊周形容道體之言、亦有善者。朱子亦謂莊子見道體。穆按：易繫出莊子後、宋儒又本易繫、故多有襲之莊書者。惟此節與易繫先後殊難定。

夫子問於老聃曰、陸德明曰、夫子、仲尼也。有人治道若相放。于省吾曰、放釋文作方。堯典方命圮族、孟子方命虐民。趙注、方猶逆也。下文可不可、然不然、正相逆義。穆按：辯者以不可為可、不然為然、其治道若與眾相方。天下篇所謂以反人為實也。可不可、然不然。辯者有言曰、離堅白、若縣寓。嚴復曰、堅白本附物質而後見、今為抽象之辨、離其所附以為言、若孤懸空中、故曰縣寓。高亨曰、縣、殊也、寓、異也。寓、說文、籒文宇。今謂空間。堅白相盈、而非相外。名家離堅白、故曰若異宇。若是則可謂聖人乎。老聃曰、是胥易技係、陸長庚曰、胥技皆庶人在官者。易謂更番值事、係謂居肆計功。勞形怵心者也。執留之狗成思。蝯狙之便、自山林來。吳汝綸曰、此與應帝王篇陽子居章略同。成思、當為來田之訛。成來草書形近。自山林來、亦宜為來藉之訛。淮南繆稱說林、皆有此語。丘、予告若、而所不能聞、與而所不能言。凡有首有趾、無心無耳者眾。馬其昶曰、物之有質有氣而無知者也。有形者與無形無狀而皆存者盡無。郭象曰、有形者善變、不能與無形無狀者並存。其動止也、其死生也、武延緒曰、當作其生死也、止死起為韻。其廢起也、此又非其所以也。嚴復曰、於動而知其止、於生而知其死、於廢而知其起、此可謂能可不可然不然矣。然而不足、又非其所以。必言所以、其惟忘己乎。此猶佛經言法尚應舍、無住生心之義。穆按：此言動止死生廢起、由道不由辯。非其所以、謂一切不由如辯者之言而然也。有治在人。穆按：治猶事也。此謂動止死生廢起、所治在人、不在天。在物、不在道。忘乎物、忘乎天、其名為忘己。忘己之人、是之謂入於天。

將閭葂。音免見季徹曰、俞樾曰、廣韻、閭字注、引藝文志、古有將閭子、名葂、好學著書。陸德明曰、季徹、蓋季氏之族。魯君陸德明曰、魯君、或云定公。謂葂也、曰、請受教。辭不獲命、既已告矣。未知中否、請嘗薦之。舊注、薦、陳也。吾謂魯君曰、必服恭儉、拔出公忠之屬、而無阿私、民孰敢不輯。陸德明曰、爾雅、輯、和也。季徹局局然笑曰、陸德明曰、局局、大笑之貌。若夫子之言、於帝王之德、猶螳蜋之怒臂以當車軼、音轍。則必不勝任矣。且若是、則其自為處危。其觀臺多物、穆按：物、猶名色也。左傳、遂登觀臺、以望而書雲物。此借以喻魯君之多樹恭儉公忠為表的也。將往投迹者眾。馬其昶曰、民爭趨附、真偽雜投、反足以生其賊心、非所以成教易俗也。將閭葂覤覤許逆反。然驚曰、宣穎曰、覤同虩。葂也、汒若於夫子之所言矣。雖然、願先生之言其風也。俞樾曰、風讀若凡、猶云言其大凡也。奚侗曰、風與方通。季徹曰、大聖之治天下也、搖蕩民心、宣穎曰、搖蕩、猶言鼓舞。曹受坤曰、搖、與遙同。搖蕩、即大宗師之遙蕩、謂縱散也。猶今言解放。使之成教易俗。舉滅其賊心、成玄英曰、舉、皆也。而皆進其獨志。若性之自為、而民不知其所由然。若然者、豈兄堯舜之教民、溟涬然弟之哉。孫詒讓曰、兄即今況字、謂比況也。弟乃夷之誤。夷、平等之義。曹受坤曰、弟借為薙。周禮薙氏、鄭注、薙、讀如小兒鬀髮之鬀。說文、鬀、剔髮也。蓋喻堯舜以仁義削人之性。馬其昶曰、論衡云、溟涬濛澒、氣未分之貌也。凡言溟涬涬溟混冥、皆取渾沌之義。欲同乎德、而心居矣。馬其昶曰、呂覽無有居心。注、居、安也。穆按：論語、從心所欲不踰矩、是欲同於德而心安矣。

子貢南遊於楚、反於晉、過漢陰。見一丈人、方將為圃畦。鑿隧而入井、抱甕而出灌。搰搰苦骨反。然、用力甚多、而見功寡。王念孫曰、搰勵同義。埤蒼云、勵、力作也。子貢曰、有械於此、一日浸百畦、用力甚寡而見功多。夫子不欲乎。為圃者卬音仰。而視之、曰、奈何。曰、鑿木為機、後重前輕。挈水若抽、數如泆音逸。湯。李頤曰、疾速如湯沸溢也。其名為槔。音羔。本又作橋。姚鼐曰、說文無槔字、古人止用橋字。司馬彪曰、桔槔也。為圃者忿然作色而笑曰、吾聞之吾師、有機械者必有機事。有機事者必有機心。機心存於胸中、則純白不備。純白不備、則神生不定。吳汝綸曰、生讀為性。神生不定者、道之所不載也。吾非不知、羞而不為也。子貢瞞武版反。奚侗曰、瞞、乃懣之叚字。然慙、俯而不對。有閒、為圃者曰、子奚為者邪。曰、孔丘之徒也。為圃者曰、子非夫博學以擬聖、於于以蓋眾、司馬彪曰、於于、夸誕貌。奚侗曰、淮南俶真訓作華誣、音近而譌。章炳麟曰、說文、於、古文烏。孔子曰、烏盱、呼也。然則於于、即烏盱。盛氣呼號之謂。獨弦哀歌、以賣名聲於天下者乎。吳汝綸曰、獨弦哀歌、賣名聲等字、非周秦人語。奚侗曰、賣、淮南作冒。汝方將忘汝神氣、墮汝形骸、而庶幾乎。而身之不能治、而何暇治天下乎。子往矣、無乏吾事。陸德明曰、乏、廢也。子貢卑陬走侯反。失色、項項許玉反。然不自得。李頤曰、卑陬、愧懼貌。項項、自失貌。章炳麟曰、卑陬、即顰蹙。顰從卑聲、陬即趣之借。趣蹙聲義通。行三十里而後愈。其弟子曰、向之人、何為者邪。夫子何故見之變容失色、終日不自反邪。曰、始吾以為天下一人耳。（郭象曰、謂孔子也。）不知復有夫人也。吾聞之夫子、事求可、功求成。用力少、見功多者、聖人之道。今徒不然。（王引之曰、徒、乃也。）執道者德全。德全者形全。形全者神全。神全者、聖人之道也。託生與民竝行、而不知其所之。汒乎淳備哉。功利機巧、必忘夫人之心。若夫人者、非其志不之、（王先謙曰、之、往也。）非其心不為。雖以天下譽之、得其所謂、謷然不顧。以天下非之、失其所謂、儻然不受。天下之非譽、無益損焉。是謂全德之人哉。我之謂風波之民。（宣穎曰、風波、言易為是非所動。）反於魯、以告孔子。孔子曰、彼假修渾沌氏之術者也。識其一、不知其二。治其內、而不治其外。（郭象曰、以其背今向古、羞為世事、故知其非真渾沌也。嚴復曰、一家之術、如神農氏之並耕、釋氏之忍辱、耶氏之信天、皆其說至高、而為人類所不可用。所謂識其一而不知其二者也。）夫明白入素、無為復朴、體性抱神、以遊世俗之間者、汝將固驚邪。（郭象曰、此真渾沌也。故與世同波、而不自失。則雖遊於世俗、而泯然無迹、豈必使汝驚哉。俞樾曰、固讀為胡。）且渾沌氏之術、予與汝何足以識之哉。（林雲銘曰、此段大類漁父篇意。其文絕無停蓄蘊藉、為後人竄入無疑。）

諄芒將東之大壑、（王先謙曰、海也。）適遇苑風於東海之濱。苑風曰、子將奚之。曰、將之大鼜。曰、奚為焉。曰、夫大鼜之為物也、注焉而不滿、酌焉而不竭。吾將遊焉。苑風曰、夫子無意於橫目之民乎、成玄英曰、五行之內、惟民橫目。願聞聖治。諄芒曰、聖治乎、官施而不失其宜。成玄英曰、施令設官。劉師培曰、荀子王制篇、官施而衣食之。官、即大德不官之官。拔舉而不失其能。畢見其情事而行其所為行。言自為而天下化。穆按：當以行其所為行為句、言無所掩飾也。郭注、言自為而天下化、使物為之則不化也。今言自為而天下化七字、誤入正文、而並失其句矣。手撓顧指、司馬彪曰、撓、動也。王念孫曰、顧指、猶貢禹傳之目指。郭慶藩曰、左思吳都賦、搴旗若顧指。劉逵注、謂顧指如意。四方之民、莫不俱至。此之謂聖治。願聞德人。曰、德人者、居無思、行無慮。不藏是非美惡。四海之內、共利之之謂悅。共給之之為安。怊音超。乎若嬰兒之失其母也。陸德明曰、怊、字林云、悵也。陳壽昌曰、不知所依。儻乎若行而失其道也。陳壽昌曰、不知所往。財用有餘、而不知其所自來。飲食取足、而不知其所從。武延緒曰、從下疑脫一出字、出足為韻。陳壽昌曰、皆付之無心。此謂德人之容。馬其昶曰、老子、孔德之容。注、容、狀也。願聞神人。曰、上神乘光、與形滅亡、馬其昶曰、與讀為舉。此謂照曠。姚鼐曰、晉人諱昭、皆書作照。致命盡情、陸長庚曰、命者、天之所賦。情者、性之所發。致命盡情、則中致而和亦致矣。天地樂而萬事銷亡。萬物復情、此之謂混冥。

門無鬼一本作畏。與赤張滿稽觀於武王之師。司馬彪曰、門姓、無畏字也。李頤曰、赤張氏、滿稽名。赤張滿稽曰、不及有虞氏乎、故離此患也。門無鬼曰、天下均治、而有虞氏治之邪。（成玄英曰、均、平也。）其亂而後治之與。（郭象曰、言二聖俱以亂治之、則揖讓之與用師、直是時異耳、未有勝負於其間也。）赤張滿稽曰、天下均治之為願、而何計以有虞氏為。有虞氏之藥瘍（音羊）也、（李頤曰、瘍、頭創也。王引之曰、藥、古讀曜、與療聲近義通。方言、療、治也。陸長庚曰、瘍醫、癰疽之醫、治病於外者也。郭象曰、天下皆患創亂、故求虞氏藥之。）禿而施髢、（大細反。）病而求醫。孝子操藥以修慈父、（舊注、修通羞、進也。）其色燋然、聖人羞之。至德之世、不尚賢、不使能。上如標枝。（郭象曰、出物上而不自高也。）民如野鹿。（郭象曰、放而自得也。）端正而不知以為義。相愛而不知以為仁。實而不知以為忠。當而不知以為信。蠢動而相使、不以為賜。（馬其昶曰、公羊非相為賜。注、賜、猶惠也。）是故行而無迹、事而無傳。

孝子不諛其親、忠臣不諂其君、臣子之盛也。親之所言而然、所行而善、則世俗謂之不肖子。君之所言而然、所行而善、則世俗謂之不肖臣。而未知此其必然邪。（宣穎曰、明於責臣子之諂諛、卻不知人情之皆然。）世俗之所謂然而然之、所謂善而善之、則不謂之道諛之人也。（郭慶藩曰、道、即諂也。漁父篇、希意道言謂之諂、道諂一聲之轉。）然則俗故嚴於親而尊於君邪。（吳汝綸曰、故、固同字。）謂己道人、則勃然作色。謂己諛人、則怫然作色。而終身道人也、終身諛人也。合譬飾辭、聚眾也。（宣穎曰、合譬使人易曉。飾辭使人動聽。）

是終始本末不相坐。嚴復曰、猶今人言矛盾。垂衣裳、設采色、動容貌、以媚一世、而不自謂道諛。與夫人之為徒、通是非、而不自謂眾人。愚之至也。知其愚者、非大愚也。知其惑者、非大惑也。大惑者、終身不解。大愚者、終身不靈。司馬彪曰、靈、曉也。三人行而一人惑、所適者猶可致也。惑者少也。二人惑、則勞而不至。惑者勝也。而今也、以天下惑。予雖有祈嚮、穆按：祈求嚮往。不可得也。不亦悲乎。大聲不入於里耳。司馬彪曰、大聲、謂咸池六英之樂。折楊皇荂、況于反。本又作華。則嗑許甲反。然而笑。李頤曰、折楊皇華、皆古歌曲。是故高言不止於眾人之心。至言不出、俗言勝也。以二垂鍾惑、而所適不得矣。吳汝綸曰、垂、一作缶。郭注云、各有信據、故不知所之。據此、則司馬本作二垂者、是也。馬其昶曰、說文、垂、遠邊也。二垂者、歧路也。王仲宣詩所謂路垂者也。小爾雅云、鍾、叢也。劉師培曰、二垂、猶二方。二垂鍾惑、謂傾意兩方、故曰所適不得。而今也、以天下惑。予雖有祈嚮、其庸可得邪。知其不可得也而強之、又一惑也。故莫若釋之而不推。穆按：齊物論因是已、已、即不推也。不推、誰其比憂。成玄英曰、比、與也。厲音賴。之人夜半生其子、遽取火而視之、汲汲然唯恐其似己也。宣穎曰、厲人唯恐子之相似。今知天下之惑、而強所不可得、又成一惑。獨不懼其相似邪。郭象曰、迷者自思復、厲者自思善、我無為而天下自化。嚴復曰、厲之人以下二十三字、自成一段。以屬上下、皆誤。

百年之木、破為犧尊、青黃而文之。其斷在溝中。比犧尊於溝中之斷、則美惡有閒矣。其於失性、一也。跖與曾史、劉師培曰、跖上脫桀字。行義有閒矣。然其失性、均也。且夫失性有五。一曰五色亂目、使目不明。二曰五聲亂耳、使耳不聰。三曰五臭薰鼻、成玄英曰、羶薰香鯹腐。困惾子公反。中顙。李頤曰、困惾、刻賊不通也。奚侗曰、顙、當作頞。說文、頞、鼻莖也。四曰五味濁口、使口厲爽。王念孫曰、詩箋、厲、病也。爽、古讀若霜。廣雅云、傷也。老子、五味令人口爽。五曰趣舍滑心、使性飛揚。此五者、皆生之害也。而楊墨乃始離跂自以為得、非吾所謂得也。夫得者困、可以為得乎。則鳩鴞之在於籠也、亦可以為得矣。且夫趣舍聲色、以柴其內。曾國藩曰、柴、謂梗塞也。劉師培曰、柴與棧通、謂積木圍護四周也。皮弁鷸音述冠、搢笏紳修、以約其外。內支盈於柴柵、音策。成玄英曰、支、塞也。盈、滿也。外重纆繳、睆睆環版反。然在纆繳之中、而自以為得。李頤曰、睆睆、窮視貌。則是罪人交臂歷指、司馬彪曰、交臂、反縛也。馬其昶曰、歷指、謂柙指也。而虎豹在於囊檻、亦可以為得矣。

天道

外篇之六。歐陽修曰、此篇是學莊子者。劉須溪曰、才看一二語、便不類前篇。王夫之曰、此篇之說、有與莊子之旨迴不相侔者。特因老子守靜之言而演之、亦未盡合於老子。蓋秦漢間學黃老之術以干人主者之所作也。

天道運而無所積、故萬物成。陸德明曰、積謂滯積不通。帝道運而無所積、故天下歸。聖道運而無所積、故海內服。明於天、通於聖、六通四辟於帝王之德者、其自為也、昧然無不靜者矣。陸長庚曰、昧者、混冥之義。老子云、明道若昧。宣穎曰、首從運處說靜、莊子之學、非寂滅者比。聖人之靜也、非曰靜也善、故靜也。萬物無足以鐃乃孝反。心者、故靜也。王念孫曰、鐃、與撓通。水靜則明燭鬚眉、平中準、大匠取法焉。水靜猶明、而況精神、聖人之心靜乎。天地之鑑也。萬物之鏡也。夫虛靜恬淡、寂漠無為者、天地之平、而道德之至。王念孫曰、漢書注、至、實也。至字古讀若質。故帝王聖人休焉。陸長庚曰、休、止也。如大學止於至善之止。

休則虛、虛則實、實者倫矣。郭象曰、倫、理也。王叔岷曰、陳碧虛闕誤倫作備、與下文得責為韻。虛則靜、靜則動、動則得矣。武延緒曰、此當作休則虛、虛則實者倫矣。虛則靜、靜則動者得矣。靜則無為。無為也、則任事者責矣。郭象曰、無為則群才萬品、各任其事而當其責。無為則俞俞。郭象曰、俞俞、從容自得之貌。俞俞者、憂患不能處、焦竑曰、俞俞即愉愉。處、猶入也。年壽長矣。夫虛靜恬淡、寂漠無為者、萬物之本也。明此以南鄉、堯之為君也。明此以北面、舜之為臣也。王夫之曰、既以有為為臣道、此處自相剌謬。以此處上、帝王天子之德也。以此處下、玄聖素王之道也。姚鼐曰、素王十二經、是漢人語。以此退居而閒游、江海山林之士服。歐陽修曰、讀至服字、是學莊子語者。以此進為而撫世、則功大名顯、而天下一也。靜而聖、動而王、無為也而尊、樸素而天下莫能與之爭美。夫明白於天地之德者、此之謂大本大宗、與天和者也。所以均調天下、與人和者也。與人和者、謂之人樂。音洛。與天和者、謂之天樂。歐陽修曰、此處語無味。莊子曰、吾師乎、吾師乎。䪡萬物而不為戾。劉咸炘曰、大宗師作許由語、而此直引作莊子、顯是後人語。陶光曰、此襲大宗師䪡萬物而不為義、改義為戾、與下文仁壽巧之義相扞格。澤及萬世而不為仁。長於上古而不為壽。覆載天地、刻雕眾形而不為巧。此之謂天樂。故曰、知天樂者。其生也天行、其死也物化。靜而與陰同德、動而與陽同波。故知天樂者、無天怨、無人非、無物累、無鬼責。故曰、其動也天、其靜也地。一心定而王天下。武延緒曰、王天下疑當作天地正。其鬼不祟。雖遂反。李頤曰、禍也。其魂不疲。一心定而萬物服。言以虛靜推於天地、通於萬物。此之謂天樂。天樂者、聖人之心、以畜天下也。歐陽修曰、至此敗筆。

夫帝王之德、歐陽修曰、此以下、俱不似莊子。以天地為宗。以道德為主。以無為為常。無為也、則用天下而有餘。有為也、則為天下用而不足。故古之人、貴夫無為也。上無為也、下亦無為也、是下與上同德。下與上同德、則不臣。下有為也、上亦有為也、是上與下同道。上與下同道、則不主。上必無為而用天下、下必有為為天下用、此不易之道也。故古之王天下者、知雖落天地、不自慮也。奚侗曰、落、借作絡、謂包絡也。辯雖彫萬物、不自說也。穆按：齊有雕龍奭、亦言其善辯。章炳麟曰、彫、借為周。能雖窮海內、不自為也。天不產而萬物化、地不長而萬物育、帝王無為而天下功。王念孫曰、爾雅、功、成也。中庸、無為而成。故曰、莫神於天、莫富於地、莫大於帝王。故曰、帝王之德配天地。此乘天地、馳萬物、而用人群之道也。王夫之曰、此非老莊無為之旨、抑且為李斯趙高罔上自尊之倡。本在於上、末在於下。要在於主、詳在於臣。三軍五兵之運、德之末也。賞罰利害五刑之辟、成玄英曰、辟、法也。教之末也。禮法度數刑名比詳、陸德明曰、比校詳審。陶鴻慶曰、比詳二字亦平列。治之末也。鐘鼓之音、羽旄之容、樂之末也。哭泣衰経隆殺之服、哀之末也。此五末者、須精神之運、心術之動、然後從之者也。王雱曰、荀卿譏莊子蔽於天而不知人、觀此、周豈不知於人者。末學者、古人有之、而非所以先也。君先而臣從。父先而子從。兄先而弟從。長先而少從。男先而女從。夫先而婦從。夫尊卑先後、天地之行也。故聖人取象焉。天尊地卑、神明之位也。春夏先、秋冬後、四時之序也。萬物化作、萌區有狀、顧炎武曰、萌區、即樂記之區萌。月令、句者畢出、芒者盡達。古人讀句若拘、萌即芒也。盛衰之殺、變化之流也。夫天地至神、而有尊卑先後之序、而況人道乎。宗廟尚親、朝廷尚尊、鄉黨尚齒、行事尚賢、大道之序也。馬其昶曰、莊子論治道、乃精實如此。文中子云、虛元長而晉室亂、非老莊之罪也。穆按：此皆晚世儒生語耳、豈誠莊生之言哉。語道而非其序者、非其道也。語道而非其道者、安取道。王夫之曰、以要為本、以詳為末、分上下之序、乃以自尊而恣其逸樂。是故古之明大道者、先明天而道德次之。道德已明、而仁義次之。仁義已明、而分守次之。分守已明、而形名次之。王安石曰、仁有先後、義有上下、謂之分。先不擅後、下不侵上、謂之守。形者、物此者也。名者、命此者也。形名已明、而因任次之。張四維曰、在宥、賤而不可不任者物、卑而不可不因者民。王念孫曰、淮南云、因循而任下。韓子云、因而任之。因任已明、而原省次之。（俞樾曰、原、察也。管子、春出原農事之不本者、謂之遊。原與省同義。）原省已明、而是非次之。是非已明、而賞罰次之。賞罰已明、而愚知處宜、貴賤履位、仁賢不肖襲情。（武延緒曰、仁字疑涉上位字譌衍。張四維曰、咸用本情、終不舍己效人、矜誇炫物也。）必分其能。（郭象曰、無相易業。）必由其名。（郭象曰、名當其實。）以此事上、以此畜下。以此治物、以此修身。知謀不用、必歸其天。此之謂太平、治之至也。（歐陽修曰、亦淺而拙。）故書曰、有形有名。形名者、古人有之、而非所以先也。古之語大道者、五變而形名可舉、九變而賞罰可言也。驟而語形名、不知其本也。驟而語賞罰、不知其始也。倒道而言、迕（音悟）道而說者、（司馬彪曰、迕、橫也。）人之所治也、安能治人。驟而語形名賞罰、此有知治之具、（穆按：有知二字疑倒。）非知治之道。可用於天下、不足以用天下。此之謂辯士一曲之人也。（章炳麟曰、一曲者、一藝也。禮記所為曲藝。）禮法數度形名比詳、古人有之、此下之所以事上、非上之所以畜下也。（王夫之曰、其意以兵刑法度禮樂委之於下、而按分守、執名法、以原省其功過、此形名家之言。而胡亥督責之術、因師此意。要非莊子之旨。）昔者舜問於堯曰、天王之用心何如。堯曰、吾不敖無告、不廢窮民。苦死者、嘉孺子、而哀婦人。此吾所以用心已。舜曰、美則美矣、而未大也。堯曰、然則何如。舜曰、天德而出寧。（孫詒讓曰、出當為土。墨子君臨下土、今本亦訛為出。章炳麟曰、德、音同登。說文、德、升也。升即登之借。釋詁、登、成也。天登而土寧、所謂地平天成。日月照而四時行。若晝夜之有經。雲行而雨施矣。堯曰、膠膠擾擾乎。郭象曰、自嫌有事。子、天之合也。我、人之合也。夫天地者、古之所大也。而黃帝堯舜之所共美也。故古之王天下者、奚為哉、天地而已矣。穆按：此不成句法。林雲銘曰、文非莊叟手筆。

孔子西藏書於周室。姚鼐曰、此亦漢人語。藏書者、謂聖人知有秦火而豫藏之、所謂藏之名山也。子路謀曰、由聞周之徵藏史有老聃者、司馬彪曰、徵藏、藏名。一云、徵、典也。史、藏府之史。免而歸居。夫子欲藏書、則試往因焉。孔子曰、善。往見老聃、而老聃不許。於是繙十二經以說。陸德明曰、六經又加六緯。王敔曰、緯書漢人所造、則此篇非漆園之書、明矣。老聃中其說、曰、大謾、願聞其要。成玄英曰、嫌其繁謾。陸長庚曰、謾、汗漫也。孔子曰、要在仁義。老聃曰、請問仁義、人之性邪。孔子曰、然。君子不仁則不成。不義則不生。仁義、真人之性也。又將奚為矣。老聃曰、請問何謂仁義。孔子曰、中心物愷、兼愛無私、馬其昶曰、物愷猶樂愷。物勿通。禮鄭注、勿勿、愨愛之貌。章炳麟曰、物為易之誤。易愷即愷弟。周語毛傳、皆訓豈弟為易樂。此仁義之情也。老聃曰、意、幾乎後言。馬其昶曰、幾、危也。孔子先言仁義、後言兼愛無私、為仁義之情、老子尤不謂然也。夫兼愛不亦迂乎。無私焉、乃私也。蘇輿曰、未忘無私之成心、是亦私也。夫子若欲使天下無失其牧乎。司馬彪曰、牧、養也。則天地固有常矣。日月固有明矣。星辰固有列矣。禽獸固有群矣。樹木固有立矣。郭象曰、皆以自足。夫子亦放德而行、循道而趨、已至矣。又何偈偈居謁反。乎揭仁義、若擊鼓而求亡子焉。成玄英曰、亡子、逃人也。意、夫子亂人之性也。

士成綺見老子而問曰、吾聞夫子、聖人也。吾固不辭遠道、而來願見。百舍重趼、古顯反。而不敢息。司馬彪曰、百舍、百日止宿也。趼、胝也。王念孫曰、趼亦作繭、見墨子賈子。今吾觀子、非聖人也。鼠壤有餘蔬而棄妹、一本作妹之者。不仁也。王念孫曰、穀梁疏引麋信注、齊魯之間謂鑿地出土、鼠作穴出土、皆曰壤。司馬彪曰、蔬讀為糈。陸秀夫曰、妹與昧同。馬其昶曰、釋名、妹、昧也。易略例見昧、釋文一作妹。棄昧二字同義。荀子注、昧、蔑也。生熟不盡於前、而積斂無崖。老子漠然不應。士成綺明日復見、曰、昔者吾有刺於子、今吾心正卻矣、何故也。老子曰、夫巧知神聖之人、吾自以為脫焉。馬其昶曰、脫焉、猶免焉。昔者、子呼我牛也而謂之牛、呼我馬也而謂之馬。苟有其實、人與之名而弗受、再受其殃。馬其昶曰、自有其聖、實已非聖、又不受非聖之名、適增罪耳。吾服也恆服、吾非以服有服。郭象曰、有為為之、則不能恆服。陸長庚曰、恆服、安而行之也。以服有服、勉強行之也。猶孟子言由仁義行、非行仁義。馬其昶曰、服如禮記博學以知服之服。孔疏、服為服畏不淩跨。以服有服、謂以卑服之道服人也。士成綺雁行避影、宣穎曰、側身貌。履行遂進、蘇輿曰、古者入室、脫履而行席上。履行、言失其常。而問修身若何。老子曰、而容崖然。呂惠卿曰、若不與物交。而目衝然。呂惠卿曰、逐物於外。而顙頯然。而口闞許覽反。然。郭象曰、虓豁之貌而狀義然。（王先謙曰、義讀為峨。）似繫馬而止也。（宣穎曰、志在馳騖。）動而持。（焦竑曰、將動而強持之。）發也機。（王敔曰、應之速。）察而審。（王敔曰、知之必詳。）知巧而覩於泰。（王敔曰、作盛滿之觀。）凡以為不信。邊竟有人焉、其名為竊。（馬其昶曰、竟同境。老子、忘名者也。士成綺、知巧竊名者也。自君子觀之、蓋與穿窬無異。）

老子曰、夫道、於大不終、（成玄英曰、終、窮也。）於小不遺、故萬物備。廣廣乎其無不容也。（王念孫曰、廣廣讀為曠曠。）淵乎其不可測也。形德仁義、神之末也。非至人孰能定之。（穆按：中庸、苟不至德、至道莫凝焉。定、猶凝也。）夫至人有世、不亦大乎、（王先謙曰、謂有天下。）而不足以為之累。天下奮棅（音柄）而不與之偕。（王敔曰、人各奮起爭權柄而己否。奚侗曰、奮疑奪字誤。）審乎無假而不與利遷。（馬敘倫曰、利當依德充符作物。）極物之真、能守其本。故外天地、遺萬物、而神未嘗有所困也。通乎道、合乎德、退仁義、賓禮樂。（俞樾曰、賓讀為擯。）至人之心、有所定矣。

世之所貴道者、書也。書不過語、語有貴也。語之所貴者、意也。意有所隨。意之所隨者、不可以言傳也。而世因貴言傳書。世雖貴之哉、猶不足貴也。為其貴非其貴也。故視而可見者、形與色也。聽而可聞者、名與聲也。悲夫、世人以形色名聲為足以得彼之情。夫形色名聲果不足以得彼之情、馬其昶曰、呂覽注、果、終也。則知者不言、言者不知、而世豈識之哉。桓公讀書於堂上、輪扁斲輪於堂下。司馬彪曰、輪扁、斲輪人也、名扁。釋椎鑿而上、問桓公曰、敢問公之所讀者、何言邪。公曰、聖人之言也。曰、聖人在乎。公曰、已死矣。曰、然則、君之所讀者、古人之糟魄已夫。成玄英曰、酒滓曰糟、漬糟曰魄。桓公曰、寡人讀書、輪人安得議乎。有說則可、無說則死。輪扁曰、臣也、以臣之事觀之。斲輪徐、則甘而不固。疾、則苦而不入。司馬彪曰、甘、緩也。苦、急也。不徐不疾、得之於手、而應於心。口不能言。有數存焉於其閒、臣不能以喻臣之子、臣之子亦不能受之於臣。是以行年七十而老斲輪。古之人、與其不可傳也、死矣。宣穎曰、也猶者。馬其昶曰、御覽引作者。然則君之所讀者、古人之糟魄已夫。

天運

外篇之七。王夫之曰、此篇之旨、以自然為宗。天地之化、無非自然。勉而役者、勞己以勞天下、執一而不應乎時變、老子所欲絕聖棄知者此也。

天其運乎。地其處乎。日月其爭於所乎。羅勉道曰、日月同黃道、故曰爭於所。孰主張是。孰維綱是。孰居無事、推而奚侗曰、當作而推、推行連文。行是。意者、其有機緘而不得已邪。意者、其運轉而不能自止邪。雲者為雨乎。雨者為雲乎。孰隆施是。俞樾曰、隆借為降。王叔岷曰、湛然輔行記四十引正作降。孰居無事、淫樂而勸是。章炳麟曰、周禮故書、廞皆為淫。釋詁、廞、興也。淫樂即廞樂。猶云孰居無事、高興為此。奚侗曰、淫樂、猶湛樂。風起北方、一西一東、有上彷徨。吳汝綸曰、有讀為又。闕誤或本作在。孰噓吸是。孰居無事、而披拂是。敢問何故。王夫之曰、既詳詰而終不能明言其故、則自然者本無故而然。巫咸袑赤遙反。曰、俞樾曰、廣韻、咸亦姓。姓苑云、巫咸之後。蓋單姓為咸、複姓則巫咸。馬敘倫曰、袑借為招。說文、招、手呼也。來、吾語女。天有六極五常。（俞樾曰、此即洪範之五福六極也。儀禮鄭注、古文常為祥。說文、祥、福也。）帝王順之則治、逆之則凶。九洛之事、（楊慎曰、九疇、洛書之事。）治成德備、監照下土、天下載之、此謂上皇。（郭嵩燾曰、言天之運、自然而已、帝王順其自然。穆按：洪範乃晚出書、而此猶在其後。）

商大宰蕩問仁於莊子。（司馬彪曰、商、宋也。大宰、官也。蕩、字也。）莊子曰、虎狼、仁也。曰、何謂也。莊子曰、父子相親、何為不仁。曰、請問至仁。莊子曰、至仁無親。大宰曰、蕩聞之、無親則不愛。不愛則不孝。謂至仁不孝、可乎。莊子曰、不然。夫至仁、尚矣。孝固不足以言之。此非過孝之言也、不及孝之言也。（馬其昶曰、非謂仁過於孝。謂無孝之名、不見為孝也。至孝與親相忘、至仁與天下相忘。）夫南行者至於郢、（陸德明曰、郢、楚都也。）北面而不見冥山。（姚範曰、冥山、疑即謂冥阨之塞。）是何也、則去之遠也。（郭象曰、至仁在乎無親、而仁愛以言之。故郢雖見、而愈遠於冥山。仁孝雖彰、而愈非至理也。）故曰、以敬孝易、以愛孝難。以愛孝易、而忘親難。忘親易、使親忘我難。使親忘我易、兼忘天下難。兼忘天下易、使天下兼忘我難。夫德遺堯舜而不為也。（王先謙曰、我忘天下。）利澤施於萬世、天下莫知也。（王先謙曰、天下忘我。）豈直太息而言仁孝乎哉。夫孝悌仁義、忠信貞廉、此皆自勉以役其德者也。不足多也。故曰、至貴、國爵并焉。郭象曰、并者、除棄之謂也。至富、國財并焉。至願、名譽并焉。陶鴻慶曰、願、慕也。為人所歆慕。奚侗曰、願係顯字之誤。是以道不渝。宣穎曰、可屏者皆有變滅。道不變滅、此其至貴也。至富也。至願也。

北門成問於黃帝曰、帝張咸池之樂於洞庭之野。吾始聞之懼、復聞之怠、卒聞之而惑。宣穎曰、懼者駭聽、怠者息心、惑者忘己。蕩蕩默默、乃不自得。宣穎曰、神不能定、口不能言、失其常也。帝曰、女殆其然哉。陳壽昌曰、喜而訝之之詞。吾奏之以人、徵之以天、陸德明曰、徵古本多作徽。馬敘倫曰、文選注引淮南許慎注、曰、鼓琴循弦謂之徽。行之以禮義、建之以太清。夫至樂者、先應之以人事。順之以天理。行之以五德。應之以自然。然後調理四時、太和萬物。蘇轍曰、夫至樂者三十五字、係注語誤入正文。王叔岷曰、唐寫本、趙諫議本、道藏成玄英疏本、王元澤新傳本、林希逸口義本、均無此三十五字。四時迭起、萬物循生。一盛一衰、文武倫經。郭嵩燾曰、樂記、禮減而進、以進為文。樂盈而反、以反為文。故樂闋而後作。衰者、闋之餘聲也。始奏以文、復亂以武、以文武紀其盛衰。倫經、猶言經綸、比和分合、所謂經綸也。一清一濁、陰陽調和、武延緒曰、本段皆兩句為韻、不應此獨三句。陰陽調和四字亦疑是注、或一清一濁四字是注。流光其聲。馬其昶曰、光讀為廣。蟄蟲始作、吾驚之以雷霆。馬其昶曰、雷出地奮豫、先王以作樂崇德。其卒無尾、其始無首。一死一生、一僨一起。司馬彪曰、僨、仆也。所常無窮、郭象曰、以變化為常、則所常者無窮。而一不可待。俞樾曰、一、皆也。郭嵩燾曰、雷霆之起、莫知其所自起、莫知其所自竟。猶死生與天無窮、而忽一至焉、則亦物之所不能待也。以喻樂之變化、動於自然。女故懼也。

吾又奏之以陰陽之和、燭之以日月之明。其聲能短能長、能柔能剛。變化齊一、不主故常。在谷滿谷、在阬滿阬。[邵晉涵曰、後漢書注引蒼頡篇云、阬、塹也。王敔曰、大無不入、小無不充。]塗郤守神、[郭象曰、塞其兌也。陸德明曰、郤與隙義同。成玄英曰、閑心知之孔隙、守凝一之精神。]以物為量。其聲揮綽、其名高明。是故鬼神守其幽、[成玄英曰、各得其所而不相撓。老經云、其鬼不神也。]日月星辰行其紀。吾止之於有窮、[郭象曰、常在極上住也。]流之於無止。[郭象曰、隨變而往也。]子欲慮之而不能知也。望之而不能見也。逐之而不能及也。儻然立於四虛之道、倚於槁梧而吟。[穆按：此明襲齊物論語、而殊不貼切。外篇決不出莊子、此等處皆可見。]目知窮乎所欲見。力屈乎所欲逐。[馬敘倫曰、此處有脫誤。]吾既不及已夫。[羅勉道曰、欲從莫由。吳汝綸曰、吾者、代北門成為辭。]形充空虛、乃至委蛇。女委蛇故怠。[宣穎曰、悍氣盡、四體柔也。]吾又奏之以無怠之聲、調之以自然之命。故若混逐叢生。[宣穎曰、混然相逐、叢然相生。]林[章炳麟曰、林借為隆。漢避諱、改隆慮為林慮。說文、隆、豐大也。武延緒曰、林、婪之段字、與媅同義。吳汝綸曰、當從混字林字絕句。]樂而無形。布揮而不曳。[宣穎曰、布散揮灑而不曳滯。]幽昏而無聲。動於無方。居於窈冥。或謂之死、或謂之生。或謂之實、或謂之榮。行流散徙、不主常聲。世疑之、稽於聖人。聖也者、達於情而遂於命也。[宣穎曰、知聖人則知樂矣。遂、順也。]天機不張、而五官皆備。[宣穎曰、元神不動、官自效職。]此之謂天樂、無言而心說。故有焱[必遙反。]氏為之頌曰、聽之不聞其聲。視之不見其形。充滿天地。苞裹六極。成玄英曰、六極、六合也。女欲聽之而無接焉、而故惑也。郭象曰、此乃無樂之樂、樂之至也。樂也者、始於懼。懼故祟。雖遂反。宣穎曰、六根震動也。吾又次之以怠。怠故遁。宣穎曰、妄力銷鑠也。卒之於惑。惑故愚。宣穎曰、意識俱亡也。愚故道。道可載而與之俱也。宣穎曰、愚故道、無一知半解可自用也。道可載而與之俱、順之而已。

孔子西遊於衛。顏淵問師金曰、以夫子之行為奚如。李頤曰、師、魯太師也。金其名。師金曰、惜乎、而夫子其窮哉。顏淵曰、何也。師金曰、夫芻狗之未陳也、李頤曰、結芻為狗、巫祝用之。盛以篋衍、李頤曰、衍、笥也。章炳麟曰、衍、當借為鞬。如衍或作健是也。巾以文繡。尸祝齋戒以將之。及其已陳也、行者踐其首脊、蘇者取而爨之而已。陸德明曰、史記樵蘇後爨。注云、蘇、取草也。將復取而盛以篋衍、巾以文繡、遊居寢臥其下。彼不得夢、必且數眯音米焉。司馬彪曰、眯、厭也。段玉裁曰、厭魘古今字。郭象曰、廢棄之物、於時無用、則更致他妖也。今而夫子、亦取先王已陳芻狗、取弟子、遊居寢臥其下。俞樾曰、古聚取通用。故伐樹於宋、削迹於衛、窮於商周。是非其夢邪。圍於陳蔡之閒、七日不火食、死生相與鄰。是非其眯邪。夫水行莫如用舟、而陸行莫如用車。以舟之可行於水也、而求推之於陸、則沒世不行尋常。馬其昶曰、左傳爭尋常以盡其民。注、言爭尺寸之地。古今非水陸與。周魯非舟車與。今蘄行周於魯、是猶推舟於陸也。勞而無功、身必有殃。彼未知夫無方之傳、司馬彪曰、方、常也。郭慶藩曰、呂覽高注、傳、猶轉也。應物而不窮者也。且子獨不見夫桔槔者乎。引之則俯、舍之則仰。彼人之所引、非引人也。故俯仰而不得罪於人。故夫三皇五帝之禮義法度、阮毓崧曰、三皇之號、昉於周禮。秦博士始有天皇地皇人皇之議。穆按：此亦本篇晚出之證。不矜於同、而矜於治。高秋月曰、矜尚也。故譬三皇五帝之禮義法度、其猶柤側加反。梨橘柚邪。其味相反、而皆可於口。故禮義法度者、應時而變者也。今取蝯狙而衣以周公之服、彼必齕齧挽裂、盡去而後慊。奚侗曰、孟子趙注、慊、快也。觀古今之異、猶蝯狙之異乎周公也。故西施病心而矉扶真反。其里、陸德明曰、通俗文云、蹙額曰矉。其里之醜人、見而美之、歸亦捧心而矉其里。俞樾曰、兩其里字皆不當疊。其里之富人見之、堅閉門而不出。貧人見之、挈妻子而去之走。彼知美矉、而不知矉之所以美。惜乎、而夫子其窮哉。嚴復曰、此段極精。今日言新政者、惜未讀此。

孔子行年五十有一而不聞道、乃南之沛、見老聃。司馬彪曰、老子、陳國相人。相今屬苦縣、與沛近。老聃曰、子來乎。吾聞子、北方之賢者也、子亦得道乎。孔子曰、未得也。老子曰、子惡乎求之哉。曰、吾求之於度數、五年而未得也。馬其昶曰、天下篇云、明於本數、係於末度。方密之說之曰、易言制數度、蓋數自有度、因而制之。數為藏本末之端幾。而數中之度、乃統本末之適節也。道之籥也。老子曰、子又惡乎求之哉。曰、吾求之於陰陽、十有二年而未得。老子曰、然。方以智曰、答語全與前不相蒙、的非莊子手筆。使道而可獻、則人莫不獻之於其君。使道而可進、則人莫不進之於其親。使道而可以告人、則人莫不告其兄弟。使道而可以與人、則人莫不與其子孫。然而不可者、無它也。中無主而不止。郭象曰、心中無受道之質、則雖聞道而過去也。外無正而不行。俞樾曰、正乃匹之誤。公羊傳、自內出者、無匹不行、自外至者、無主不止。則陽篇、自外入者、有主而不執。由中出者、有正而不距。亦當為匹。穆按：徐無鬼、臣之質死久矣、正猶質也、皆指射的言。故下文云不受也。呂惠卿曰、射之有正、所以受之也。由中出者不受於外、聖人不出。由外入者無主於中、聖人不隱。成玄英曰、隱、藏也。章炳麟曰、隱借為㥯、依據也。名、公器也。不可多取。呂惠卿曰、多取則德之蕩。仁義、先王之蘧廬也。郭象曰、猶傳舍也。朱駿聲曰、蘧借為遽。止可以一宿、而不可久處。覯而多責。穆按：此言貴乎由仁義而自得己心耳。若唯仁義之為見、則是行仁義矣。大宗師謂之行名失己。古之至人、假道於仁、託宿於義、以遊逍遙之墟。食於苟簡之田。立於不貸之圃。司馬彪曰、貸、施與也。逍遙、無為也。苟簡、易養也。不貸、無出也。古者謂是采真之遊。以富為是者、不能讓祿。以顯為是者、不能讓名。親權者不能與人柄。操之則慄、舍之則悲。而一無所鑒王敔曰、鑑戒。以闚其所不休者、是天之戮民也。成玄英曰、雖楚戮未加、而情性已困。怨恩取與諫教生殺八者、正之器也。唯循大變無所湮者、為能用之。李頤曰、湮、滯也。孫詒讓曰、大變、大法也。書顧命、率循大卞。偽孔傳、訓為大法。變卞音近字通。武延緒曰、大卞大法、即大道也。故曰、正者、正也。其心以為不然者、天門弗開矣。陸長庚曰、天門猶靈府。老子有天門開闔之語。

孔子見老聃而語仁義。老聃曰、夫播穅眯目、則天地四方易位矣。蚊虻噆子盍反。膚、則通昔不寐矣。司馬彪曰、噆、齧也。陸德明曰、昔、夜也。夫仁義憯七感反。然、乃憤吾心、王叔岷曰、釋文、憤本作憒。藝文類聚御覽引並作憒。說文、憒、亂也。亂莫大焉。吾子使天下無失其朴、吾子亦放風而動、總德而立矣。司馬彪曰、放、依也。又奚傑然武延緒曰、傑與偈同。劉師培曰、傑然下疑捝揭仁義三字。若負建鼓而求亡子者邪。劉師培曰、負讀為掊、擊也。如負尾作陪、王莨作菩。夫鵠不日浴而白。烏不日黔而黑。黑白之朴、不足以為辯。名譽之觀、不足以為廣。泉涸、魚相與處於陸、相呴以溼、相濡以沫。不若相忘於江湖。四語見大宗師。姚鼐曰、所記淺於史記老子列傳語、豈莊子之文哉。

孔子見老聃歸、三日不談。弟子問曰、夫子見老聃、亦將何規哉。孔子曰、吾乃今於是乎見龍。王應麟曰、御覽引孔子曰、吾與汝處於魯之時、人用意如飛鴻者、吾走狗而逐之。人用意如井魚者、吾為鉤繳以投之。吾今見龍云云、與今本異。王叔岷曰、藝文類聚引、人用意如飛鴻者、為弓弩射之。如遊鹿者、走狗而逐之。若游魚者、鉤繳以投之。龍合而成體、散而成章。乘乎雲氣、而養乎陰陽。劉師培曰、養借為翔。予口張而不能嚕、許劫反。陸德明曰、嚕、合也。予又何規老聃哉。王志遠曰、老子教孔曰、去驕志與淫態、己乃使人一見驚以為龍、至口張而不能嚕、殆非真老聃也。子貢曰、然則人固有尸居而龍見、雷聲而淵默、二語見在宥篇。奚侗曰、當依在宥作淵默而雷聲。發動如天地者乎。賜亦可得而觀乎。遂以孔子聲見老聃。高秋月曰、言為先容。老聃方將倨堂而應、微曰、馬敘倫曰、當從六帖引、以應字斷句。予年運而往矣、子將何以戒我乎。林雲銘曰、為謙乎、為偽乎、真屬無謂。子貢曰、夫三王五帝之治天下不同、其係聲名一也。而先生獨以為非聖人、如何哉。老聃曰、小子、少進。子何以謂不同。對曰、堯授舜、舜授禹、穆按：敦煌古鈔本作堯與而舜受。禹用力而湯用兵、文王順紂而不敢逆、武王逆紂而不肯順、故曰不同。老聃曰、小子、少進。林雲銘曰、兩個小子少進、可以無有。余語女、三王五帝之治天下。黃帝之治天下、使民心一。民有其親死不哭、而民不非也。堯之治天下、使民心親。民有為其親殺其殺、而民不非也。郭象曰、殺、降也。言親疏有降殺。劉文典曰、唐寫本作殺其服、當據正。林雲銘曰、此似以黃堯為善、與下相矛盾。舜之治天下、使民心競。民孕婦十月生子、子生五月而能言、不至乎孩而始誰、郭象曰、誰者、別人之意也。未孩已擇人、言其競教速成也。則人始有夭矣。禹之治天下、使民心變。人有心而兵有順、馬其昶曰、人各有心、不順道而罪之。殺盜非殺人、穆按：謂殺盜非殺人、乃墨家語、即以用兵為順乎道也。自為種而天下耳。章炳麟曰、耳借為佴。墨經、佴、自作也。穆按：廣雅釋詁、種、類也。人自為種而天下佴、猶天下篇、天下之人各為其所欲焉以自為方也。奚侗曰、種借作重、謂重己輕人。佴係眲之壞字。眲、耳目不相信也。是以天下大駭、儒墨皆起。方以智曰、老子時何嘗有儒墨之名、語意俱無倫次。其作始有倫、而今乎婦。女何言哉。穆按：婦疑歸字之誤。謂作始有倫、而其歸趨乃至於今之勢也。女屬下讀、謂子貢。余語女、三皇五帝之治天下。名曰治之、而亂莫甚焉。三皇之知、上悖日月之明、下睽山川之精、中墮四時之施。三語見胠篋篇。其知憯於蠇。音例。蠆敕邁反。之尾、王引之曰、蠇蠆、皆蠍之異名。鮮規之獸、吳汝綸曰、規當讀窺。鮮窺、不常見者也。莫得安其性命之情者。而猶自以為聖人、不可恥乎。其無恥也。子貢蹵蹵然立不安。陸長庚曰、大率與禮記大道為公章甚相似。嚴復曰、此皆道家想當然語、其語已破久矣。讀者不可為其荒唐所籠罩。

孔子謂老聃曰、丘治詩書禮樂易春秋六經、黃震曰、六經之名、始於漢。莊子書稱六經、未盡出於莊子也。穆按：秦廷焚書、猶不以易與詩書同類。自以為久矣、孰知其故矣。嚴復曰、故通詁。以奸者七十二君、王敔曰、孰通熟。奸通干。論先王之道、而明周召之迹。一君無所鉤用。陸德明曰、鉤、取也。甚矣乎、人之難說也。道之難明邪。老子曰、幸矣、子之不遇治世之君也。夫六經、先王之陳迹也、豈其所以迹哉。今子之所言、猶迹也。夫迹、履之所出、而迹豈履哉。夫白鶂五歷反。之相視、眸子不運而風化。宣穎曰、不運、定睛注視。王先謙曰、風讀如馬牛其風之風。謂雌雄相誘也。化者、感而成孕。蟲、雄鳴於上風、雌應於下風、而化。俞樾曰、而化、當作而風化。郭象曰、鶂以眸子相視、蟲以鳴聲相應、俱不待合而生子、故曰風化。類、自為雌雄、故風化。陸德明曰、山海經、亶爰之山有獸曰師類、帶山有鳥曰奇類、皆自牝牡。馬其昶曰、列子亶爰之獸、自孕而生曰類。性不可易。命不可變。時不可止。道不可壅。苟得於道、無自而不可。失焉者、無自而可。王夫之曰、變易人之性命、而道壅不行、惡足以化。順其自然、則物固各有性命、雖五伯七雄之天下、可使反於其樸。孔子不出三月、復見、曰、丘得之矣。烏鵲孺、李頤曰、孺、孚乳而生也。魚傅沫、司馬彪曰、傅口中沫、相與而生子。細要者化、陸德明曰、細腰、蜂之屬也。司馬彪曰、取桑蟲祝使似己、即詩所為螟蛉有子、果蠃負之。有弟而兄啼。林雲銘曰、母孕弟而兄病也。褚伯秀曰、烏鵲四句、卵溼化胎也。久矣夫、丘不與化為人。不與化為人、安能化人。老子曰、可、丘得之矣。

刻意

外篇之八。羅勉道曰、刻意繕性二篇、文義膚淺、疑是偽作。王夫之曰、此篇亦養生主大宗師緒餘之論。而但得其迹。且其文詞輭美膚俗、以視內篇窮神寫生靈妙之文、若厲與西施之懸絕。姚鼐曰、此篇乃司馬談論六家要指之類、漢人之文耳。

刻意尚行、褚伯秀曰、刻礪其意。離世異俗、高論怨誹、為亢而已矣。此山谷之士、非世之人、劉文典曰、非、御覽引作誹、義較長。枯槁赴淵者之所好也。劉師培曰、赴、當作仆。踣仆古通。外物篇、申徒狄因以踣河。語仁義忠信、恭儉推讓、為修而已矣。此平世之士、教誨之人、遊居學者之所好也。語大功、立大名、禮君臣、正上下、為治而已矣。此朝廷之士、尊主彊國之人、致功并兼者之所好也。就藪澤、處閒曠、釣魚閒處、無為而已矣。奚侗曰、此無為當作為無。謂逃世也。此江海之士、避世之人、閒暇者之所好也。吹呴呼吸、吐故納新、熊經鳥申、司馬彪曰、若熊之攀樹而引氣也。若鳥之嚬申也。吳汝綸曰、此三語割取淮南精神篇文。為壽而已矣。此道引之士、養形之人、彭祖壽考者之所好也。若夫不刻意而高。無仁義而修。無功名而治。無江海而閒。不道引而壽。無不忘也、無不有也。澹然無極、而眾美從之。此天地之道、聖人之德也。故曰、夫恬惔寂漠、虛無無為、此天地之平、而道德之質也。四語見天道篇。故曰、聖人休休焉則平易矣。闕誤或本作聖人休焉、休則平易矣。俞樾曰、休焉二字、傳寫誤倒。平易則恬惔矣。平易恬惔、則憂患不能入、邪氣不能襲、故其德全而神不虧。故曰、聖人之生也天行。其死也物化。靜而與陰同德、動而與陽同波。四語又見天道篇。不為福先。不為禍始。感而後應。迫而後動。不得已而後起。去知與故、王念孫曰、淮南注、故、巧也。王先謙曰、四字用管子心術篇語。穆按：韓非揚權篇、有去智與巧語。姚鼐曰、知、私意。故、結習。循天之理。故無天災。無物累。無人非。無鬼責。此四語亦見天道篇。其生若浮、其死若休。不思慮、不豫謀。光矣而不燿、老子曰、光而不燿。信矣而不期。其寢不夢、其覺無憂。二語見大宗師。其神純粹、其魂不罷。音皮。此語亦見天道篇。虛無恬惔、乃合天德。故曰、悲樂者、德之邪。喜怒者、道之過。好惡者、德之失。劉文典曰、據淮南精神原道兩訓、德之失、德當為心字之誤。故心不憂樂、德之至也。一而不變、靜之至也。呂惠卿曰、人心終日萬應、而未嘗止、惡能頃刻而靜哉。聖人不憂不樂、至於一而不變、是為靜之至也。無所於忤、虛之至也。不與物交、淡之至也。無所於逆、粹之至也。郭象曰、若雜乎濁欲、則有所不順。方子及曰、忤逆二字何別、玩虛粹二字可見。蓋順事應物、無所乖拂、自非虛豁之至、何以能之。中心至粹無雜、則自然包含萬象、容蓄萬物、無所逆矣。故曰、形勞而不休、則弊。精用而不已、則勞。勞則竭。水之性、不雜則清。莫動則平。鬱閉而不流、亦不能清。天德之象也。武延緒曰、天疑失字譌。故曰、純粹而不雜、靜一而不變。淡而無為、動而以天行。武延緒曰、以字衍。此養神之道也。呂惠卿曰、天下之方術、有制於虛靜、而不知觀復於並作之間、歸根於芸芸之際者、不知此養神之道故也。夫有干越之劍者、司馬彪曰、干、吳也。吳越出善劍。柙而藏之、不敢用也。寶之至也。精神四達竝流、奚侗曰、並、讀為旁。無所不極。上際於天、下蟠於地。化育萬物、穆按：化育字見中庸。不可為象。其名為同帝。純素之道、唯神是守。守而勿失、與神為一。一之精通、武延緒曰、疑當作通精。合於天倫。馬其昶曰、詩傳、倫、道也。野語有之曰、眾人重利。廉士重名。賢士尚志。聖人貴精。故素也者、謂其無所與雜也。純也者、謂其不虧其神也。能體純素、謂之真人。

繕性

外篇之九。王夫之曰、此篇與刻意之旨略同。其言恬知交養、為有合於莊子之指。而語多雜亂、前後不相侔。且其要歸、不以軒冕為志、而歎有道之人不興而隱處、則莊子固不屑言。蓋不得志於時者之所假託也。文亦滑熟不足觀。林雲銘曰、有訓詁氣、殊非南華筆。

繕性於俗學、以求復其初。崔譔曰、繕、治也。舊重俗字、今從張君房本。滑欲於俗思、以求致其明。崔譔曰、滑、治也。俞樾曰、滑、猶汩也。說文、汩、治水也。焦竑曰、繕性於俗學、滑欲於俗思為句。舊解失之。性非學不復、而俗學不可以復性。明非思不致、而俗思不可以求明。謂之蔽蒙之民。

古之治道者、王懋竑曰、治當作知。以恬養知。生而無以知為也。陶鴻慶曰、古逸叢書本生上有知字、是。謂之以知養恬。王應麟曰、以恬養知者、主靜而識益明、以知養恬者、致知而本益固。知與恬交相養、而和理出其性。司馬子微曰、恬知則定慧也。和理則道德也。夫德、和也。道、理也。穆按：德和道理、此非莊子語、亦非老子語。蓋晚世儒生之學老莊者為之。德無不容、仁也。道無不理、義也。義明而物親、忠也。中純實而反乎情、樂也。陳治安曰、樂記、君子反情以和志。信行容體而順乎文、禮也。禮樂偏行、〔郭象曰、以一體之所履、一志之所樂、行之天下、則一方得而萬方失也。俞樾曰、偏當為一偏之偏、故郭以一體一志說之。穆按：闕誤引或本作偏。〕則天下亂矣。彼正而蒙己德。德則不冒。冒則物必失其性也。〔郭象曰、各正性命、而自蒙己德、則不以此冒彼也。若以此冒彼、安得不失其性哉。〕古之人、在混芒之中、與一世而得澹漠焉。當是時也、陰陽和靜、鬼神不擾。四時得節、萬物不傷、群生不夭。人雖有知、無所用之。此之謂至一。當是時也、莫之為而常自然。逮德下衰、及燧人伏戲始為天下、是故順而不一。德又下衰、及神農黃帝始為天下、是故安而不順。德又下衰、及唐虞始為天下、興治化之流、瀀〔古堯反。本亦作澆。〕淳散朴、離道以善、險德以行、〔馬其昶曰、險讀為揜、見周禮注。穆按：險德以行、即行險也。〕然後去性而從於心。心與心識知而不足以定天下。〔俞樾曰、識知同義。詩、不識不知。〕然後附之以文、益之以博。〔宣穎曰、文博、俗學也。〕文滅質。博溺心。然後民始惑亂、無以反其性情而復其初。〔穆按：孟子、湯武反之也、與此反字同義。〕由是觀之、世喪道矣。道喪世矣。世與道交相喪也。道之人何由興乎世、〔奚侗曰、之人二字誤衍。武延緒曰、疑為亦字誤分。〕世亦何由興乎道哉。道無以興乎世、世無以興乎道、雖聖人不在山林之中、其德隱矣。隱故不自隱。〔馬其昶曰、故固同。〕古之所謂隱士者、非伏其身而弗見也。非閉其言而不出也。非藏其知而不發也。

時命大謬也。當時命而大行乎天下、則反一無迹。不當時命而大窮乎天下、則深根寧極而待。高秋月曰、根極、謂性命也。此存身之道也。古之存身者、不以辯飾知。不以知窮天下。穆按：疑當作不以知窮天、下字涉上文大窮乎天下而衍。不以知窮德。馬其昶曰、外不任聰明以取困、內不逐無涯以自殆。危然處其所而反其性、郭象曰、危然、獨正之貌。已又何為哉。道固不小行。德固不小識。小識傷德。小行傷道。故曰、正己而已矣。樂全之謂得志。古之所謂得志者、非軒冕之謂也。謂其無以益其樂而已矣。今之所謂得志者、軒冕之謂也。宣穎曰、軒冕、俗思也。軒冕在身、非性命也。物之儻來、寄也。成玄英曰、儻者、意外忽來者耳。寄之、其來不可圉、王念孫曰、圉與禦通。其去不可止。故不為軒冕肆志、不為窮約趨俗、其樂彼與此同。故無憂而已矣。今寄去則不樂。由是觀之、雖樂、未嘗不荒也。故曰、喪己於物、失性於俗者、謂之倒置之民。向秀曰、以外易內、可謂倒置。劉師培曰、置與植同。王夫之曰、與上文不相為類。其曰時命大謬、又曰深根寧極而待、則林逋魏野之所不屑言、而況莊子。

秋水

外篇之十。王夫之曰、此篇因逍遙遊齊物論而衍之。

秋水時至、百川灌河。涇流之大、崔譔本作徑、曰、直度曰徑。司馬彪曰、涇、通也。兩涘。音俟渚崖之間、不辯牛馬。陸德明曰、言廣大、故望不分別。於是焉、河伯欣然自喜、以天下之美、為盡在己。順流而東行、至於北海。東面而視、不見水端。於是焉、河伯始旋其面目、望洋向若而歎曰、崔譔曰、望洋、猶望羊、仰視貌。司馬彪曰、若、海神。馬其昶曰、海若、見楚辭。野語有之曰、聞道百、以為莫己若者、我之謂也。且夫、我嘗聞少仲尼之聞、而輕伯夷之義者。始吾弗信、今我睹子之難窮也。吾非至於子之門、則殆矣。吾長見笑於大方之家。司馬彪曰、方、道也。北海若曰、井鼃不可以語於海者、王引之曰、御覽三引莊子、竝作井魚。呂覽喻大淮南原道、均有井魚之文。拘於虛也。王念孫曰、虛、同墟。文選注引聲類曰、墟、故所居也。夏蟲不可以語於冰者、篤於時也。郭慶藩曰、釋詁、篤、固也。與上下文拘束同義。曲士不可以語於道者、束於教也。今爾出於崖涘、觀於大海、乃知爾醜。爾將可與語大理矣。郭象曰、以其知分、故可與言理也。天下之水、莫大於海。萬川歸之、不知何時止、而不盈。尾閭泄之、不知何時已、而不虛。司馬彪曰、尾閭、泄海水出外者也。春秋不變。水旱不知。此其過江河之流、不可為量數。而吾未嘗以此自多者。自以比形於天地、而受氣於陰陽。吾在於天地之閒、猶小石小木之在大山也。方存乎見少、又奚以自多。計四海之在天地之閒也、不似礨空音孔。之在大澤乎。陸德明曰、孔、小穴也。于省吾曰、礨應讀作螺。說文無螺字、以蠃為之。計中國之在海內、不似稊米之在太倉乎。號物之數謂之萬、人處一焉。人卒九州、穀食之所生、舟車之所通、馬其昶曰、卒亦人也。天地篇、人卒雖眾。至樂篇、人卒聞之。竝同。人處一焉。馬其昶曰、上文人處一焉、以人對萬物言。此以一人對眾人言。此其比萬物也、不似豪末之在於馬體乎。五帝之所連、馬其昶曰、連讀為運。江南古藏本正作運。三王之所爭、仁人之所憂、任士之所勞、盡此矣。伯夷辭之以為名。仲尼語之以為博。此其自多也、不似爾向之自多於水乎。河伯曰、然、則吾大天地而小豪末、可乎。北海若曰、否。夫物、量無窮。時無止。分無常。成玄英曰、所稟分命、隨時變易。終始無故。郭象曰、日新也。穆按：分無常、承量無窮言。終始無故、承時無止言。是故、大知觀於遠近、故小而不寡、大而不多、知量無窮。證曏許亮反。今故、郭象曰、曏、明也。今故猶古今。故遙而不悶、掇而不跂，郭象曰、遙、長也。掇、猶短也。王念孫曰、方言、黜、短也。淮南高注、叕、短也。竝字異義同。知時無止。察乎盈虛，故得而不喜，失而不憂、知分之無常也。明乎坦塗、故生而不說、死而不禍、知終始之不可故也。郭象曰、死生者、日新之正道也。計人之所知、不若其所不知。其生之時、不若未生之時。以其至小、求窮其至大之域、是故迷亂而不能自得也。由此觀之、又何以知豪末之足以定至細之倪。又何以知天地之足以窮至大之域。河伯曰、世之議者、皆曰至精無形、至大不可圍、是信情乎。北海若曰、夫自細視大者不盡。宣穎曰、處小而視大、有所不及徧、故覺不可圍。自大視細者不明。宣穎曰、處大而視小、有所不及審、故覺無形。夫精、小之微也。垺、音孚。大之殷也。奚侗曰、垺借為孚、說文、卵也。馬其昶曰、垺同郛。公羊傳、郛者何、恢郭也。殷、盛也。故異便。郭象曰、大小異、故所便不得同。此勢之有也。夫精粗者、期於有形者也。無形者、數之所不能分也。不可圍者、數之所不能窮也。可以言論者、物之粗也。可以意致者、物之精也。言之所不能論、意之所不能察致者、不期精粗焉。陸長庚曰、中庸末章論不顯之德、與此同旨。

是故、大人之行、不出乎害人、不多仁恩。動不為利、不賤門隸。貨財弗爭、不多辭讓。事焉不借人、不多食乎力、陶鴻慶曰、此上脫一句。不賤貪污。行殊乎俗、不多辟異。為在從眾、不賤佞諂。世之爵祿不足以為勸。戮恥不足以為辱。姚鼐曰、非莊子文、蓋所謂其子必且行劫也。知是非之不可為分、細大之不可為倪。聞曰、成玄英曰、寓諸他人、故稱聞曰。道人不聞、郭象曰、任物而物性自通、則功名歸物矣、故無聞。穆按：無聞、無得而稱也。語又見山木篇。至德不得、大人無己、約分之至也。郭象曰、約己歸於其分。宣穎曰、大人止是虛中無相而已。收斂分定、以至其極、則與無聲無臭同體。河伯曰、若物之外、若物之內、惡至而倪貴賤。舊注、倪分也。惡至而倪小大。北海若曰、以道觀之、物無貴賤。郭嵩燾曰、道者、通乎人我者也。以物觀之、自貴而相賤。馬其昶曰、物者、私乎我者也。以俗觀之、貴賤不在己。馬其昶曰、俗者、徇乎人者也。以差觀之、因其所大而大之、則萬物莫不大。成玄英曰、以自足為大。因其所小而小之、則萬物莫不小。成玄英曰、以無餘為小。知天地之為稊米也、知豪末之為丘山也、則差數覩矣。以功觀之、因其所有而有之、則萬物莫不有。因其所無而無之、則萬物莫不無。知東西之相反、而不可以相無、則功分定矣。以趣觀之、因其所然而然之、則萬物莫不然。因其所非而非之、則萬物莫不非。知堯桀之自然而相非、則趣操覩矣。昔者、堯舜讓而帝、之噲讓而絕。[陸德明曰、之者、燕相子之也。噲、燕王名。姚鼐曰、之噲莊子同時、必不曰昔者。]湯武爭而王、白公爭而滅。由此觀之、爭讓之禮、堯桀之行、貴賤有時、未可以為常也。梁麗可以衝城、而不可以窒穴。[崔譔曰、梁麗、屋棟也。郭慶藩曰、即列子之梁欐。屋棟材大、故可用衝城。]言殊器也。騏驥驊騮、一日而馳千里、捕鼠不如狸狌。言殊技也。鴟鵂[王引之曰、崔云、鴟、鵂鶹、知正文鵂字衍。淮南主術亦云、鴟夜撮蚤。王叔岷曰、意林引作鴟鵄。御覽作鵂鶹。]夜撮[七括反。]蚤、[音早。陸德明曰、蚤、說文、跳蟲齧人者也。]察豪末。晝出、瞋目而不見丘山。言殊性也。故曰、蓋師是而無非、師治而無亂乎。[王敔曰、蓋與盍同。]是未明天地之理、萬物之情者也。是猶師天而無地、師陰而無陽。其不可行、明矣。然且語而不舍、非愚則誣也。帝王殊禪。三代殊繼。[成玄英曰、或宗族相承、或讓與他姓。或父子相繼、或興兵征誅。]差其時、逆其俗者、謂之篡夫。當其時、順其俗者、謂之義之徒。默默乎河伯、女惡知貴賤之門、小大之家。河伯曰、然、則我何為乎。何不為乎。吾辭受趣舍、吾終奈何。北海若曰、以道觀之、何貴何賤、是謂反衍。[李頤曰、反衍、猶漫衍。合為一家。]無拘而志、與道大蹇。何少何多、是謂謝施。[吳汝綸曰、謝施、連緜字、猶旖施邪施、與委蛇同義。]無一而行、與道參差。嚴乎若國之有君、其無私德。繇繇乎若祭之有社、其無私福。汎汎乎其若四方之無窮、其無所畛域。兼懷萬物、其孰承翼。是謂無方。萬物一齊、孰短孰長。道無終始、物有死生。不恃其成。（宣穎曰、有生死、則物之成不足恃。）一虛一滿、不位乎其形。（劉咸炘曰、不位、即老子所謂不居。即上文之分無常。）年不可舉。（王敔曰、不可先舉而豫圖之。）時不可止。（王敔曰、不可已去而留之。）消息盈虛、終則有始。是所以語大義之方、論萬物之理也。物之生也、若驟若馳、無動而不變、無時而不移。何為乎。何不為乎。夫固將自化。河伯曰、然、則何貴於道邪。北海若曰、知道者、必達於理。達於理者、必明於權。明於權者、不以物害己。至德者、火弗能熱。水弗能溺。寒暑弗能害。禽獸弗能賊。非謂其薄之也、（崔譔曰、薄謂以體著之。王先謙曰、薄、迫也。）言察乎安危、寧於禍福、謹於去就、莫之能害也。故曰、天在內、人在外、德在乎天。（焦竑曰、天在內、所以立體。人在外、所以應用。德在乎天、則合乎神而無方不測者也。）知天人之行、本乎天、位乎得。（馬其昶曰、位乎得、言各當其分。）蹢（丈益反。）躅（丈錄反。）而屈伸、（成玄英曰、蹢躅、進退不定之貌。）反要而語極。（馬其昶曰、蹢躅屈伸、位乎得也。反要語極、本乎天也。）曰、何謂天。何謂人。北海若曰、牛馬四足、是謂天。落馬首、（段玉裁曰、落謂包絡也。）穿牛鼻、是謂人。故曰、無以人滅天。（王夫之曰、不以馬之宜絡、遂絡其牛。牛之須穿、並穿其馬。則雖人而不滅天。）無以故滅命。（王敔曰、故、智也。王雱曰、人道之謂故、天道之謂命。劉咸炘曰、自然之分為命。）無以得徇名。（劉咸炘曰、得謂所受之德。）

謹守而勿失、是謂反其真。郭象曰、真在性分之內。

夔憐蚿。音賢。陸德明曰、夔、一足獸也。司馬彪曰、蚿、馬蚿蟲也。成玄英曰、憐是愛尚之名。武內義雄曰、以下郭象引他篇語附入。蚿憐蛇。蛇憐風。風憐目。目憐心。陸長庚曰、夔一足、蚿百足、蛇無足、皆能自行、然猶有形。風無形而自行、目不行而能至。然猶以形用。心則以神用、而古今宇宙、無不周遍。夔謂蚿曰、吾以一足趻敕甚反。踔敕角反。而行、王念孫曰、趻卓、與跣踔同。一作踸踔。踔者行一前一卻、不定之意。予無如矣。章炳麟曰、如借為能。穆按：無如、猶無奈也。今子之使萬足、獨奈何。蚿曰、不然。子不見夫唾者乎。噴則大者如珠、小者如霧、雜而下者、不可勝數也。今予動吾天機、而不知其所以然。蚿謂蛇曰、吾以眾足行、而不及子之無足、何也。蛇曰、夫天機之所動、何可易邪。吾安用足哉。蛇謂風曰、予動吾脊脅而行、則有似也。王敔曰、似謂有形。吳汝綸曰、似與俟通、待也。今子蓬蓬然起於北海、蓬蓬然入於南海、而似無有、何也。風曰、然。予蓬蓬然起於北海而入於南海也。然而指我則勝我、鰌本又作䠓。我亦勝我。王敔曰、鰌與䠓同、蹵也。列子、鰌之以刑罰。雖然、夫折大木、蜚音飛大屋者、唯我能也、故以小不勝為大勝也。穆按：此句下疑脫以眾小不勝五字。為大勝者唯聖人能之。宣穎曰、心目之用更神、常身可自喻、故省。以上發無以人滅天。姚鼐曰、此段乃是殘缺、以目心不必言者、吾不以為然。

孔子遊於匡、宋人圍之數帀、（子合反。）而弦歌不惙。（本又作輟。）子路入見、曰、何夫子之娛也。孔子曰、來、吾語女。我諱窮久矣、而不免、命也。求通久矣、而不得、時也。當堯舜而天下無窮人、非知得也。當桀紂而天下無通人、非知失也。時勢適然。夫水行不避蛟龍者、漁父之勇也。陸行不避兕虎者、獵夫之勇也。白刃交於前、視死若生者、烈士之勇也。知窮之有命、知通之有時、臨大難而不懼者、聖人之勇也。由處矣、吾命有所制矣。無幾何、將甲者進辭曰、以為陽虎也、故圍之。今非也、請辭而退。（宣穎曰、以上發無以故滅命。林雲銘曰、平庸、非莊作。）

公孫龍問於魏牟曰、（姚鼐曰、公孫龍與莊生時不相及、此其弟子所記耳。穆按：公孫龍猶可及見莊子、詳見拙著先秦諸子繫年。惟此篇當非莊生親筆、則如姚說。）龍少學先王之道、長而明仁義之行。合同異、離堅白、然不然、可不可。困百家之知、窮眾口之辯。吾自以為至達已。今吾聞莊子之言、汒焉異之。不知論之不及與、知之弗若與。今吾無所開吾喙。（許穢反。）敢問其方。公子牟隱机大息、仰天而笑曰、子獨不聞夫埳（音坎。）井之鼃乎。謂東海之鱉曰、吾樂與。吾跳梁乎井幹之上、（司馬彪曰、幹、井欄也。）入休乎缺甃之崖。（陸德明曰、字林、甃、井壁也。）赴水則接掖持頤、（宣穎曰、水承兩腋而浮兩頤。）蹶泥則沒足滅跗。還（音旋）。虷（音寒）。蟹與科斗、莫吾能若也。（司馬彪曰、還、顧視也。陸德明曰、虷、井中赤蟲也。科斗、蝦蟇子。）且夫、擅一壑之水、而跨跱埳井之樂、此亦至矣。夫子奚不時來入觀乎。東海之鱉左足未入、而右膝已縶矣。（司馬彪曰、縶、拘也。三蒼云、絆也。）於是逡巡而卻、告之海、曰、夫千里之遠、不足以舉其大。千仞之高、不足以極其深。禹之時、十年九潦、而水弗為加益。湯之時、八年七旱、而崖不為加損。夫不為頃久推移、不以多少進退者、此亦東海之大樂也。於是埳井之鼃聞之、適適然驚、規規然自失也。且夫、知（去聲）。不知是非之竟、而猶欲觀於莊子之言、是猶使蚉負山、商蚷（音渠）。馳河也。（司馬彪曰、商蚷、蟲名。北燕謂之馬蚿。）必不勝任矣。且夫、知不知論極妙之言、而自適一時之利者、是非埳井之鼃與。且彼方跐（音此）。黃泉而登大皇、（陸德明曰、廣雅、跐、蹋也。成玄英曰、大皇、天也。奚侗曰、大當作九。九皇、猶九天也。）無南無北、奭（音釋）。然四解、淪於不測。無東無西、（姚鼐曰、以韻求之、東西字易。）始於玄冥、反於大通。子乃規規然而求之以察、索之以辯。是直用管闚天、用錐指地也。不亦小乎。子往矣。且子獨不聞夫壽陵餘子之學行於邯鄲與。（成玄英曰、壽陵、燕邑。司馬彪曰、未應丁夫為餘子。）未得國能、（奚侗曰、國當作其、御覽引正作其。又失其故行矣。直匍匐而歸耳。今子不去、將忘子之故、失子之業。公孫龍口呿起據反。而不合、司馬彪曰、呿、開也。舌舉而不下、乃逸而走。林雲銘曰、贗筆、無甚深旨。

莊子釣於濮水。楚王使大夫二人往先焉。曰、願以竟內累矣。莊子持竿不顧、曰、吾聞楚有神龜、死已三千歲矣。王巾笥而藏之廟堂之上。此龜者、寧其死為留骨而貴乎。寧其生而曳尾於塗中乎。二大夫曰、寧生而曳尾塗中。莊子曰、往矣、吾將曳尾於塗中。

惠子相梁、莊子往見之。或謂惠子曰、莊子來、欲代子相。於是惠子恐、搜於國中、三日三夜。陸德明曰、說文、搜、求也。莊子往見之、曰、南方有鳥、其名鵷於袁反。鶵、子知之乎。夫鵷鶵、發於南海、而飛於北海。非梧桐不止。非練實不食。成玄英曰、練實、竹實也。武延緒曰、練、楝之借字。非醴泉不飲。於是鴟得腐鼠、鵷鶵過之、仰而視之、曰嚇。許稼反。司馬彪曰、嚇、怒其聲、恐其奪己也。詩箋云、以口拒人曰嚇。今子欲以子之梁國而嚇我邪。宣穎曰、以上發無以得徇名。姚鼐曰、記此語者、莊徒之陋。

莊子與惠子遊於濠梁之上。成玄英曰、濠、水名、在淮南鍾離郡、有莊子墓、亦有莊惠遨遊之所。石絕水為梁。莊子曰、鯈音由。魚出游從容、姚鼐曰、鯈即鰷字、而經籍多誤作儵。是魚樂也。惠子曰、子非魚、安知魚之樂。莊子曰、子非我、安知我不知魚之樂。惠子曰、我非子、固不知子矣。子固非魚也。子之不知魚之樂全矣。莊子曰、請循其本。子曰女安知魚樂云者、既已知吾知之。郭象曰、循子安知之云、已知吾之所知矣。而問我、我知之濠上也。邵雍曰、此盡己之性、能盡物之性也，非魚則然。天下之物皆然。若莊子者、可謂善通物矣。

至樂

外篇之十一。王夫之曰、莊子曰、奚暇至於悅生而惡死、言無暇也。非以生不可悅、死不可惡為宗。尤非以悅死惡生為宗。哀樂不入其中、彼固有所存者在也。此篇之說、以死為大樂、蓋學於老莊、掠其膚說者所假託也。文亦庸沓無生氣。

天下有至樂無有哉。有可以活身者無有哉。今奚為奚據、奚避奚處、奚就奚去、奚樂奚惡。夫天下之所尊者、富貴壽善也。所樂者、身安厚味美服好色音聲也。所下者、貧賤夭惡也。所苦者、身不得安逸。口不得厚味。形不得美服。目不得好色。耳不得音聲。若不得者、則大憂以懼。其為形也亦愚哉。夫富者、苦身疾作、多積財而不得盡用。其為形也亦外矣。夫貴者、夜以繼日、思慮善否。其為形也亦疏矣。人之生也、與憂俱生。壽者惛惛、音昏。久憂不死、何之苦也。吳汝綸曰、之、猶其也。其為形也亦遠矣。列士為天下見善矣、未足以活身。吾未知善之誠善邪、誠不善邪。若以為善矣、不足活身。以為不善矣、足以活人。故曰、忠諫不聽、蹲循勿爭。（方以智曰、蹲循即逡巡。）故夫子胥爭之以殘其形。不爭、名亦不成。誠有善無有哉。今俗之所為、與其所樂、吾又未知樂之果樂邪、果不樂邪。吾觀夫俗之所樂、舉群趣者、誙誙（亡耕反。奚侗曰、與論語硜硜同。）然如將不得已、而皆曰樂者、吾未之樂也。亦未之不樂也。果有樂無有哉。吾以無為誠樂矣。又俗之所大苦也。故曰、至樂無樂、至譽無譽。天下是非、果未可定也。雖然、無為可以定是非。至樂活身、唯無為幾存。請嘗試言之。天無為、以之清。地無為、以之寧。（老子曰、天得一以清、地得一以寧。）故兩無為相合、萬物皆化。（劉文典曰、化下當依陳碧虛闕誤本補生字。與上清寧為韻。）芒（音荒）乎芴（音忽）乎、而無從出乎。（成玄英曰、尋其從出、莫知所由。）芴乎芒乎、而無有象乎。（老子曰、無物之象、是為惚恍。）萬物職職、（李頤曰、職職、繁殖貌。）皆從無為殖。故曰、天地無為也、而無不為也。（老子曰、道常無為而無不為。）人也、孰能得無為哉。（林雲銘曰、此段針線甚密、恐非莊叟作。）

莊子妻死、惠子弔之。莊子則方箕踞鼓盆而歌。（陸德明曰、盆、謂瓦缶也。）惠子曰、與人居、長子、老身、死不哭、亦足矣。（馬其昶曰、老身長子、見荀子。彼注云、身已老矣、子已長矣。）又鼓盆而歌、不亦甚乎。莊子曰、不然。是其始死也、我獨何能無概然。司馬彪曰、概、感也。察其始而本無生。非徒無生也、而本無形。非徒無形也、而本無氣。雜乎芒芴之閒、變而有氣。氣變而有形。形變而有生。今又變而之死。是相與為春秋冬夏四時行也。人且偃然寢於巨室。司馬彪曰、以天地為室也。而我噭噭古弔反。然隨而哭之、自以為不通乎命、故止也。呂惠卿曰、莊子所貴、孔子孟孫才顏氏。而制行則若子桑子反子琴張之徒、何也。蓋人道之弊、天下沉於哀樂之邪、故救之為若此。

支離叔與滑介叔觀於冥伯之丘、李頤曰、支離忘形、滑介忘智。冥伯、丘名、喻杳冥也。崑崙之虛、黃帝之所休。俄而柳生其左肘、郭嵩燾曰、柳瘤一聲之轉。其意蹷蹷然惡之。羅勉道曰、冥伯、死者之稱。柳者、障柩之柳。檀弓、周人牆置翣、注、牆、柳衣也。二人觀於墟墓之間、意想所致、有此不祥之徵、故惡之。支離叔曰、子惡之乎。滑介叔曰、亡、予何惡。生者、假借也。假之而生。生者、塵垢也。宣穎曰、四大假合、暫湊集耳。死生為晝夜。且吾與子觀化、而化及我、我又何惡焉。

莊子之楚、見空髑音獨髏、音樓。髐苦堯反。然有形。司馬彪曰、髐、白骨貌。撽苦弔反。以馬捶、陸德明曰、撽、說文作擊、云旁擊也。馬捶、馬杖也。因而問之曰、夫子貪生失理而為此乎。將子有亡國之事、斧鉞之誅而為此乎。將子有不善之行、愧遺父母妻子之醜而為此乎。將子有凍餒之患而為此乎。將子之春秋、故及此乎。於是語卒、援髑髏枕而臥。夜半、髑髏見夢曰、子之談者、似辯士。諸子所言、奚侗曰、諸凡同義。皆生人之累也。死則無此矣。子欲聞死之說乎。莊子曰、然。髑髏曰、死、無君於上、無臣於下。亦無四時之事。從然以天地為春秋。闕誤本作泛然。姚永樸曰、從縱通用、從然猶放然。雖南面王樂、不能過也。莊子不信、曰、吾使司命復生子形、為子骨肉肌膚、反子父母妻子閭里知識、子欲之乎。髑髏深矉蹙頞曰、李頤曰、矉顣者、愁貌。吳汝綸曰、據李注、頞字衍也。列子注引此文亦作矉顣。吾安能棄南面王樂、而復為人閒之勞乎。

顏淵東之齊。孔子有憂色。子貢下席而問曰、小子敢問、回東之齊、夫子有憂色、何邪。孔子曰、善哉、女問。昔者、管子有言、丘甚善之。曰、褚小者、不可以懷大。綆短者、不可以汲深。郭慶藩曰、玉篇、褚、裝衣也。說文繫傳、褚、衣之橐也。集韻、囊也。成玄英曰、此語出管子書。穆按：此亦證本篇之晚出。夫若是者、以為命有所成、而形有所適也、夫不可損益。吾恐回與齊侯言堯舜黃帝之道、而重以燧人神農之言。彼將內求於己而不得。不得則惑。人惑則死。林雲銘曰、世無惑言而死之人。拙筆擬莊、何不自量。

且女獨不聞邪。昔者海鳥止於魯郊。司馬彪曰、海鳥、國語曰爰居也。止魯東門之外三日。臧文仲使國人祭之。穆按：此引國語、亦本篇晚出之證。魯侯御音訝而觴之於廟、奏九韶以為樂、具太牢以為膳。鳥乃眩視憂悲、不敢食一臠、里轉反。不敢飲一杯、三日而死。此以己養養鳥也。非以鳥養養鳥也。夫以鳥養養鳥者、宜栖之深林。遊之壇陸。司馬彪曰、壇作澶、音但、水沙澶也。成玄英曰、壇陸、湖渚也。浮之江湖。食之鰌鮲。音條。隨行列而止、委蛇而處。此節又見達生篇。彼唯人言之惡聞、奚以夫譊譊為乎。咸池九韶之樂、張之洞庭之野、鳥聞之而飛、獸聞之而走、魚聞之而下入。人卒聞之、相與還而觀之。魚處水而生。人處水而死。彼必相與異其好惡、故異也。王叔岷曰、此三字陳碧虛闕誤引江南藏本作好惡異、與下文接。故先聖不一其能、不同其事。名止於實。義設於適。劉咸炘曰、一名止該一實、不可概施於異實。凡義皆立於所適、不可概施於異事。是之謂條達而福持。吳汝綸曰、福、備也。持、養也。穆按：福當借作輻。老子曰、三十輻、共一轂。福持、猶言輻湊。由外言之曰條達、由中言之曰輻持。

列子行食於道從、司馬彪曰、從、道旁也。見百歲髑髏。攓居輦反。蓬而指之、司馬彪曰、攓、拔也。曰、唯予與女、知而未嘗死、未嘗生也。若果養乎、宣穎曰、養、心憂不定貌。詩、中心養養。俞樾曰、養借為恙。予果歡乎。種有幾。嚴復曰、幾、當作機。張湛列子注、機者群有之始、動之所宗。得水則為㡭。陸德明曰、此古絕字、司馬本作繼。得水土之際、則為鼃蠙音賓。之衣。生於陵屯、則為陵舄。音昔。陸長庚曰、大地塵埃、浮游水上、牽如絲縷、其名為繼。蓋水苔欲生之先、多有此朕。其在水土相交之際、水得土氣、漸凝漸厚、其色沉綠、名為鼃蠙之衣、是曰青苔。近土、生於陵屯、則為陵舄。車前草名也。陵舄得鬱棲、則為烏足。烏足之根為蠐音齊。螬。音曹。李頤曰、鬱棲、糞壤也。司馬彪曰、烏足、草名。蠐螬、蝎也。王先謙曰、烏足係陵舄在糞壤所化、其根在糞土中、時出為蠐螬。其葉為胡蝶。胡蝶胥也、化而為蟲。俞樾曰、胥也合下為句。列子釋文、胥、少也。謂少時也。馬其昶曰、胥也、猶俄焉。生於竈下、司馬彪曰、得熱氣而生也。其狀若脫、陶光引某氏僞書考、謂脫段為蛻。說文曰、蛻、蛇蟬所解皮也。其名為鴝其句掇。丁活反。陶光引某氏僞書考、謂鴝掇疑即竈馬。酉陽雜俎、竈馬狀如促織、稍大。腳長、好穴竈旁。鴝掇千日為鳥、其名為乾音干餘骨。乾餘骨之沫為斯彌。李頤曰、沫、口中汁也。斯彌、蟲也。斯彌為食司馬本作蝕。醯。許兮反。司馬彪曰、蝕醯、若酒上蠛蠓也。頤輅音路生乎食醯。黃軦音況生乎九猷。盧文弨曰、列子作九猷生乎瞀芮。瞀莫豆反。芮生乎腐蠸。音權。郭嵩燾曰、頤輅黃軦數者、皆食醯之類也。方言、蠙蠐自閩以東謂之蝤蠐、梁益之間謂之蛒。輅、當為蛒。猷、當為蝤。漢書、蜉蝣出乎陰、皆群飛小蟲也。郭注爾雅蠛蠓云、小蟲似蚋、喜亂飛。芮當為蚋。荀子、醯酸而蚋聚焉是也。此言小蟲自相化。司馬彪曰、蠸、蟲名也。爾雅云、一名守瓜。張湛列子注云、謂瓜中黃甲蟲也。成玄英曰、螢光蟲。羊奚比乎不箰息尹反。久竹生青寧。司馬彪曰、羊奚草名、根似蕪菁。與久竹比合而為物、皆生於非類也。青寧、蟲名。王叔岷曰、此節脫誤甚多。陳碧虛闕誤引張君房本、作斯彌為食醯、食醯生乎頤輅、頤輅生乎黃軦、黃軦生乎九猷、九猷生乎瞀芮、瞀芮生乎腐蠸、腐蠸生乎羊奚、羊奚比乎不箰久竹生青甯。又列子天瑞篇、瞀芮生乎腐蠸下、

達生

外篇之十二。歸有光曰、與養生主篇相發。王夫之曰、此篇於諸外篇中、尤為深至。雖雜引博喻、而語脈自相貫通。且其文詞沉邃、足達微言。雖或不出於莊子之手、要得莊子之真者所述也。

達生之情者、不務生之所無以為。姚範曰、生讀為性、淮南作通性之情。達命之情者、不務知之所無奈何。郭象曰、生之所無以為、分外物也。知之所無奈何、命表事也。王叔岷曰、宏明集正誣論引知作命、當從之。淮南詮言泰族亦並作命。養形必先之物、王叔岷曰、道藏成疏本之下有以字、當從之。物有餘而形不養者有之矣。葉夢得曰、聲色臭味是也。有生必先無離形、形不離而生亡者有之矣。葉夢得曰、枯槁沉溺之過、而反以自瘠者也。生之來、不能卻。其去、不能止。悲夫、世之人以為養形足以存生、而養形果不足以存生、馬其昶曰、禮鄭注、果、決也。則世奚足為哉。雖不足為、而不可不為者、其為不免矣。夫欲免為形者、莫如棄世。棄世則無累。無累則正平。正平則與彼更生。郭象曰、更生者、日新之謂也。付之日新、則性命盡矣。更生則幾矣。事奚足棄、而生奚足遺。葉夢得曰、必知事本無而不足棄、則無與役於外而成不勞。必知生本不足遺、則無累於內、而精不虧。棄事則形不勞。遺生則精不虧。夫形全精復、與天為一。天地者、萬物之父母也。合則成體。散則成始。葉夢得曰、合則成體、易所謂精氣為物也。散則成始、易所謂游魂為變也。嚴復曰、斯賓塞謂天演翕以合質、闢以出力、即同此義。形精不虧、是謂能移。郭象曰、與化俱也。精而又精、反以相天。陸長庚曰、相天、猶中庸言贊化。

子列子問關尹曰、至人潛行不窒、陶光曰、呂覽盡數、鼻則為鼽為窒。高注、窒不通也。潛行謂水行。蹈火不熱、行乎萬物之上而不慄。陸長庚曰、乘雲躡虛、遊宴自如。請問何以至於此。關尹曰、是純氣之守也。非知巧果敢之列。音例。居、予語女。凡有貌象聲色者、皆物也。物何以相遠。夫奚足以至乎先。是色而已。奚侗曰、當依江南古藏本、作是形色而已。則物之造乎不形、而止乎無所化、陸長庚曰、不形、即所謂無聲無臭。無所化、即所謂未始有物。夫得是而窮之者、物焉得而止焉。王敔曰、不為物所閡止。彼將處乎不淫之度、郭象曰、止於所受之分。而藏乎無端之紀。郭象曰、冥然與變化日新。游乎萬物之所終始。郭象曰、終始者、物之極。穆按：萬物之所終始、即日新之化也。壹其性、郭象曰、飾則二矣。養其氣、郭象曰、不以心使之。合其德、郭象曰、不以物離性。王叔岷曰、列子合作含。老子含德之厚、比於赤子。以通乎物之所造。成玄英曰、物之所造、自然也。夫若是者、其天守全。其神無郤。物奚自入焉。夫醉者之墜車、雖疾不死。骨節與人同、而犯害與人異、其神全也。乘亦不知也。墜亦不知也。死生驚懼、不入乎其胷中、是故遻音悟。物而不慴。之涉反。陸德明曰、遻、忤也。慴、懼也。彼得全於酒、而猶若是。而況得全於天乎。聖人藏於天、故莫之能傷也。郭象曰、不闚性分之外、故曰藏。復讎者不折鏌干。王先謙曰、鏌邪干將。嚴復曰、鏌干非主殺者。雖有忮心者、不怨飄瓦。李頤曰、飄、落也。是以天下平均。故無攻戰之亂、無殺戮之刑者、由此道也。不開人之天、而開天之天。郭象曰、開天者性之動。開人者知之用。開天者德生。開人者賊生。不厭其天、不忽於人。民幾乎以其真。

仲尼適楚、出於林中、見痀於禹反。僂者承蜩、猶掇之也。王念孫曰、痀與傴同。承與拯同。易虞注、拯、取也。李治曰、內則數庶羞、有蜩。荀子耀蜩。楊倞注云、南人照蟬、取而食之。仲尼曰、子巧乎、有道邪。曰、我有道也。五六月累丸二而不墜、則失者錙銖。郭象曰、累二丸於竿頭、是用手之停審也。累三而不墜、則失者十一。累五而不墜、猶掇之也。陸長庚曰、以竿黏蟬者、最忌手顫。竿頭搖動、則物驚而走。吾處身也、若厥株拘。郭嵩燾曰、列子作若橛株駒。注云、株駒、斷木也。山海經、達木下有九枸。郭璞注、枸、根盤錯也。說文、株、木根也。徐鉉曰、在土上曰株。株枸者、近根盤錯處。厥者、斷木為杙也。嚴復曰、厥、說文作氒。大本也。又木下曰本、本亦作氒。氒者、言其瘚然大也。古多用橛弋字為之。吾執臂也、若槁木之枝。雖天地之大、萬物之多、而唯蜩翼之知。吾不反不側、不以萬物易蜩之翼。何為而不得。郭象曰、遺彼故得此。孔子顧謂弟子曰、用志不分、乃凝於神、林希逸曰、凝當作疑。後削鑢章可照。蘇軾曰、蜀本作疑。王叔岷曰、疑、猶擬也。天地篇博學以擬聖、淮南俶真作疑。其痀僂丈人之謂乎。

顏淵問仲尼曰、吾嘗濟乎觴深之淵。津人操舟若神、吾問焉、曰操舟可學邪。曰、可。善游者數能。嚴復曰、數、讀若數罟。數能、猶速成也。若乃夫沒人、則未嘗見舟而便操之也。郭象曰、沒人、謂能驚沒於水底。吾問焉而不吾告。敢問何謂也。仲尼曰、善游者數能、忘水也。若乃夫沒人之未嘗見舟而便操之也、彼視淵若陵。視舟之覆、猶其車卻也。覆卻萬方陳乎前、宣穎曰、方、猶端也。奚侗曰、易恆卦王注、方猶道也。而不得入其舍。宣穎曰、心者、神之舍。惡往而不暇。以瓦注者巧。成玄英曰、注、射也。用瓦器賤物而戲賭射者、心無矜惜、故巧而中。以鉤注者憚。成玄英曰、帶鉤稍貴。以黃金注者殙。音昏。陸德明曰、說文、殙、瞀也。其巧一也、而有所矜、則重外也。凡外重者內拙。郭象曰、夫欲養生全內者、其唯無所矜重也。

田開之見周威公。崔譔曰、周威公竈。俞樾曰、史記西周桓公之子威公、名不傳。崔本可補史闕。威公曰、吾聞祝腎學生。司馬彪曰、學養生之道也。吾子與祝腎游、亦何聞焉。田開之曰、開之操拔篲似歲反。以侍門庭、成玄英曰、拔篲、埽帚也。嚴復曰、拔通茇。亦何聞於夫子。威公曰、田子無讓、寡人願聞之。開之曰、聞之夫子曰、善養生者、若牧羊然、視其後者而鞭之。郭象曰、鞭其後者、去其不及也。威公曰、何謂也。田開之曰、魯有單音善。豹者、巖居而水飲、馬敘倫曰、淮南人間訓水作谷、是。不與民共利。行年七十、而猶有嬰兒之色。不幸遇餓虎、餓虎殺而食之。有張毅者、高門縣音玄。薄、無不走也。成玄英曰、縣薄、垂簾也。吳汝綸曰、呂覽淮南皆言張毅好恭。走、趨也。過之必趨、以為恭也。行年四十、而有內熱之病以死。豹養其內、而虎食其外。毅養其外、而病攻其內。此二子者、皆不鞭其後者也。仲尼曰、無入而藏、無出而陽、柴立其中央。嚴復曰、柴立中央、亦未遂得。頗疑柴立上敓一無字。三者若得、其名必極。夫畏塗者、十殺一人、則父子兄弟相戒也。必盛卒徒而後敢出焉。不亦知乎。人之所取畏者、衽席之上、飲食之閒。馬其昶曰、取、讀為最。江南古藏本正作最。而不知為之戒者、過也。

祝宗人玄端以臨牢筴、林希逸曰、玄端、冠也。李頤曰、牢、豕室。筴、木欄也。說彘曰、汝奚惡死。吾將三月豢音患。汝、司馬彪曰、豢、養也。十日戒、三日齋。藉白茅、加汝肩尻乎雕俎之上。則汝為之乎。為彘謀、曰、不如食以糠糟、而錯之牢筴之中。自為謀、則苟生有軒冕之尊、死得於腞直轉反。楯食準反。之上、聚僂之中、則為之。王念孫曰、腞讀為輇、楯讀為輴、皆柩車也。聚僂、柩車飾也。眾飾所聚、故曰聚。其形中高四下、故言僂也。為毊謀則去之、自為謀則取之、所異毊者何也。

桓公田於澤。管仲御。見鬼焉。公撫管仲之手、曰、仲父何見。對曰、臣無所見。公反、誒（呼該反。）詒（音臺。）為病、（李頤曰、誒詒、失魂魄也。）數日不出。齊士有皇子告敖者、（俞樾曰、廣韻、皇子複姓。）曰、公則自傷、鬼惡能傷公。夫忿滀（敕六反。）之氣、（李頤曰、忿、滿也。滀、結聚也。）散而不反、則為不足。上而不下、則使人善怒。下而不上、則使人善忘。不上不下、中身當心、則為病。桓公曰、然、則有鬼乎。曰、有。沈有履。（司馬彪曰、沈、水汙泥也。俞樾曰、沈借為煁。詩傳、煁、竈也。煁有履、竈有髻、同類。）竈有髻。（司馬彪曰、髻、竈神。）戶內之煩壤、（章炳麟曰、煩壤、即煩孃。說文、孃、煩擾也。謂戶內煩擾處。林雲銘曰、煩壤、糞掃除積。穆按：煩壤、即糞壤也。）雷霆處之。東北方之下者、倍（音裴。）阿鮭（戶媧反。）蠪（音聾。）躍之。（武延緒曰、鮭當音畦、門室精謂之徯龍。）西北方之下者、則泆（音逸。）陽處之。水有罔象。丘有峷。（所巾反。）山有夔。野有彷徨。澤有委蛇。公曰、請問委蛇之狀何如。皇子曰、委蛇、其大如轂、其長如轅、紫衣而朱冠。其為物也、惡。（吳汝綸曰、惡字屬上讀、物猶狀也。）聞雷車之聲、則捧其首而立。見之者、殆乎霸。桓公辴（敕引反。）然而笑曰、此寡人之所見者也。於是正衣冠與之坐、不終日而不知病之去也。

紀渻所景反。子為王養鬭雞。俞樾曰、列子作紀渻子為周宣王養鬭雞。王叔岷曰、白帖引司馬彪云、齊宣王。十日而問雞已乎。馬其昶曰、廣雅、已、成也。褚伯秀曰、當從列子作可鬭已乎、此脫二字。曰、未也。方虛憍而恃氣。李頤曰、憍、高也。十日又問。曰、未也。猶應嚮本亦作響。景。李頤曰、應響鳴。顧景行。十日又問。曰、未也。猶疾視而盛氣。張湛曰、常求敵而必己之勝。十日又問。曰、幾矣。雞雖有鳴者、已無變矣。張湛曰、彼命敵而己不應、忘勝負矣。望之似木雞矣。其德全矣。異雞無敢應者、反走矣。張居正曰、此養德之喻也。英雄豪傑之從事於學、若紀渻子養雞、則幾矣。

孔子觀於呂梁。張湛曰、呂梁、在今彭城郡。縣水三十仞、流沫四十里、黿鼉魚鼈之所不能游也。見一丈夫游之。以為有苦而欲死也、使弟子竝流而拯之。數百步而出。被髮行歌、而游於塘下。孔子從而問焉。曰、吾以子為鬼、察子則人也。請問蹈水有道乎。曰、亡、吾無道。吾始乎故、長乎性、成乎命。與齊俱入。段玉裁曰、司馬云、回水如磨齊也。皆臍字引伸段借之義。與汩胡忽反。偕出。郭象曰、磨翁而旋入者、齊也。回伏而涌出者、汩也。從水之道、而不為私焉。此吾所以蹈之也。孔子曰、何謂始乎故、長乎性、成乎命。曰、吾生於陵而安於陵、故也。長於水而安於水、性也。王敔曰、安於水、亦猶安於陵。孟子曰、天下之言性、則故而已矣。不知吾所以然而然、命也。郭象曰、人有偏能、得其所能而任之、則天下無難矣。用夫無難以涉夫生生之道、何往而不通也。

梓慶削木為鐻。音據。李頤曰、魯大匠也。梓、官名。慶、其名也。俞樾曰、左襄四年傳匠慶、即此人。司馬彪曰、鐻、樂器也。似夾鍾。嚴復曰、鐻通虡。鐻成、見者驚猶鬼神。郭象曰、不似人所作也。魯侯見而問焉、曰、子何術以為焉。對曰、臣工人、何術之有。雖然、有一焉。臣將為鐻、未嘗敢以耗氣也。必齊以靜心。齊三日、而不敢懷慶賞爵祿。齊五日、不敢懷非譽巧拙。齊七日、輒然忘吾有四枝形體也。李頤曰、輒然、不動貌。王念孫曰、輒與㘝聲近義同。廣雅、㘝、靜也。㘝猶怗也、語有輕重爾。當是時也、無公朝。郭象曰、視公朝若無、則跂慕之心絕矣。其巧專而外骨本亦作滑。消。成玄英曰、滑、亂也。然後入山林、觀天性。宣穎曰、察木之生質。形軀至矣、然後成見賢遍反。鐻。宣穎曰、言恍乎一成鐻在目。馬敘倫曰、五字涉上文而衍。然後加手焉。不然、則已。郭象曰、必取材中者也。則以天合天。郭象曰、不離其自然也。器之所以疑神者、其是與。闕誤本其下有由字。

東野稷以御見莊公。李頤曰、東野姓、稷名。司馬彪曰、孫卿作東野畢。陸德明曰、或云顏闔傳衛靈公太子、則不與魯莊同時、當是衛莊公。進退中繩、左右旋中規。莊公王先謙曰、荀子哀公篇作定公。以為文弗過也。司馬彪曰、謂過織組之文也。褚伯秀曰、詩執轡如組。錢大昕曰、呂覽作造父不過。文當是父之誤。使之鉤百而反。司馬彪曰、稷自矜其能、圓而驅之如鉤、復迹百反而不知止。王敔曰、百陌通。鉤陌者、使之鉤旋於陌上。顏闔遇之、王先謙曰、哀公篇作顏淵、則魯定公是也。入見曰、稷之馬將敗。公密而不應。王敔曰、密、默也。少焉、果敗而反。公曰、子何以知之。曰、其馬力竭矣、而猶求焉、故曰敗。

工倕旋而蓋規矩、（宣穎曰、蓋、猶過也。謂掩過之。奚侗曰、蓋、叚作盇。爾雅、盇、合也。呂惠卿曰、任指之旋、與規矩合而不露。）指與物化、而不以心稽、（成玄英曰、心不稽留。）故其靈臺一而不桎。（郭象曰、靈臺、心也。陸德明曰、謂心有靈智、能任持也。司馬彪曰、桎、閡也。）忘足、屨之適也。忘要、帶之適也。知忘是非、心之適也。不內變、不外從、事會之適也。始乎適、而未嘗不適者、忘適之適也。

有孫休者、踵門而詫子扁慶子曰、（司馬彪曰、踵、至也。詫、告也。李頤曰、扁姓、慶子字。）休居鄉不見謂不修、臨難不見謂不勇。然而田原不遇歲。事君不遇世。賓於鄉里。（舊注、賓、同擯。）逐於州部。則胡罪乎、天哉。休惡遇此命也。扁子曰、子獨不聞夫至人之自行邪。忘其肝膽。遺其耳目。（郭象曰、闇付自然也。）芒然彷徨乎塵垢之外、逍遙乎無事之業。是謂為而不恃、長而不宰。（語出老子。）今汝飾知以驚愚、修身以明汙、昭昭乎若揭日月而行也。（三語又見山木篇。）汝得全而形軀、具而九竅、無中道夭於聾盲跛蹇、而比於人數、亦幸矣。又何暇乎天之怨哉。子往矣。孫子出、扁子入坐有閒、仰天而歎。弟子問曰、先生何為歎乎。扁子曰、向者休來、吾告之以至人之德、吾恐其驚而遂至於惑也。弟子曰、不然。孫子之所言是邪、先生之所言非邪、非固不能惑是。孫子所言非邪、先生所言是邪、彼固惑而來矣、又奚罪焉。扁子曰、不然。昔者有鳥止於魯郊。魯君說之、為具太牢以饗之、奏九韶以樂之。鳥乃始憂悲眩視、不敢飲食。此之謂以己養養鳥也。若夫以鳥養養鳥者、宜棲之深林、浮之江湖、食之以委蛇、司馬彪曰、委蛇、泥鰌。姚鼐曰、語同至樂篇顏淵東之齊章。義較淺於彼、文亦有誤。俞樾曰、此文亦當云食之以鰌鰍、委蛇而處、方與下文則平陸而已矣文義相屬。則平陸而已矣。今休、款啟寡聞之民也。李頤曰、款、空也。啟、開也。如空之開、所見小也。吾告以至人之德、譬之若載鼷以車馬、樂鴳音晏。以鐘鼓也。彼又惡能無驚乎哉。

山木

外篇之十三。王夫之曰、本人閒世之旨、而雜引以明之。蘇輿曰、此亦莊徒所記。

莊子行於山中、見大木、枝葉盛茂、伐木者止其旁而不取也。問其故。曰、無所可用。莊子曰、此木以不材得終其天年夫。（吳汝綸曰、夫字屬上句。王叔岷曰、子字後人妄加。）子出於山、舍於故人之家。故人喜、命豎子殺雁而烹之。（王念孫曰、呂覽必己篇作殺雁饗之、據此烹當作亨、即饗也。釋文誤讀為烹、故音普彭反。若本作烹、則無須音注矣。王引之曰、說文、雁、鵝也。）豎子請曰、其一能鳴、其一不能鳴、請奚殺。主人曰、殺不能鳴者。明日、弟子問於莊子曰、昨日山中之木、以不材得終其天年。今主人之雁、以不材死。先生將何處。莊子笑曰、周將處夫材與不材之間。似之而非也、故未免乎累。（馬其昶曰、似之而非、謂物之不材、非若有道德者之自晦也。若夫乘道德而浮游、則不然。無譽無訾、一龍一蛇。與時俱化、而無肯專為。一上一下、姚鼐曰、上下字互易。以和為量。浮游乎萬物之祖、宣穎曰、未始有物之先。物物而不物於物。王雱曰、與荀子精於道者物物之言相合。則胡可得而累邪。此神農黃帝之法則也。顏之推曰、莊老之書、蓋全真養性、不肯以物累己也。若夫萬物之情、人倫之傳、則不然。王敔曰、傳、變也。合則離。成則毀。廉則挫。尊則議。有為則虧。賢則謀。不肖則欺。胡可得而必乎哉。劉辰翁曰、離毀云云、皆人情不相樂也。賢則人忌而謀之。不肖則欺之。俞樾曰、議讀為俄。詩賓之初筵箋、俄、傾也。謂崇高必傾側。王叔岷曰、議虧二字疑當互錯。呂氏必己、尊則虧。淮南說林、有為則議。是其證。悲夫、弟子志之、其唯道德之鄉乎。郭象曰、不可必、故待之不可以一方也。惟與時俱化者、為能涉變而常通。

市南宜僚見魯侯。李頤曰、姓熊、名宜僚。陸德明曰、左傳市南有熊宜僚、楚人也。魯侯有憂色。市南子曰、君有憂色、何也。魯侯曰、吾學先王之道、修先君之業、吾敬鬼尊賢、親而行之、無須臾離居。俞樾曰、釋文崔本無離字、是也。呂覽慎人篇、胼胝不居。高注訓居為止。無須臾居。即無須臾止也。然不免於患。吾是以憂。市南子曰、君之除患之術淺矣。夫豐狐文豹、棲於山林、伏於巖穴、靜也。夜行晝居、戒也。雖飢渴隱約、猶且胥疏於江湖之上而求食焉、定也。奚侗曰、當作疏踈、謂遠迹也。後人不知胥為疏之段字、又誤踈為踈、而改為疏。劉師培曰、李頤曰、相望疏草。敦煌唐寫本疏下有草字、與李注合。然且不免於罔羅機辟之患、是何罪之有哉。其皮為之災也。今魯國、獨非君之皮邪。吾願君刳音枯。形去皮、洒心去欲、而游於無人之野。南越有邑焉、名為建德之國。其民愚而朴。少私而寡欲。知作而不知藏。與而不求其報。不知義之所適。不知禮之所將。猖狂妄行、乃蹈乎大方。方宗誠曰、此蓋亦竊取孔子從心所欲不踰矩之意。其生可樂。其死可葬。郭象曰、言可終始處之。吾願君去國捐俗、與道相輔而行。郭象曰、去國捐俗、謂蕩除其胸中也。君曰、彼其道、遠而險、又有江山、我無舟車、奈何。市南子曰、君無形倨、無留居、以為君車。郭象曰、形倨、質礙之謂。留居、滯守之謂。形與物夷、心與物化、斯寄物以自載也。君曰、彼其道、幽遠而無人、吾誰與為鄰。吾無糧、我無食、安得而至焉。市南子曰、少君之費、寡君之欲、雖無糧而乃足。君其涉於江而浮於海、望之而不見其崖、愈往而不知其所窮。郭象曰、絕情欲之遠也。送君者皆自崖而反、君自此遠矣。郭象曰、超然獨立於萬物之上也。故有人者累。見有於人者憂。故堯非有人、非見有於人也。宣穎曰、非有人、有天下而不與。非見有於人、忘帝力於何有。吾願去君之累、除君之憂、而獨與道遊於大莫之國。郭象曰、欲令蕩然無有國之懷。方舟而濟於河、司馬彪曰、方、竝也。有虛船來觸舟、雖有惼心之人不怒。陸德明曰、爾雅、惼、急也。有一人在其上、則呼張歙許及反。之。陸德明曰、張、開也。歙、歛也。吳汝綸曰、淮南詮言注、持舟檝者謂近岸為歙、遠岸為張。馬敘倫曰、當依書鈔引作一呼張之、一呼歙之。此謂甲舟呼乙舟張、乙舟呼甲舟歙也。一呼而不聞、再呼而不聞、於是三呼邪、則必以惡聲隨之。向也不怒而今也怒、向也虛而今也實。人能虛己以游世、其孰能害之。

北宮奢為衛靈公賦歛以為鐘。李頤曰、衛大夫、居北宮、因以為號。奢、其名也。郭嵩燾曰、猶左傳遂賦晉國一鼓鐵、以鑄刑鼎。為壇乎郭門之外、三月而成上下之縣。褚伯秀曰、設架縣鐘、上下各六、所謂編鐘也。王子慶忌見而問焉。李頤曰、王族也。慶忌、周大夫也。俞樾曰、疑周王子仕衛、與王孫賈同。曰、子何術之設。奢曰、一之間、無敢設也。呂惠卿曰、有術設其間、則非所謂一也。嚴復曰、術誠有之、而道不敢畔、故曰一之間無敢設。設、備也。奢聞之。既雕既琢、復歸於朴。侗乎其無識。儻乎其怠疑。郭象曰、無所趨也。王念孫曰、怠疑、與佁儗義近。說文、佁、癡貌。漢書注、佁儗、不前也。萃乎芒乎、奚侗曰、萃乃芴之借字。其送往而迎來。來者勿禁。往者勿止。從其彊梁。王先謙曰、從讀曰縱、不顧者聽之。隨其曲傳。司馬彪曰、曲附己者隨之。王敔曰、曲傳、詭詐相師者、皆工於逋賦之人。因其自窮。郭嵩燾曰、名為賦歛、而聽民之自致。馬其昶曰、窮、盡也。故朝夕賦歛、而毫毛不挫。而況有大塗者乎。宣穎曰、賦歛且然、況有大道、其順從可知。

孔子圍於陳蔡之間、七日不火食。語見天運。大公任往弔之。俞樾曰、廣韻、大公、複姓。曰、子幾死乎。曰、然。子惡死乎。曰、然。任曰、予嘗言不死之道。東海有鳥焉、名曰意怠。陸長庚曰、即鷾鴯。其為鳥也、翂翂音紛翐翐、音秩。而似無能。李頤曰、翂翐、羽翼聲。司馬彪曰、翂翂翐翐、舒遲貌。引援而飛、迫脅而棲。進不敢為前。退不敢為後。食不敢先嘗、必取其緒。王念孫曰、緒、餘也。是故其行列不斥而外。穆按：而外屬上為句、謂在行列、不見斥散而相遠外也。人卒不得害。是以免於患。直木先伐、甘井先竭。子其意者飾知以驚愚、修身以明汙、昭昭乎如揭日月而行、語見達生篇。故不免也。昔吾聞之、大成之人曰、自伐者無功、語見老子。功成者墮、許規反。名成者虧。孰能去功與名、而還與眾人。奚侗曰、當依管子白心、作孰能去名與功、而還與眾人同。道流而不明居。得行而不名處。呂惠卿曰、明居連讀。得、即德。奚侗曰、名與明同。謂道德流行、而不顯然處之。純純常常、乃比於狂。削迹捐勢、不為功名。是故無責於人、人亦無責焉。至人不聞、語見秋水篇、至作道。子何喜哉。宣穎曰、何喜於自見以招禍。孔子曰、善哉。辭其交遊、去其弟子、逃於大澤。衣裘褐、食杼食汝反。栗。入獸不亂群、入鳥不亂行。鳥獸不惡、而況人乎。

孔子問子桑雽音戶。曰、李頤曰、桑姓、雽其名。俞樾曰、疑即大宗師之子桑戶。吾再逐於魯、伐樹於宋、削迹於衛、窮於商周、圍於陳蔡之閒。語又見天運。吾犯此數患、親交益疏、徒友益散、何與。子桑雱曰、子獨不聞假人之亡與。[李頤曰、假、國名。]林回棄千金之璧、負赤子而趨。[司馬彪曰、林回、殷之逃民姓名。吳汝綸曰、據司馬注、則假當為殷字之誤也。]或曰、為其布與、[陸德明曰、布謂貨財。武延緒曰、布、施也。]赤子之布寡矣。為其累與、赤子之累多矣。棄千金之璧、負赤子而趨、何也。林回曰、彼以利合、此以天屬也。夫以利合者、迫窮禍患害相棄也。以天屬者、迫窮禍患害相收也。夫相收之與相棄、亦遠矣。且君子之交淡若水。小人之交甘若醴。君子淡以親。小人甘以絕。彼無故以合者、則無故以離。孔子曰、敬聞命矣。徐行翔佯而歸。絕學捐書。弟子無挹於前、[宣穎曰、無可挹取。]其愛益加進。異日、桑雱又曰、舜之將死、真泠禹曰、[方苞曰、真泠、當為遺令之訛。王引之曰、真司馬本作直、直當為卤、籀文乃字、形似訛。直又訛作真。真泠禹、當為乃命禹也。]汝戒之哉。形莫若緣。情莫若率。緣則不離。率則不勞。[成玄英曰、緣、順也。形必順物、情必率中。]不離不勞、則不求文以待形。[郭象曰、任朴而直前也。]不求文以待形、固不待物。

莊子衣大布而補之、正緳[賢節反。]係履而過魏王。[司馬彪曰、緳、帶也。魏王、惠王也。郭嵩燾曰、說文、絜、麻一端也。與緳通。履無絇、整齊麻之一端以係之、故曰憊。]魏王曰、何先生之憊邪。莊子曰、貧也、非憊也。士有道德不能行、憊也。衣敝履穿、貧也、非憊也。此所謂非遭時也。王獨不見夫騰猿乎。其得柟梓豫章也、攬蔓其枝、而王往況反。長丁亮反。其間。林希逸曰、王長、言其志盛意得。雖羿逢蒙不能眄睨也。及其得柘棘枳枸之閒也、危行側視、振動悼慄。此筋骨非有加急而不柔也。處勢不便、王念孫曰、古者謂所居之地曰處勢、或曰勢居。未足以逞其能也。今處昏上亂相之閒、而欲無憊、奚可得邪。此比干之見剖心徵也夫。宣穎曰、比干受害、其已驗也。吳汝綸曰、剖字蓋衍。釋文出見心二字。梅曾亮曰、莊周屈原司馬遷、皆不得志於時者之所為也。皆怨悱之書也。然而莊周之怨悱也隱矣。林雲銘曰、襲原憲貧憊之論、套談。

孔子窮於陳蔡之閒、七日不火食、左據槁木、右擊槁枝、而歌猋必遙反。氏之風。陸德明曰、猋氏、古之無為帝王也。王先謙曰、猋氏即焱氏、已見天運篇。有其具而無其數、林希逸曰、無其數、無節奏也。有其聲而無宮角。宣穎曰、有歌聲而無音律。木聲與人聲、犁然有當於人之心。焦竑曰、犁然、如犁田者、其土釋然也。奚侗曰、犁、比也。言木聲人聲相比次。顏回端拱還目而窺之。仲尼恐其廣己而造大也、愛己而造哀也。馬其昶曰、達則自放、拘則自苦、皆己為累也。歌者其誰乎、言無我相也。曰、回、無受天損易。郭象曰、惟安之故易。無受人益難。郭象曰、物之儻來、不可禁禦。無始而非卒也。郭象曰、於今為始者、於昨為卒、言變化之無窮。人與天、一也。郭象曰、皆自然。夫今之歌者其誰乎。回曰、敢問無受天損易。仲尼曰、飢渴寒暑窮桎不行、天地之行也。運物之泄也。運物、陳碧虛闕誤引江南古藏本作運化。章炳麟曰、運借為員。員物、猶言品物。司馬彪曰、泄、發也。郭象曰、不可逃也。奚侗曰、言天地運物、息息遷謝、不暫止也。言與之偕逝之謂也。郭象曰、所謂不識不知、而順帝之則也。為人臣者、不敢去之。宣穎曰、臣受君命、理不敢逃。執臣之道猶若是、而況乎所以待天乎。何謂無受人益難。仲尼曰、始用四達、王敔曰、一試用而即通顯。爵祿竝至而不窮、物之所利、乃非己也。吾命有在外者也。穆按：必彼自見有利、故加名位於我、非於我誠有利也。是我有命、制之在外也。此命指窮通言。君子不為盜、賢人不為竊、吾若取之何哉。馬其昶曰、此即孟子求在外之旨。凡取外物之利以為己益者、皆盜竊之行也。故曰、鳥莫知於鷾音意鴯。音而。陸德明曰、或云、鷾鴯、燕也。目之所不宜處、不給視。雖落其實、棄之而走。嚴復曰、色斯舉矣。馬其昶曰、此言鳥之畏人、但覺不宜、不待再視、已棄實而走也。其畏人也、而襲諸人間、社稷存焉爾。宣穎曰、襲、入也。入巢人室、託居在此耳。非有所貪也。郭嵩燾曰、有土而因有社、有田而因有稷、鳥亦有其居、亦有所養。何謂無始而非卒。仲尼曰、化其萬物、而不知其禪之者、焉知其所終、焉知其所始。正而待之而已耳。胡遠濬曰、此即孟子夭壽不貳、修身以俟、所以立命之旨。何謂人與天一邪。仲尼曰、有人、天也。有天、亦天也。宣穎曰、人與天、皆天為之。人之不能有天、性也。穆按：人所不能有之天、則為性分所限也。聖人晏然體逝而終矣。郭象曰、晏然無矜、而體與變俱也。馬其昶曰、聖人體逝、純亦不已也。

莊周游乎雕陵之樊。覩一異鵲、自南方來者。翼廣七尺、目大運寸。王念孫曰、廣為橫、運為從。運寸、猶徑寸。國語注、東西為廣、南北為運。感周之顙、而集於栗林。李頤曰、感、觸也。莊周曰、此何鳥哉。翼殷不逝、司馬彪曰、殷、大也。王敔曰、不逝、不遠飛。目大不覩。蹇裳躩驅碧反。步、執彈而留之。司馬彪曰、躩、疾行也。留、宿留、伺其便也。王念孫曰、蹇搴通。覩一蟬、方得美蔭、而忘其身。螳蜋執翳而搏之、王先謙曰、據葉自翳。見得而忘其形。異鵲從而利之、見利而忘其真。司馬彪曰、真、身也。莊周怵然曰、噫、物固相累、郭象曰、相為利者恆相為累。二類相召也。捐彈而反走、虞人逐而誶之。郭象曰、誶問之也。司馬彪曰、以周為盜栗也。莊周反入、三日不庭。王念孫曰、釋文、三月一本作三日。下文言頃間、則三日是也。庭當讀為逞。不逞、不快也。吳汝綸曰、庭讀為廷、平也。藺且從而問之、司馬彪曰、藺且、莊子弟子。夫子何為頃間甚不庭乎。莊周曰、吾守形而忘身。觀於濁水、而迷於清淵。且吾聞諸夫子曰、成玄英曰、夫子為老聃。穆按：莊周未嘗師老聃、此亦或晚出之證也。入其俗、從其俗。今吾游於雕陵、而忘吾身。異鵲感吾顙、游於栗林而忘真。栗林虞人以吾為戮、吾所以不庭也。郭象曰、以見問為戮。

陽子之宋、司馬彪曰、陽子、陽朱也。王先謙曰、此據寓言篇引列子。宿於逆旅。逆旅人有妾二人、其一人美、其一人惡。惡者貴而美者賤。陽子問其故。逆旅小子對曰、其美者自美、吾不知其美也。其

田子方

外篇之十四。陸長庚曰、與內篇大宗師參看。姚鼐曰、與德充符同旨。

田子方侍坐於魏文侯、李頤曰、田子方、魏文侯師、名無擇。韓愈曰、子夏之學、其後有田子方。子方之後、流而為莊周。故周之書、喜稱子方之為人。數稱谿工。文侯曰、谿工、子之師邪。子方曰、非也。無擇之里人也。稱道數當、故無擇稱之。文侯曰、然、則子無師邪。子方曰、有。曰、子之師、誰邪。子方曰、東郭順子。文侯曰、然、則夫子何故未嘗稱之。子方曰、其為人也、真。人貌而天虛。俞樾曰、淮南注、虛、心也。人貌天虛、相對成義。緣而葆真、成玄英曰、緣、順也。清而容物。物無道、正容以悟之、使人之意也消。無擇何足以稱之。子方出。文侯儻然、終日不言。召前立臣而語之曰、遠矣、全德之君子。始吾夫子趨亦趨也、夫子辯亦辯也。夫子馳亦馳也、夫子言道、回亦言道也。及奔逸絕塵、而回瞠若乎後者、夫子不言而信、不比而周、無器而民滔乎前、陸長庚曰、無名與位、而民自歸之。章炳麟曰、滔借為舀。說文、舀、抒臼也。抒、挹也。山木篇、弟子無挹於前。舀乎前、即挹於前也。無器而民舀乎前、與上說不言而信、不比而周同意。而不知所以然而已矣。仲尼曰、惡可不察與。夫哀莫大於心死、章炳麟曰、心體常在、本無滅期。而心相波流、可得變壞。知見漂失、不可守司。聰明復廢為聾盲、睿博且易以頑鄙。雖九流上哲之士、能無惻然不怡乎。而人死亦次之。日出東方、而入於西極、萬物莫不比方。宣穎曰、從日為方向。有目有趾者、待是而後成功。郭象曰、目成見功、足成行功。是出則存。是入則亡。王先謙曰、日出則有世事、日入則無世事。萬物亦然。姚鼐曰、萬物亦各自有其日也。有待也而死、有待也而生。吾一受其成形、而不化以待盡。王先謙曰、語又見齊物論。穆按：化當據齊物論作亡。效物而動。宣穎曰、效、猶感也。日夜無隙、而不知其所終。薰然其成形、王敔曰、薰然、叢生貌。知命不能規乎其前。宣穎曰、雖知命者不能豫規乎其前。丘以是日徂。郭象曰、與變俱往。吾終身與女交一臂而失之。郭象曰、變化不可執而留也。故雖執臂相守、而不能令停。王先謙曰、雖吾汝終身相與、不啻把一臂而失之、言其暫也。可不哀與。女殆著乎吾所以著也。郭象曰、著、見也。馬其昶曰、步趨言道、莫非化機之所著、不可執相以求之也。彼已盡矣。而女求之以為有、是求馬於唐肆也。朱駿聲曰、唐、空也。吾服女也甚忘。女服吾也亦甚忘。郭象曰、服、思存之謂。甚忘、謂過去之速也。雖然、女奚患焉。雖忘乎故吾、吾有不忘者存。嚴復曰、知此、則芻狗不至於復陳、而蘧廬何取於再宿。而是中有不忘者、又不可不察也。

孔子見老聃。老聃新沐、方將被髮而乾、慹然似非人。朱駿聲曰、慹段為蟄。奚侗曰、慹借作槷。司馬彪曰、慹、不動貌。孔子便而待之。章炳麟曰、便借為屏、便屏一聲之轉。說文、屏、屏蔽也。老聃方被髮、不可直入相見、故屏隱而待之。少焉、見曰、丘也眩與、其信然與。向者先生形體掘若槁木、王先謙曰、掘同倔。奚侗曰、掘借作柮、與杌同。陸機文賦、兀若枯木。似遺物離人而立於獨也。老聃曰、吾游於物之初。孔子曰、何謂邪。曰、心困焉而不能知、口辟焉而不能言、司馬彪曰、辟、卷不開也。嘗為女議乎其將。高駿烈曰、呂覽注、將、主也。言議乎其宗主也。章炳麟曰、將𤖯聲義通、粗略也。猶知北遊篇云、將為女言其崖略耳。至陰肅肅。至陽赫赫。肅肅出乎天。赫赫發乎地。宣穎曰、陰陽互為其根也。兩者交通成和而物生焉。或為之紀、王先謙曰、孰維綱是。而莫見其形。消息滿虛、一晦一明。日改月化。日有所為、武延緒曰，此四字疑舊注誤入正文。而莫見其功。生有所乎萌。死有所乎歸。陶鴻慶曰、此二句傳寫誤倒。萌與明功窮宗為韻。始終相反乎無端、而莫知乎其所窮。郭象曰、所謂迎之不見其首、隨之不見其後。非是也、且孰為之宗。孔子曰、請問游是。老聃曰、夫得是、至美至樂也。得至美而游乎至樂、謂之至人。孔子曰、願聞其方。曰、草食之獸、不疾易藪。水生之蟲、不疾易水。成玄英曰、疾、患也。易、移也。行小變而不失其大常也。郭象曰、死生、亦小變也。

喜怒哀樂不入於胸次。李頤曰、次、中也。夫天下也者、萬物之所一也。成玄英曰、天地萬物、其體不二。達斯趣者、故能混同。得其所一而同焉、則四支百體、將為塵垢。而死生終始、將為晝夜。而莫之能滑。而況得喪禍福之所介乎。宣穎曰、介、際也。棄隸者若棄泥塗、知身貴於隸也。貴在於我、而不失於變、且萬化而未始有極也。語又見大宗師。夫孰足以患心。已為道者解乎此。孔子曰、夫子德配天地、而猶假至言以修心。古之君子、孰能脫焉。老聃曰、不然。夫水之於汋也、音灼。馬其昶曰、釋名、汋、澤也。有潤澤也。無為而才自然矣。至人之於德也、不修而物不能離焉。若天之自高、地之自厚、日月之自明、夫何修焉。孔子出、以告顏回曰、丘之於道也、其猶醯雞與。郭象曰、醯雞、甕中之蠛蠓也。微夫子之發吾覆也、吾不知天地之大全也。陸長庚曰、發覆、謂啟幕。穆按：揭甕蓋也。

莊子見魯哀公。司馬彪曰、莊子與魏惠王齊威王同時、在哀公後百二十年。成玄英曰、蓋寓言。穆按：此等皆晚出之證。哀公曰、魯多儒士、少為先生方者。莊子曰、魯少儒。哀公曰、舉魯國而儒服、何謂少乎。莊子曰、周聞之、儒者冠圜音圓冠者、知天時。履句屨者、知地形。李頤曰、句、方也。緩佩玦者、事至而斷。成玄英曰、緩者、五色條繩、穿玉玦以飾佩也。玦、決也。君子有其道者、未必為其服也。為其服者、未必知其道也。公固以為不然、何不號於國中曰、陸德明曰、號、號令也。無此道而為此服者、其罪死。於是哀公號之、五日、而魯國無敢儒服者。獨有一丈夫、儒服而立乎公門。公即召而問以國事、千轉萬變而不窮。莊子曰、以魯國而儒者一人耳、成玄英曰、一人謂孔子。可謂多乎。林雲銘曰、細味文氣、非莊叟筆。林獻齋何必以年世相違而疑乎。嚴復曰、以下皆淺沓語。

百里奚爵祿不入於心、故飯牛而牛肥。使秦穆公忘其賤、與之政也。有虞氏死生不入於心、王先謙曰、完廩浚井是也。故足以動人。宣穎曰、成邑成都、師錫帝禪。宋元君將畫圖、眾史皆至、受揖而立、司馬彪曰、受命、揖而立。舐食紙反。筆和墨、在外者半。有一史後至者、儃儃然不趨、方以智曰、儃儃、猶坦坦。李頤曰、舒閒之貌。受揖不立。因之舍、公使人視之、則解衣般礴羸。司馬彪曰、般礴、謂箕坐也。將畫、故解衣見形。君曰、可矣。是真畫者也。郭象曰、內足者、神閒而意定。

文王觀於臧、見一丈夫釣、羅勉道曰、此依傍呂望事。陸長庚曰、臧丈人即太公望。而其釣莫釣。王念孫曰、其釣、非持其釣、皆指鉤而言。古人謂鉤為釣也。非持其釣有釣者也、常釣也。文王欲舉而授之政、而恐大臣父兄之弗安也。欲終而釋之、而不忍百姓之無天也。於是旦而屬之大夫曰、昔者、寡人夢見良人、黑色而頓、而占反。乘駁馬而偏朱蹄。李頤曰、一蹄偏赤也。號曰、寓而政於臧丈人、庶幾乎民有瘳乎。諸大夫蹵然曰、先君王也。俞樾曰、先君下奪命字。文王曰、然則卜之。諸大夫曰、先君之命、王其無它、又何卜焉。遂迎臧丈人而授之政。典法無更、偏令無出。王敔曰、不特出一令。王叔岷曰、唐寫本作篇令。三年、文王觀於國、則列士壞植散群。俞樾曰、左傳華元為植注、植、主也。列士必先有主、而後得有徒眾。長官者不成德。陸長庚曰、不居功也。斔音庾。斛不敢入於四竟。李頤曰、六斛四斗曰斔。列士壞植散群、則尚同也。長官者不成德、則同務也。斔斛不敢入於四竟、則諸侯無二心也。郭象曰、天下相信、故能同律度量衡。文王於是焉以為大師、北面而問曰、政可以及天下乎。臧丈人昧然而不應、泛然而辭。朝令而夜遁、終身無聞。馬其昶曰、此蓋寓言尚父造周、實無天下於其心也。

顏淵問於仲尼曰、文王其猶未邪、又何以夢為乎。仲尼曰、默、女無言。夫文王盡之也、而又何論刺焉。彼直以循斯須也。成玄英曰、斯須猶須臾。王敔曰、且以動一時之人情。林雲銘曰、非南華手筆。

列御寇為伯昏無人射、引之盈貫、措杯水其肘上。朱駿聲曰、貫借為彎。史記伍子胥傳、貫弓執矢嚮使者。郭象曰、右手放發而左不知、故可措之杯水。發之、適矢復沓、方矢復寓。宣穎曰、一矢適去、二矢已復在沓。沓以朱韋為之、所以韜指、利於放弦也。馬敘倫曰、沓借為韘。說文、韘、射決也。所以拘弦。郭象曰、箭方去、未至的、復寄杯於肘上。宣穎曰、二矢方去、三矢又已寄弦。當是時、猶象人也。成玄英曰、象人、木偶也。伯昏無人曰、是射之射、非不射之射也。嘗與汝登高山、履危石、臨百仞之淵、若能射乎。於是無人遂登高山、履危石、臨百仞之淵、背逡巡、足二分垂在外。（宣穎曰、背臨深淵、逡巡後退、足以三分計、二分垂在虛空。）揖御寇而進之。御寇伏地、汗流至踵。伯昏無人曰、夫至人者、上闚青天、下潛黃泉。揮斥八極、（郭象曰、揮斥、猶放縱。）神氣不變。今女怵然有恂目之志、（陸德明曰、恂、謂眩也。李本作眴。）爾於中也殆矣夫。（郭象曰、有懼則所喪多矣。）

肩吾問於孫叔敖曰、子三為令尹、而不榮華。三去之、而無憂色。吾始也疑子、今視子之鼻間、栩栩然。（成玄英曰、栩栩、歡暢貌。）子之用心獨奈何。孫叔敖曰、吾何以過人哉。吾以其來不可卻也。其去不可止也。吾以為得失之非我也、而無憂色而已矣。我何以過人哉。且不知其在彼乎、其在我乎。其在彼邪、亡乎我。在我邪、亡乎彼。（林希逸曰、可貴在令尹、則與我無與。在我、則與令尹無與。）方將躊躇、方將四顧、（王先謙曰、養生主亦云、為之四顧、為之躊躇滿志。）何暇至乎人貴人賤哉。仲尼聞之、曰、古之真人、知者不得說。美人不得濫。（姚永概曰、淮南美者不能濫也。注、濫、覦也。）盜人不得劫。伏戲黃帝不得友。死生亦大矣、而無變乎己、況爵祿乎。若然者、其神經乎大山而無介。（成玄英曰、介、礙也。）

入乎淵泉而不濡。處卑細而不憊、阮毓崧曰、此係上不濡句古注、誤入正文。充滿天地、既以與人己愈有。語又見老子。

楚王與凡君坐。司馬彪曰、凡、國名、在汲郡共縣。陸德明曰、凡、周公之後也。成玄英曰、楚文王共凡僖侯同坐。少焉、楚王左右曰凡亡者三。郭象曰、言有三亡徵也。俞樾曰、左右言凡亡者三人。凡君曰、凡之亡也、不足以喪吾存。夫凡之亡、不足以喪吾存。則楚之存、不足以存存。由是觀之，則凡未始亡、而楚未始存也。

知北遊

外篇之十五。王夫之曰、此篇衍自然之旨。其說亦自大宗師來。姚鼐曰、與大宗師同旨。

知北遊於玄水之上、登隱弅符云反。之丘、而適遭無為謂焉。方以智曰、弅通湓、謂滿起也。知謂無為謂曰、予欲有問乎若。何思何慮則知道。何處何服則安道。何從何道則得道。三問而無為謂不答也。非不答、不知答也。知不得問、反於白水之南、登狐闋之上、而睹狂屈焉。李頤曰、狐闋、丘名。知以之言也問乎狂屈。狂屈曰、唉、哀在反。王念孫曰、唉與欸同。予知之。將語若、中欲言而忘其所欲言。知不得問、反於帝宮、見黃帝而問焉。黃帝曰、無思無慮始知道。無處無服始安道。無從無道始得道。知問黃帝曰、我與若知之、彼與彼不知也。其孰是邪。黃帝曰、彼無為謂真是也。狂屈似之。王夫之曰、此釋氏所謂相分滅、而見分未滅也。我與汝終不近也。夫知者不言、言者不知。故聖人行不言之教。三語見老子。陸長庚曰、分明是莊子撰出故事、以為此三言之疏義。道不可致。郭象曰、道在自然、非可言致。德不可至。仁可為也。義可虧也。禮相偽也。故曰、失道而後德、失德而後仁、失仁而後義、失義而後禮。禮者、道之華而亂之首也。五語見老子。故曰、為道者日損。郭象曰、損華偽也。損之又損之、以至於無為。無為而無不為也。三語見老子。郭象曰、華去而朴全。則雖為而非為也。今已為物也、宣穎曰、樸散為器。欲復歸根、不亦難乎。其易也、其唯大人乎。生也死之徒、死也生之始。孰知其紀。人之生、氣之聚也。聚則為生、散則為死。嚴復曰、精言之、人之生也、其質常聚、其力常散。死則反是。若死生為徒、吾又何患。故萬物、一也。是其所美者為神奇、其所惡者為臭腐。臭腐復化為神奇、神奇復化為臭腐。嚴復曰、所謂能移。故曰通天下一氣耳。嚴復曰、古所謂氣、今所謂力。今世科學家又謂之一氣常住。聖人故貴一。知謂黃帝曰、吾問無為謂、無為謂不應我。非不應我、不知應我也。吾問狂屈、狂屈中欲告我、而不我告。非不我告、中欲告而忘之也。今予問乎若、若知之、奚故不近。黃帝曰、彼其真是也、以其不知也。此其似之也、以其忘之也。予與若終不近也、以其知之也。狂屈聞之、以黃帝為知言。宣穎曰、無為謂終於無言。

天地有大美而不言。四時有明法而不議。萬物有成理而不說。林雲銘曰、論語、天何言哉。四時行焉。百物生焉。聖人者、原天地之美、穆按：天道篇云原省、此與同義。而達萬物之理。是故、至人無為、大聖不作、觀於天地之謂也。今奚侗曰、今當從劉得一本作合。彼神明至精、與彼百化、物已死生方圓、莫知其根也。扁然舊注、扁同翩。而萬物自古以固存。語見大宗師。六合為巨、未離其內。秋豪為小、待之成體。天下莫不沈浮、終身不故。嚴復曰、不生不滅、不增不減、不垢不淨。其未嘗故、以其未嘗新。陰陽四時、運行各得其序。惛然若亡而存。油然不形而神。萬物畜而不知。此之謂本根。可以觀於天矣。

齧缺問道乎被音披衣。被衣曰、若正汝形、一汝視、天和將至。攝汝知、一汝度、俞樾曰、淮南道德篇文子道原篇並作正汝度。度、猶形也。神將來舍。德將為汝美。道將為汝居。汝瞳焉如新生之犢、而無求其故。李頤曰、瞳、未有知貌。王叔岷曰、釋文瞳、郭菟絳反、讀與惷近。淮南道應訓正作惷。說文、惷、愚也。陸長庚曰、老氏所謂如嬰兒之未孩。言未卒、齧缺睡寐。吳汝綸曰、睡寐、淮南道應作讎夷。高注、熟視不言貌。被衣大說、行歌而去之、曰、形若槁骸。心若死灰。真其實知、劉文典曰、淮南道應作真實不知。不以故自持。郭象曰、與變俱也。媒媒晦晦、宣穎曰、媒同昧。無心而不可與謀。彼何人哉。

舜問乎丞李頤曰、古有四輔、前疑後丞。蓋官名。穆按：此等皆證其晚出。曰、道可得而有乎。曰、汝身非汝有也、汝何得有夫道。舜曰、吾身非吾有也、孰有之哉。曰、是天地之委形也。司馬彪曰、委、積也。俞樾曰、齊策高注、委、付也。左成二年傳杜注、委、屬也。此謂天地所付屬。生非汝有、是天地之委和也。性命非汝有、是天地之委順也。孫子非汝有、是天地之委蛻始銳反。也。王敔曰、形之相禪。故行不知所往。處不知所持。食不知所味。天地之彊陽氣也、郭象曰、彊陽、猶運動。陸長庚曰、彊陽、即健動之義。穆按：此即易之乾元義也。又胡可得而有邪。

孔子問於老聃曰、今日晏閒、敢問至道。老聃曰、汝齊戒疏瀹音藥而心、成玄英曰、疏瀹、猶洒濯也。澡雪而精神、掊擊而知。夫道、窅烏了反。然難言哉。將為汝言其崖略。夫昭昭生於冥冥。有倫生於無形。精神生於道。形本生於精。陸長庚曰、精神之精、即道家所謂先天之精、清通而無象者也。形本之精、即易繫所謂男女媾精之精、有氣而有質者也。而萬物以形相生。故九竅者胎生。王先謙曰、人獸。八竅者卵生。王先謙曰、禽魚。其來無迹、其往無崖。無門無房、宣穎曰、無門不知所出、無房不知所歸。四達之皇皇也。章炳麟曰、漢書胡建傳、列坐堂皇上。師古曰、室無四壁曰皇。宣穎曰、大通溥博。邀於此者、俞樾曰、說文、徼、循也、即今邀字。四枝彊。奚侗曰、墨子公孟篇、身體強良、思慮徇通。此文彊下疑奪良字。武延緒曰、據文子原道篇、者下疑有五藏寧三字。思慮恂達。洪頤煊曰、徇恂通。嚴復曰、史記、生而徇齊。耳目聰明。其用心不勞。其應物無方。天不得不高。地不得不廣。日月不得不行。萬物不得不昌。此其道與。且夫博之不必知、辯之不必慧、聖人以斷之矣。舊注、以同已。郭象曰、斷棄知慧、而付之自然。成玄英曰、老子言善者不辯、辯者不善。知者不博、博者不知。若夫益之而不加益、損之而不加損者、聖人之所保也。淵淵乎其若海。魏魏魚威反。乎其終則復始也。運量萬物而不匱、王叔岷曰、陳碧虛闕誤匱作遺、義較長。匱字疑涉下文而誤。于省吾曰、易繫傳曲成萬物而不遺、語例同。則君子之道、彼其外與。萬物皆往資焉而不匱、此其道與。蘇輿曰、運量猶有治化之迹、故曰外。萬物往資、猶易資生資始之資。此天地自然之功也、故曰道。姚鼐曰、老子辭止此。中國有人焉、穆按：秋水篇、中國之在海內、號物之數謂之萬、人處一焉。故曰、中國有人也。非陰非陽、劉咸炘曰、即禮運所謂陰陽之交。處於天地之閒。直且為人、穆按：直、特也。且、暫。將反於宗。劉咸炘曰、即田子方篇、至陰至陽、交通成和、非是孰為之宗也。陸長庚曰、即下所謂宗、推原物之初而言。自本觀之、生者、喑音飲醷音意物也。李頤曰、喑醷、聚氣貌。羅勉道曰、禮記注、醷、梅漿也。喑、久醞之也。漿雖久醞、能得幾時。雖有壽夭、相去幾何。須臾之說也。奚足以為堯桀之是非。果蓏力果反。有理、人倫雖難、所以相齒。王引之曰、所、猶可也。穆按：此言果蓏之微、亦有自然之文理。人之有倫、其理雖難盡、亦所以使群居相齒之道也。似不必改字。聖人遭之而不違。過之而不守。調而應之、德也。偶而應之、道也。陸長庚曰、調和善處、為之而有以為也。偶而應之、無心為之者也。帝之所興、王之所起也。穆按：帝王之道、皆起於人倫。人生天地之閒、若白駒之過郤、本亦作隙。忽然而已。注然勃然、莫不出焉。油然漻音流然、莫不入焉。郭象曰、出入者、變化之謂。已化而生、又化而死。生物哀之、人類悲之。解其天弢、敕刀反。陸德明曰、字林、弢、弓衣也。墮其天袠。陳筆反。馬其昶曰、說文、袠、書衣也。紛乎宛乎、吳汝綸曰、紛乎宛乎下、郭注變化絪緼四字、疑為正文。緼與宛為韻。魂魄將往、乃身從之、乃大歸乎。不形之形、形之不形、胡遠濬曰、生者散之聚、不形之形也。死者聚之散、形之不形也。是人之所同知也、非將至之所務也。馬其昶曰、將至猶言造極。儀禮將命注、將、猶致也。此眾人之所同論也。胡遠濬曰、生死人所同知、然明道者推極其至、無形不形之別。彼至則不論、論則不至。明見無值、郭象曰、闇至乃值。陸長庚曰、若使相遇而後見、猶有二也。故曰明見無值。穆按：證之末章所云、知遇而不知所不遇、則陸說是也。辯不若默。道不可聞、聞不若塞。此之謂大得。

東郭子問於莊子曰、所謂道、惡乎在。莊子曰、無所不在。東郭子曰、期而後可。郭象曰、欲令指名所在。莊子曰、在螻蟻。曰、何其下邪。曰、在稊稗。曰、何其愈下邪。曰、在瓦甓。步歷反。曰、何其愈甚邪。曰、在屎尸旨反。溺。東郭子不應。莊子曰、夫子之問也、固不及質。羅勉道曰、質、本也。言所問泛然、不及於本。嚴復曰、質者、所期之地。漢書、至質而還。成玄英曰、質、實也。固答子之問、猶未逮真也。正獲之問於監市履狶也、每下愈況。郭象曰、監市之履豕、愈履其難肥之處、愈知豕肥之要。今問道之所在、而每況之於下賤、則明道之不逃於物也必矣。羅勉道曰、儀禮有司正司獲、正獲與監市雖異職、而同為飲射之事、故問之。吳汝綸曰、據郭注、則正文當作每況愈下。汝唯莫必、無乎逃物。姚永概曰、汝唯八字為句。穆按：上文期而後可、即必也。東郭子必欲指名道之所在、而不知道之無逃乎物也。至道若是。大言亦然。周徧咸三者、異名同實、其指一也。穆按：道不外物、無所不在、故曰在螻蟻稊稗瓦甓屎溺。猶曰周遍咸、亦無所不在。故老子曰道大。今愈指其小、則愈見其大耳。嘗相與游乎無何有之宮。同合而論、無所終窮乎。郭象曰、若游有則不能周遍咸也。故同合而論之、然後知道之無不在。然後能曠然無懷、而遊彼無窮也。嘗相與無為乎。澹而靜乎。漠而清乎。郭慶藩曰、漠、亦清也。調而閒乎。郭象曰、此皆無為故也。寥已吾志、無往焉而不知其所至。去而來、不知其所止。吾已往來焉、而不知其所終。彷徨乎馮閎。郭象曰、馮閎、虛廓之謂。大知入焉、而不知其所窮。郭象曰、大知游乎寥廓、恣變化之所如、故不知也。物物者、與物無際。而物有際者、所謂物際者也。不際之際、際之不際者也。劉咸炘曰、道之在物、與物相盈、故無際。物則相分有際。然分亦是道、道有分而無分、故不際之際、際之不際。物之盈虛衰殺而道為之、而道本身之盈虛衰殺也。胡遠濬曰、物、器也。物物者、道也。道非物而不離物、故與物無際。老氏謂無有二者、同出而異名。釋氏謂空即是色、色即是空、皆此旨。謂盈虛衰殺。馬其昶曰、盈虛衰殺、際也。彼為盈虛非盈虛、彼為衰殺非衰殺。胡遠濬曰、衰疑裒字之訛。裒、聚也。裒殺、猶言益損。彼為本末非本末、彼為積散非積散也。呂惠卿曰、盈虛、物也。為盈虛者、道也。

婀於河反。荷甘與神農同學於老龍吉。神農隱几闔戶晝瞑、婀荷甘日中奓處野反。戶而入。司馬彪曰、奓、開也。曰、老龍死矣。神農隱几擁杖而起。俞樾曰、隱几字涉上文而衍。嚗音剝。然放杖而笑。李頤曰、嚗然、放杖聲。馬敘倫曰、笑疑哭字譌。曰、天知予僻陋慢訑、音但。章炳麟曰、慢、借為謾。說文、謾詑皆訓欺。訑即詑之今字。王叔岷曰、卷子本玉篇引作謾誕。謾誕疊韻字。故棄予而死已矣夫。子無所發予之狂言而死矣夫。馬敘倫曰、予字依下文藏其狂言而死、宜作子字。弇音奄。堈音剛。弔聞之、曰、李頤曰、弇堈、體道人。弔、其名。夫體道者、天下之君子所繫焉。郭象曰、言體道者、人之宗主。今於道、秋豪之端、萬分未得處一焉、郭象曰、秋毫之端細矣、又未得其萬分之一。而猶知藏其狂言而死。穆按：此指老龍吉。又況夫體道者乎。視之無形、聽之無聲、於人之論者、謂之冥。句。冥所以論道、而非道也。王弼曰、玄者冥也。

於是泰清問乎無窮曰、子知道乎。姚鼐曰、佛經以於是起、豈效此乎。穆按：舊在此處分章、非是。無窮曰、吾不知。又問乎無為。無為曰、吾知道。曰、子之知道、亦有數乎。曰、有。曰、其數若何。無為曰、吾知道之可以貴、可以賤、可以約、可以散。此吾所以知道之數也。泰清以之言也問乎無始、曰、若是則無窮之弗知、與無為之知、孰是而孰非乎。無始曰、不知、深矣。知之、淺矣。弗知、內矣。知之、外矣。於是泰清中崔本作卬。武延緒曰、中即卬之譌。而歎曰、弗知乃知乎。知乃不知乎。孰知不知之知。奚侗曰、淮南道應訓作孰知知之為弗知、弗知之為知邪。此文奪一句。無始曰、道不可聞、聞而非也。道不可見、見而非也。道不可言、言而非也。知形形之不形乎。道不當名。無始曰、有問道而應之者、不知道也。雖問道者、亦未聞道。王先謙曰、應者固非、問者亦未是。道無問。問無應。郭象曰、絕學去教、而歸於自然之意也。無問問之、是問窮也。章炳麟曰、窮借為空。無應應之、是無內也。王先謙曰、無可應而強應、是徇外也、故曰無內。以無內待問窮、若是者、外不觀乎宇宙、內不知乎大初。是以不過乎崑崙、不游乎太虛。王敔曰、崑崙、地之極高處。過乎崑崙、則太虛矣。宣穎曰、塵見未超、以有物相隔也。

光曜問乎無有曰、夫子有乎、其無有乎。俞樾曰、淮南道應訓此句上有無有弗應也五字、此脫、則義不備。阮毓崧曰、無是五字、正合無有之名。光曜不得問、而孰視其狀貌。舊注、孰、同熟。窅然空然、終日視之而不見、聽之而不聞、搏之而不得也。老子曰、視之不見名曰夷。聽之不聞名曰希。搏之不得名曰微。光曜曰、至矣、其孰能至此乎。予能有無矣、而未能無無也。宣穎曰、有耀無質、未能若竟無之為愈也。及為無有矣、劉文典曰、當從淮南俶真道應作無無。何從至此哉。郭象曰、此皆絕學之意也。

大馬之捶鉤者、孫詒讓曰、淮南作大司馬。許注云、捶、鍛擊也。鉤、釣鉤也。年八十矣、而不失豪芒。王叔岷曰、唐寫本作鉤芒、淮南道應同。

大馬曰、子巧與、有道與。曰、臣有守也。王念孫曰、守與道通。古讀道若守。達生篇、子巧乎、有道邪、曰我有道也、是其證。臣之年二十、而好捶鉤。於物無視也。非鉤無察也。蘇輿曰、此即不以萬物易蜩翼之旨。是用之者、假不用者也。以長得其用。而況乎無不用者乎。物孰不資焉。陸長庚曰、用者、技也。不用者、神也。神則無所不用。穆按：無不用者指道。

冉求問於仲尼曰、未有天地可知邪。仲尼曰、可。古猶今也。郭象曰、天地常存、乃無未有之時。林疑獨曰、未有天地之前、以既有天地之後推之、則可知矣。荀子云、百王之道、後王是也。千載之前、今日是也。冉求失問而退。明日復見、曰、昔者、吾問未有天地可知乎、夫子曰、可、古猶今也。昔日吾昭然、今日吾昧然。敢問何謂也。仲尼曰、昔之昭然也、神者先受之。今之昧然也、且又為不神者求邪。林疑獨曰、虛則神王、故昭然。聞言未悟、中心有物以礙之、而不神者來舍、故昧然。無古無今、無始無終、未有子孫而有子孫、可乎。郭象曰、言世世無極。曹受坤曰、釋文一本作未有子孫而有孫子、蓋以人事喻天地從無未有之時。猶人不得未有子所生之孫、而有孫所生之子也。冉求未對。仲尼曰、已矣、未應矣。馬其昶曰、教其勿應、斯神受也。不以生生死。郭象曰、夫死者獨化而死耳、非夫生者生此死也。不以死死生。郭象曰、生者亦獨化而生。陶鴻慶曰、句當作不以死生生。死生有待邪、皆有所一體。穆按：知死生之皆獨化而無待、則知死生之一體矣。此一體即化也。有先天地生者物邪。陶望齡曰、老子言有物混成、先天地生、此破其義。王先謙曰、者猶之。物物者非物、物出不得先物也。猶其有物也。猶其有物也無已。穆按：物之先仍物也、明其無所待而生。如是可推至無已。物之後仍物也、復可推至無已。明其無始無終、此體常存。聖人之愛人也、終無已者、亦乃取於是者也。穆按：中庸、詩云、維天之命、於穆不已、文王純亦不已、與此同旨。

顏淵問乎仲尼曰、回嘗聞諸夫子曰、無有所將。成玄英曰、將、送也。無有所迎。回敢問其游。奚侗曰、遊、借作由。仲尼曰、古之人、外化而內不化。馬其昶曰、文子云、內有一定之操、而外能屈伸、與物推移。今之人、內化而外不化。呂惠卿曰、古之人、外化則與物偕逝。內不化則有不亡者存。今之人、內化則其心與之然。外不化則規乎前而不日徂也。與物化者、一不化者也。郭象曰、常無心即一不化。穆按：中庸素位而行、即與物化。無入而不自得、即一不化也。安化安不化。安與之相靡、成玄英曰、靡、順也。必與之莫多。成玄英曰、雖與物相順、而亦各止其分。奚侗曰、多借為迻。言不與物轉迻也。劉咸炘曰、安如荀子書之案、於是也。必亦安之誤。狶韋氏之囿、黃帝之圃、有虞氏之宮、湯武之室。呂惠卿曰、曰囿曰圃曰宮曰室、蓋世益衰而遊之者益少、則其居益狹矣。韲則傷之甚者也。君子之人、若儒墨者師、故以是非相韲也、王敔曰、韲、揉也。穆按：此在宥篇所謂乃始臠卷傖囊而亂天下也。章炳麟曰、故與下今字對文。而況今之人乎。聖人處物不傷物。不傷物者、物亦不能傷也。唯無所傷者、為能與人相將迎。王叔岷曰、人、唐寫本作之、指物言。山林與、皋壤與、使我欣欣然而樂與。樂未畢也、哀又繼之。哀樂之來、吾不能禦。其去、弗能止。悲夫、世人直謂物逆旅耳。吳汝綸曰、謂猶為也。馬其昶曰、日本刊成玄英疏正作為。郭象曰、為哀樂所寄。夫知遇而不知所不遇。知能能而不能所不能。陶鴻慶曰、能能上不當有知字。穆按：敦煌古鈔本無知字。無知無能者、固人之所不免也。郭象曰、受生各有分也。夫務免乎人之所不免者、豈不亦悲哉。王敔曰、欲盡知之而盡能之、必不可得。至言去言。至為去為。陶光曰、列子黃帝說符、淮南道應、皆作至為無為。齊知之所知、王敔曰、有所知、因欲以槩天下。則淺矣。郭嵩燾曰、忘其所知、而知乃自適也。忘其所能、而能乃自適也。己且忘之、奚暇齊天下。焦竑曰、太上云、不言之教、無為之益、天下希及之。故以此終外篇之旨。

雜篇

陸長庚曰、雜篇章句、有長有短、疑莊子平生緒言、掇述於內外篇之後者。王夫之曰、雜者、博引而泛記之謂。故自庚桑楚寓言天下而外、每段自為一義、而不相屬。非若內篇之首尾一致。外篇文義雖相屬，而多浮蔓卑隘之說。雜篇語雖不純、而微至之語、較能發內篇未發之旨。學者取其精蘊、誠內篇之歸趣也。穆按：釋文敘錄、向秀注有內外篇、無雜篇。

庚桑楚

雜篇之一。朱子曰、庚桑楚篇全是禪。

老聃之役有庚桑楚者、司馬彪曰、役、學徒弟子也。楚名、庚桑姓。太史公書作亢桑。俞樾曰、列子仲尼篇亢倉子、張湛注、音庚桑。賈逵姓氏英覽云、吳郡有庚桑姓、稱為七族、然則庚桑子吳人與。偏得老聃之道、馬其昶曰、書馬融注、偏、少也。以北居畏壘之山。陶鴻慶曰、畏壘、犖确不平貌。管子輕重乙篇、山間堁壘、不為用之壤。舊注求地實之、鑿矣。其臣之畫然知者去之、其妾之挈然仁者遠之。馬其昶曰、挈、結也。駢拇篇、仁義連連如膠漆纆索。王先謙曰、庚桑皆遠去之。擁腫之與居、鞅掌之為使。朱駿聲曰、擁腫、鞅掌、皆疊韻連語。謂愚惷無知之人。奚侗曰、逍遙遊、擁腫不中繩墨。詩王事鞅掌、毛傳、鞅掌、失容也。謂不修容儀。居三年、畏壘大壤。陸德明曰、廣雅、穰、豐也。盧文弨曰、列子亦以壤同穰。畏壘之民相與言曰、庚桑子之始來、吾洒然異之。今吾日計之而不足、歲計之而有餘。向秀曰、無旦夕小利、順時而大穰也。庶幾其聖人乎。子胡不相與尸而祝之、社而稷之乎。庚桑子聞之、南面而不釋然。（王先謙曰、語又見齊物論。）弟子異之。庚桑子曰、弟子何異於予。夫春氣發而百草生、正得秋而萬寶成。（俞樾曰、得字疑衍。易說卦、兌、正秋也。萬物之所說也。疏、正秋而萬物皆說成也。陶鴻慶曰、得字當在秋字下。王叔岷曰、寶本或作實。）夫春與秋、豈無得而然哉。天道已行矣。吾聞至人尸居環堵之室、（司馬彪曰、一丈曰堵。環堵者、面各一丈、言小也。）而百姓猖狂不知所如往。（宣穎曰、如相忘於天地。）今以畏壘之細民、而竊竊焉欲俎豆予於賢人之閒。我其杓（音的）之人邪。（郭象曰、不欲為物標杓。）吾是以不釋於老聃之言。（郭象曰、聃云、功成事遂而百姓皆謂我自爾。今畏壘反此、故不釋然。）弟子曰、不然。夫尋常之溝、巨魚無所還其體、而鯢鰌為之制。（陸德明曰、還、音旋。王叔之曰、制、謂擅之也。王敔曰、制、猶據霸之意。）步仞之丘陵、（陸德明曰、六尺為步、七尺曰仞。）巨獸無所隱其軀、而蘖（魚竭反。）狐為之祥。（李頤曰、祥、怪也。王叔之曰、野狐依之作妖祥也。）且夫尊賢授能、先善與利、自古堯舜以然。而況畏壘之民乎。夫子亦聽矣。庚桑子曰、小子來。夫函車之獸、（李頤曰、大容車。）介而離山、（俞樾曰、方言、獸無耦曰介。）則不免於罔罟之患。吞舟之魚、碭（徒浪反。王敔曰、與蕩通。）而失水、則蟻能苦之。故鳥獸不厭高。魚鼈不厭深。夫全其形生之人、藏其身也、不厭深眇而已矣。（奚侗曰、楚辭哀郢、眇不知其所蹠。王注、眇、遠也。）且夫二子者、又何足以稱揚哉。（向秀曰、二子、堯舜也。）是其於辯也、將妄鑿垣牆而殖蓬蒿也。王引之曰、妄與無同、也與邪同。郭象曰、將令後世妄行穿鑿、而殖穢亂也。簡髮而櫛、數米而炊。向秀曰、理於小利也。竊竊乎又何足以濟世哉。舉賢則民相軋。任知則民相盜。之數物者、不足以厚民。民之於利甚勤。子有殺父、臣有殺君。正晝為盜、日中穴阫。音斐。向秀曰、阫、牆也。吾語汝、大亂之本、必生於堯舜之間。其末存乎千世之後。千世之後、其必有人與人相食者也。王先謙曰、說又見徐無鬼篇。陳光淞曰、莊子生於周末、親見亂賊接踵、竊聖人之迹以濟其凶、是聖人開物成務者、適為殃民之具。因痛皇古之不可復也。南榮趎昌于反。蹵然正坐曰、李頤曰、南榮趎、庚桑弟子也。古今人表作南榮疇。或作幬、又作壽、淮南作幬。若趎之年者已長矣、將惡乎託業以及此言邪。庚桑子曰、全汝形、抱汝生、俞樾曰、抱、保也。無使汝思慮營營、若此三年、則可以及此言也。南榮趎曰、目之與形、吾不知其異也。而盲者不能自見。耳之與形、吾不知其異也。而聾者不能自聞。心之與形、吾不知其異也。而狂者不能自得。形之與形亦辟矣。陸德明曰、辟、開也。崔譔曰、辟、相著也。嚴復曰、辟段為襞。段鐵者既舒乃復疊之、而加錘焉、故曰千辟萬灌。郭嵩燾曰、禮記大學注、辟、猶喻也。言形之與形易喻也。金其源曰、荀子事其便辟、注讀為嬖。廣雅、嬖、親也。穆按：嚴申崔義、當從。金說亦近是。而物或閒之邪。欲相求而不能相得。今謂趎曰、全汝形、抱汝生、勿使汝思慮營營、趎勉聞道達耳矣。向秀曰、勉、勉強也。僅達於耳、未徹入於心也。庚桑子曰、辭盡矣。曰、陳碧虛闕誤、無下曰字。奔蜂不能化藿蠋。音蜀。司馬彪曰、奔蜂、小蜂也。藿蠋、豆藿中大青蟲也。成玄英曰、細腰土蜂、能化桑蟲為己子、而藿蠋不能化也。越雞不能伏鵠卵、魯雞固能矣。向秀曰、越雞小、魯雞大。雞之與雞、其德非不同也。有能與不能者、其才固有巨小也。今吾才小、不足以化子。子胡不南見老子。南榮趎贏糧七日七夜、至老子之所。陸德明曰、方言、贏、擔也。老子曰、子自楚之所來乎。南榮趎曰、唯。老子曰、子何與人偕來之眾也。郭象曰、挾三言而來故也。王安石曰、此釋氏所謂汝胸中正鬧也。南榮趎懼然顧其後。郭慶藩曰、懼即瞿。老子曰、子不知吾所謂乎。南榮趎俯而慚、仰而歎曰、今者吾忘吾答、因失吾問。老子曰、何謂也。南榮趎曰、不知乎、人謂我朱愚。成玄英曰、朱愚、猶顓愚。王念孫曰、朱通銖。廣雅、銖、鈍也。知乎、反愁我軀。不仁則害人、仁則反愁我身。不義則傷彼、義則反愁我己。我安逃此而可。此三言者、趎之所患也。願因楚而問之。老子曰、向吾見若眉睫之閒、吾因以得汝矣。今汝又言而信之。若規規然若喪父母、揭竿而求諸海也。陶鴻慶曰、上若字衍文。汝亡人哉、宣穎曰、如流亡之人。惘惘乎、汝欲反汝情性而無由入。可憐哉。

南榮趎請入就舍、召其所好、去其所惡、十日自愁、闕誤引諸本、自竝作息。武延緒曰、愁讀若揫、斂也。復見老子。老子曰、汝自洒濯。孰哉鬱鬱乎。宣穎曰、如熟物之氣、蒸鬱於中。然而其中津津乎猶有惡也。夫外韄音獲。

者不可繁而捉、李頤曰、韄、縛也。武延緒曰、繁疑當為縶。玉篇、縛也。馬其昶曰、廣雅、捉、持也。將內揵。其輦反。郭象曰、揵、關揵也。奚侗曰、揵為揵閉、正當作楗。內韄者不可繆莫侯反。而捉、將外揵。崔譔曰、繆、綢繆也。姚範曰、此言外揵內揵、皆非也。正所謂飲藥加病。蓋其召好去惡而息愁者、不離內揵外揵而已。王先謙曰、外韄者、耳目為物所縛、不可以其繁擾而捉搤之、將必內閉其心、以息耳目之紛。內韄者、心思為欲所縛、不可以其繆亂而捉搤之、將必外閉其耳目、以絕心思之緣。外內韄者、道德不能持、而況放道而行者乎。向秀曰、放、依也。郭象曰、偏韄由不可、況內外俱韄乎。穆按：言若此者、雖道德不能持扶、而況依放道德而行者也。南榮趎曰、里人有病、里人問之。病者能言其病。然其病、病者猶未病也。穆按：南榮自言尚不至於內外俱韄。若趎之聞大道、譬猶飲藥以加病也。趎願聞衛生之經而已矣。老子曰、衛生之經、能抱一乎。穆按：老子載營魄抱一、能無離乎。能勿失乎。能無卜筮而知吉凶乎。王念孫曰、吉凶、當依管子作凶吉、一失吉為韻。能止乎。郭象曰、止於分。能已乎。郭象曰、無追故迹。能舍諸人而求諸己乎。能翛然乎。郭象曰、往來無停迹。能侗然乎。陸德明曰、三蒼、侗、愨直貌。郭象曰、無節礙。能兒子乎。陸長庚曰、專氣致柔、如嬰兒也。兒子終日嗥戶高反。而嗌不嗄、崔譔曰、嗌、喉也。嗄、於邁反。司馬彪曰、楚人謂啼極無聲為嗄。本又作嚘、音憂。俞樾曰、太元亦作嚘、與柔為韻。老子傅弈本作歎、即嚘之異文。馬其昶曰、玉篇、嚘、氣逆也。和之至也。終日握而手不掜、五禮反。陸德明曰、廣雅、掜、捉也。共其德也。舊注、共、同拱。王敔曰、自抱生理。王先謙曰、拱握其手、乃德性固然也。終日視而目不瞚、音舜。陸德明曰、瞚、動也。偏不在外也。郭象曰、任目之自見、非係於色也。宣穎曰、無所偏向於外、視猶不視。行不知所之、居不知所為。二語見馬蹄篇。與物委蛇、而同其波。是衛生之經已。南榮趎曰、然、則是至人之德已乎。曰、非也。是乃所謂冰解凍釋者。夫至人者、相與交食乎地、而交樂乎天。俞樾曰、徐無鬼篇吾與之邀樂於天、邀食於地、與此文異義同。交即徼。作邀者、後出字。作交者、叚借字。詩、彼交匪傲。五行志作徼。不以人物利害相攖。不相與為怪。不相與為謀。不相與為事。翛然而往、侗然而來、是謂衛生之經已。曰、然則是至乎。曰、未也。吾固告汝曰、能兒子乎。郭象曰、非以此言為不至也、但能聞而學者、非自至耳。兒子動不知所為、行不知所之。身若槁木之枝、而心若死灰。二語見齊物論、又見徐無鬼、知北遊。若是者、禍亦不至、福亦不來。禍福無有、惡有人災也。嚴復曰、此真楊朱為我之學也。且不僅是篇為然。殘生損性、則等盜跖於伯夷。黃帝之問廣成子、將以養人民、遂群生、廣成子訾為質殘。獨問治身何以長久、而後蹶然善之。極莊之道、亦止於無天灾、無物累、無人非、無鬼責而已。

宇泰定者、陸長庚曰、以下皆莊子雜著。發乎天光。王叔之曰、宇、器宇也。謂器宇閒泰、則靜定也。薛瑄曰、言心定則明也。宣穎曰、周子云、靜則虛、虛則明。武內義雄曰、以下疑向注本所無、而為郭象加入。發乎天光者、人見其人。奚侗曰、當依張君房本補物見其物一句。人有修者、乃今有恆。馬敘倫曰、修疑為循誤。呂惠卿曰、為道必至於天、而後可久也。陸長庚曰、老子曰、常德不離。有恆者、人舍之、天助之。人之所舍、謂之天民。天之所助、謂之天子。郭象曰、出則天子、處則天民。穆按：此即內聖外王也。

學者、學其所不能學也。行者、行其所不能行也。辯者、辯其所不能辯也。宣穎曰、三者皆不能止。知止乎其所不能知、至矣。若有不即是者、天鈞敗之。成玄英曰、若不以分內為是者、斯貶自然之性。

備物以將形。王先謙曰、具眾理以順形。奚侗曰、將借為養。藏不虞以生心。郭象曰、虞者、億度之謂。宣穎曰、退藏於不思慮之地、以活其心。馬其昶曰、內典言無所住而生其心。奚侗曰、周禮、天官生以馭其福。鄭注、生猶養也。敬中以達彼。成玄英曰、彼、外境也。若是而萬惡至者、皆天也。而非人也。郭象曰、有為而致惡者、乃是人。王敔曰、惡謂不祥之事。不足以滑成、王敔曰、滑成、謂亂其泰定之宇。穆按：德充符、不足以滑和。不可內於靈臺。郭象曰、靈臺者、心也。清暢故憂患不能入。靈臺者、有持、而不知其所持、而不可持者也。章炳麟曰、靈臺有持者、阿陀那識持一切種子也。不知其所持者、最深細不可知也。不可持者、有情執此、為自內我、即是妄計。若執唯識真實有者、亦是法執也。穆按：有持而不知其所持、所存者神也。不可持、則所過者化。不見其誠己而發、每發而不當。郭象曰、發而不由己誠、何由而當。穆按：中庸曰、誠者、不勉而中、不思而得。誠己、即反身而誠也。業入而不舍、每更為失。穆按：中庸曰、惟天下至誠為能化。業入而不捨、即不能化也。姚鼐曰、能入而不能久居、是知及而仁不能守者也。為不善乎顯明之中者、人得而誅之。為不善乎幽閒之中者、鬼得而誅之。馬其昶曰、此論慎獨義最悚切。嵇叔夜自言讀老莊、重增其放、非善讀老莊者也。明乎人、明乎鬼者、然後能獨行。郭象曰、幽顯無愧於心、故能獨行而不懼。券內者行乎無名。券外者志乎期費。陸長庚曰、券內外、即老子所謂左右契。券內、藏券於內。券外、行券於外。行乎無名、良賈深藏若虛也。林雲銘曰、券內者為己。券外者為人。俞樾曰、荀子書每用綦字。楊倞注、綦、極也。亦或作期。期費、猶言極費。費謂財用。王先謙曰、言求契合乎外者、志欲窮極其財用。武延緒曰、費疑實字誤。期實、求實也。養生主、其求實無已。行乎無名者、唯庸有光。陸長庚曰、君子之道、闇然而日章。志乎期費者、唯賈人也。人見其跂、猶之魁然。劉辰翁曰、券者、合也。求合於外、常有所期望。跂而立、人見其魁然、而真魁然者不跂也。與物窮者物入焉。郭象曰、窮謂終始。馬其昶曰、窮與空同義。與物且者、其身之不能容、焉能容人。俞樾曰、且、苟且也。終始是窮極義。苟且與終始正相反。姚永概曰、儀禮注、古文且為阻。不能容人者無親。無親者盡人。郭象曰、盡是他人。兵莫憯於志、朱駿聲曰、淮南注、憯、利也。鏌鋣為下。寇莫大於陰陽、無所逃於天地之間。非陰陽賊之、心則使之也。郭象曰、心使氣、則陰陽徵結於五藏、而所在皆陰陽也。故不可逃。

道通、其分也。王叔岷曰、古鈔卷子本其分也下有成也二字、當從之。齊物論文與此同。其成也、毀也。所惡乎分者、其分也以備。章炳麟曰、言待一切方能成一也。所以惡乎備者、其有以備。郭象曰、成毀無常分、而道皆通。不守其分而求備焉、所以惡分也。本分不備、而求有以備、所以惡備也。章炳麟曰、言已成顯果者、介然恃其一切具足、故更排拒他物也。故出而不反、見其鬼。陸德明曰、謂情識外馳。出而得、是謂得死。王敔曰、自謂有得、適得死耳。滅而有實、鬼之一也。郭象曰、已滅其性矣、雖有斯生、何異於鬼。以有形者象無形者而定矣。方潛曰、以有形象無形、即色即是空空即是色之旨。林雲銘曰、惟以有形之物理、取則於無形之造化、則出而知反、而人事定矣。出無本。入無竅。有實而無乎處。有長而無乎本剽。陸德明曰、本、始也。崔譔曰、剽、末也。陳碧虛曰、剽、本作標。有所出而無竅者有實。馬其昶曰、此言無本而又有所出、無竅而又有所入、是之謂有實。上下錯舉、互備為文也。宣穎曰、此九字衍文。馬敘倫曰、當作有所出而無本者有實、有所入而無竅者有長、移在有實而無處上。有實而無乎處者、宇也。郭象曰、宇者有四方上下、而四方上下未有窮處。有長而無本剽者、宙也。郭象曰、宙者、有古今之長。而古今之長無極。穆按：宇宙即今稱時空。有乎生、有乎死。有乎出、有乎入。入出而無見其形、是謂天門。郭象曰、天門、猶言眾妙之門。天門者、無有也。萬物出乎無有。有不能以有為有、穆按：此言物出不得先物也。必出乎無有。而無有一無有。聖人藏乎是。邵雍曰、無思無為者、神妙致一之地也。聖人以此洗心、退藏於密。楊文會曰、此章顯示空如來藏也。世出世法、皆以真空為本。天者、空無所有也。門者、萬物所由出也。既以有無二端互相顯發、而仍歸結甚深空義、恰合般若旨趣。章炳麟曰、言依法執、認有物質、而法執即徧計。徧計所執、自性本空。故知萬物出乎無質。質既無、即此萬物現相、有色聲香味觸者、惟依他起性、屬於幻有。故曰無有一無有。穆按：無有永此無有、故中庸曰道不可須臾離也。古之人、其知有所至矣。惡乎至。有以為未始有物者、至矣、盡矣、弗可以加矣。其次以為有物矣、將以生為喪也。以死為反也。是以分已。以上又見齊物論。郭象曰、雖欲均之、然已分矣。其次曰始無有、既而有生。生俄而死。以無有為首、以生為體、以死為尻。孰知有無死生之一守者、王念孫曰、守、借為道。知北遊篇、子巧與、有道與、曰、臣有守也。達生篇、子巧乎、有道乎、曰、我有道也。吾與之為友。是三者、雖異、公族也。昭景也、著戴也。甲氏也、著封也。非一也。成玄英曰、昭屈景、楚之公族三姓。昔屈原為三閭大夫、掌三族、三姓是也。文略、故直言昭景。王敔曰、戴、謂所從出之宗也。某甲某氏、以所封之國邑為號。孫詒讓曰、戴當為載。爾雅、載、始也。謂著其所始。章炳麟曰、籀文戴作戴、從弋聲、則戴可借為代。昭景以謚為氏、所以著代也。武延緒曰、甲疑芊字譌。馬其昶曰、非一也、也與邪同。釋文引崔云、雖非一姓、同出公族、喻死生同也、崔同此讀。有生、黬於減反。也。陸德明曰、字林、黬、釜底黑也。郭嵩燾曰、有生、塵也。黬者、塵之聚而留焉者也。披然曰移是。王夫之曰、生乃大白之一點耳。其黬也、漸久而渝、則離披解散、必有所歸。移此而之彼、彼又據為此矣。所移者未有定、而要以所移為此。馬其昶曰、是謂己也。有生蠢蠢、各執所移者而據之為己也。穆按：披然猶紛然也。披然曰移是、此皆後世人之見耳。謂是非無定、隨時地而移易也。此下論旨、已由生死轉移到是非、由來解者多誤。嘗言移是、非所言也。穆按：故齊物論言因是、因是則無言矣。雖然、不可知者也。穆按：移是之說、貌近理而實非真、故曰不可知。臘者之有膍音毗。胲、古來反。可散而不可散也。司馬彪曰、膍胲、牛百葉也。成玄英曰、膍胲、牛蹄也。臘祭牲牢甚備、四肢五藏、並皆陳設。祭訖方復散之。若祭未了、則不合散。孫詒讓曰、禮經載脅體之法、皆去蹄。胲、當為胘。說文、膍、胘也。同訓牛百葉。章炳麟曰、膍胘平時可散、而當臘祭之時、備物致敬、則不可散。穆按：若知其不可散、則烏有此亦一是非、彼亦一是非之紛然哉。觀室者周於寢廟、又適其偃焉。陳碧虛闕誤本偃下有溲字。郭象曰、偃謂屏廁。王念孫曰、偃與匽同。為是舉移是。穆按：為此臘祭觀室二事、而舉移是之說也。郭象曰、寢廟則以饗燕、屏廁則以偃溲。當其偃溲、則寢廟之是移於屏廁矣。故是非之移、一彼一此、誰能常之。故至人因而乘之則均耳。穆按：均者不移、移者不均、故知移是之說、非所言也。請嘗言移是。是以生為本、以知為師、穆按：齊物論、隨其成心而師之、知即成心也。因以乘是非。果有名實。穆按：因有是非、遂有名實。因以己為質。郭象曰、質、主也。物各以己為是非之主。使人以為己節。王敔曰、為之裁限、令人從己。章炳麟曰、節字本作?。說文、?、瑞信也。非彼無我、以觸彼故、方知有我。是使所觸者為能觸者之符驗也。穆按：如王說、當云使人以己為節。如章說、則下文以死償節不可通。蓋使人以為己節、即上文所謂券外也。人之爭是非、雖若以己為主、而實則以人為主耳。故謂之券外。因以死償節。林雲銘曰、甘以死償之。若然者、以用為知、以不用為愚。以徹為名、以窮為辱。移是、今之人也。王夫之曰、移是而執今日之生以自命為人。不知與物無異。章炳麟曰、向之移是、為今之人。今之移是、為後之人。林雲銘曰、今之人、應上古之人。穆按：林說是也。上古之人、其知有所至、則因是而止、根本無移是之見也。是蜩與學鳩同於同也。王敔曰、蜩與鷽鳩、其小、同也。其笑鯤鵬、同也。穆按：蜩與鷽鳩同於知移是、而不知因是而止、根本無是非之可言也。方以智曰、或以秦臘疑此篇偽、然入理甚精。然精於鏤空者有之、試問陰符亢倉關尹鶡冠、何者非託。葉國慶曰、蜩與學鳩句、暗用逍遙遊篇、亦後學者所作。

蹍市人之足、則辭以放驁。陸德明曰、廣雅、蹍、履也。驁、妄也。兄則以嫗。郭象曰、言嫗詡之、無所辭謝。大親則已矣。故曰、至禮有不人。郭象曰、視人若己。至義不物。至知不謀。至仁無親。至信辟金。郭象曰、金玉者、小信之質耳。至信則除矣。

徹志之勃。王敔曰、徹與撤同。勃本又作悖。解心之謬。去德之累。達道之塞。貴富顯嚴名利六者、勃志也。容動色理氣意六者、謬心也。惡欲喜怒哀樂六者、累德也。去就取與知能六者、塞道也。此四六者、不盪胸中則正。正則靜。靜則明。明則虛。虛則無為而無不為也。姚鼐曰、此段盡戒定慧之義。

道者、德之欽也。奚侗曰、逸周書謚法解、威儀悉備曰欽。俞樾曰、欽、即廞之段字。小爾雅、廞、陳也。所以生者為德、陳列之則為道。生者、德之光也。成玄英曰、天地之大德曰生、故生化萬物者、盛德之光華也。穆按：此等語顯出易傳後。性者、生之質也。性之動、謂之為。郭象曰、以性自動、故稱為耳、非有所為也。為之偽、謂之失。陸長庚曰、失即是失道失德失仁失義之失。莊子分明是老子注疏。穆按：此等語顯出荀子後而糾其失也。知者、接也。知者、謨也。章炳麟曰、接謂觸受、即感覺。謨摹同、想也、思也。馬其昶曰、淮南云、感而後動、性之害也。物至而神應、知之動也。知與物接、而好憎生焉。知者之所不知、猶睨也。王先謙曰、如目斜視一方、故不能徧。是以用智而偏、不如寂照。動以不得已之謂德。動無非我之謂治。名相反而實相順也。胡遠濬曰、動以不得已、天也。無為也。動無非我。人也。有為也。萬化之生、莫非性之動、其為出於無為。故曰名相反而實相順。

羿工乎中微、而拙乎使人無己譽。聖人工乎天、而拙乎人。夫工乎天而俍音良乎人者、唯全人能之。奚侗曰、良有工巧義。良乎人、與上文拙乎人相反。唯蟲能蟲。唯蟲能天。歸有光曰、惟蟲能自安於蟲、惟蟲能自全其天。若人、則不免以知巧自喪。全人惡天。惡人之天。而況吾天乎人乎。郭象曰、都不知而任之。王敔曰、二惡字俱平聲。在全人則惡有所謂天者。惡有所謂人之天者。而況有所謂吾、立於天人之間乎。陸長庚曰、天人一體、自爾不生分別。姚鼐曰、此乃天下篇以天人列聖人君子之上義也。則陽篇、聖人未始有天。

一雀適羿、羿必得之、威也。王叔岷曰、藝文類聚御覽引適皆作過。孫詒讓曰、威當依崔譔本作或、不必得也。成玄英曰、所獲者少、所逃者多。以天下為之籠、則雀無所逃。是故湯以胞人籠伊尹。盧文弨曰、胞與庖通。秦穆公以五羊之皮籠百里奚。是故、非以其所好籠之而可得者、無有也。介者拸敕紙反。畫、外非譽也。崔譔曰、拸畫、不拘法度也。俞樾曰、漢書注、拸、自放縱也。穀梁傳、畫我。公羊作化。何休注、過行無禮謂之化。即此二字之義。人既刖足、非譽不計、故不拘法度。胥靡登高而不懼、遺死生也。司馬彪曰、胥靡、刑徒人也。郭象曰、無賴於生、故不畏死。夫復謵不餽元嘉本作愧。而忘人、陸長庚曰、復謵猶復習。馬其昶曰、老子云、吾服也恆服。蓋內省不疚、而無人之見存也。忘人、因以為天人矣。王先謙曰、能忘人即可以為天人、以其近自然也。故敬之而不喜、侮之而不怒者、唯同乎天和者為然。出怒不怒、則怒出於不怒矣。出為無為、則為出於無為矣。陸長庚曰、非無喜無怒也、謂出怒而不怒也。此不怒乃未發之中。常能養此、然後發而皆中。其有為也亦然、不得已而應之、雖為猶不為也。欲靜則平氣、欲神則順心。有為也欲當、則緣於不得已。不得已之類、聖人之道。

徐無鬼

雜篇之二。王夫之曰、此衍老氏上德不德之旨。

徐無鬼因女商見魏武侯。陸德明曰、徐無鬼、緡山人、魏之隱士也。武侯名擊、文侯子。武侯勞之曰、先生病矣。苦於山林之勞、故乃肯見於寡人。徐無鬼曰、我則勞力報反。於君、君有何勞於我。君將盈耆欲、長好惡、則性命之情病矣。君將黜耆欲、掔苦田反。好惡、崔譔曰、掔、引去也。則耳目病矣。我將勞君、君有何勞於我。武侯超然不對。司馬彪曰、超然、猶悵然也。少焉、徐無鬼曰、嘗語君、吾相狗也。下之質、執飽而止。羅勉道曰、狗、所以獵。下等之質、所捕執者小、足飽其腹而止。馬其昶曰、周禮疏、執、取也。高亨曰、執、既之譌。是狸德也。俞樾曰、廣雅、狸、貓也。中之質、若視日。司馬彪曰、瞻遠也。羅勉道曰、不顧目前小獸。上之質、若亡其一。陸德明曰、一、身也。謂精神不動、若無其身。嚴復曰、凡物皆有其一、所愛惜保持、而有無窮之戀者、惟此一也。固不必指身。羅勉道曰、并以捕獵之事為不足道。失其所專一、則有超乎常狗之外矣。吾相狗、又不若吾相馬也。吾相馬、直者中繩、曲者中鉤、方者中矩、圓者中規。陶鴻慶曰、進退周旋之節、由教習成。是國馬也。而未若天下馬也。天下馬有成材、陸德明曰、自然已足、不須教習。若卹若失、李頤曰。卹失、皆驚竦若飛也。劉師培曰、卹由伵義引伸。說文、伵、靜也。若喪其一。羅勉道曰、馬之專一者、馳走也。忘其專所事、則出於自然、非常馬矣。王畿曰、亡一喪一、此外生之喻。若是者、超軼絕塵、崔譔曰、軼、徹也。王叔岷曰、轍徹古今字。不知其所。陸長庚曰、莊老立論、祇在凝神守氣、千言一旨。吾儒所謂不專一則不能直遂、不翕聚則不能發散也。方揚曰、多欲則神傷、絕欲則神妨。惟至人為能行於欲而不流、乃所以為善養神也。行於欲而不流、惟外生者能之。若亡其一、若喪其一、此外生之喻也。武侯大說而笑。徐無鬼出、女商曰、先生獨何以說吾君乎。吾所以說吾君者、橫說之則以詩書禮樂、從說之則以金版六弢。司馬彪曰、金版六弢、皆周書篇名。奉事而大有功者、不可為數。而吾君未嘗啟齒。今先生何以說吾君、使吾君說若此乎。徐無鬼曰、吾直告之吾相狗馬耳。女商曰、若是乎。曰、子不聞夫越之流人乎。去國數日、見其所知而喜。去國旬月、見所嘗見於國中者喜。及期年也、見似人者而喜矣。不亦去人滋久、思人滋深乎。夫逃虛空者、司馬彪曰、故壞冢處、為空虛也。穆按：古人穴居、即名為空。淮南道應、空穴之中、足以適情。注、空穴、巖穴也。洪範注、司空、掌居民之官。則虛空即虛室虛穴、不必指壞冢。藜藋徒弔反。柱乎鼪鼬之逕。

司馬彪曰、柱、塞也。良本或作踉。位其空、郭嵩燾曰、說文、蹌、動也。舒之言曰蹌踉、急之言曰踉。奚侗曰、廣雅、良、長也。謂久位於虛空之間。穆按：空即上虛空義、指巖穴。聞人足音跫巨恭反。然、而喜矣。崔譔曰。跫然、行人之聲。而況乎昆弟親戚之謦欬其側者乎。李頤曰、謦欬、喻言笑也。久矣夫、莫以真人之言、謦欬吾君之側乎。嚴復曰、貴人之所苦者、其所接者皆偽。聞相狗馬而大悅者、詩書禮樂之陳陳、固不若是之親切而有味也。矧乎其所言之入理乎。

徐無鬼見武侯。武侯曰。先生居山林、食芧音序。栗、郭慶藩曰、芧即櫟也。其實謂之皁、亦謂之樣。今書傳皆作橡。此篇芧栗、山木篇作杼栗。厭葱韮、以賓本或作擯。寡人、久矣夫。司馬彪曰、擯、棄也。今老邪、其欲干酒肉之味邪。其寡人亦有社稷之福邪。徐無鬼曰、無鬼生於貧賤、未嘗敢飲食君之酒肉。將來勞君也。君曰、何哉、奚勞寡人。曰、勞君之神與形。武侯曰、何謂邪。徐無鬼曰、天地之養也一。郭象曰、不以為君而恣之無極。登高不可以為長。居下不可以為短。君獨為萬乘之主、以苦一國之民、以養耳目鼻口。夫神者不自許也。夫神者、好和而惡姦。林希逸曰、和謂同物。姦、自私也。夫姦、病也。故勞之。唯君所病之何也。宣穎曰、形雖得養、心神當有不自得者。故勞君何故自蹈此病。武侯曰、欲見先生久矣。吾欲愛民而為義偃兵、其可乎。徐無鬼曰、不可。愛民、害民之始也。為義偃兵、造兵之本也。君自此為之、則殆不成。凡成美、惡器也。郭象曰、美成於前、則偽生於後。馬其昶曰、老子云、天下皆知美之為美、則惡矣。君雖為仁義、幾且偽哉。郭象曰、民將以偽繼之耳。形固造形。郭象曰、仁義有形、固偽形必作。成固有伐。王叔之曰、成功在己、亦眾所不與。欲無有伐、其可得乎。章炳麟曰、伐與敗同。變固外戰。王叔之曰、偽生形造、又伐焉、非本所圖、勢之變也。既有偽伐、得無戰乎。君亦必無盛鶴列於麗譙在逍反。之間。郭象曰、鶴列、陳兵也。麗譙、高樓也。章炳麟曰、說文、廔、屋麗廔也。麗廔猶離婁。高明疏爽、非華麗義。譙為樓觀、亦非嶕嶢義。無徒驥於錙壇之宮。郭象曰、步兵曰徒。陸長庚曰、驥、騎射。陸德明曰、錙壇、壇名。王先謙曰、麗譙之間、錙壇之宮、非可列兵走馬之地。喻令毋騁心兵也。無藏逆於得。司馬本得作德。李頤曰、凡非理而貪、貪得而居之、此藏逆於德內者也。無以巧勝人。無以謀勝人。無以戰勝人。王先謙曰、三者皆藏逆於得之事。夫殺人之士民、兼人之土地、以養吾私與吾神者、其戰不知孰善、勝之惡乎在。郭象曰、不知以何為善、則雖尅非己勝。君若勿已矣。奚侗曰、若勿二字誤倒。修胸中之誠、以應天地之情而勿攖。郭象曰、若未能已、則莫若修己之誠。夫民死已脫矣。君將惡乎用夫偃兵哉。陸長庚曰、老子曰、行無行、攘無臂、扔無兵。

黃帝將見大隗五罪反。乎具茨之山。司馬彪曰、具茨山、在滎陽密縣東。今名泰隗山。方明為御。昌寓驂乘。張若謵朋前馬。司馬彪曰、先馬導。昆閽滑稽後車。至於襄城之野、七聖皆迷、無所問塗。適遇牧馬童子、問塗焉。曰、若知具茨之山乎。曰、然。若知大隗之所存乎。曰、然。黃帝曰、異哉、小童。非徒知具茨之山、又知大隗之所存。請問為天下。小童曰、夫為天下者、亦若此而已矣、（郭象曰、各自若則無事矣。無事乃可以為天下也。歸有光曰、若此即禪經如是意。）又奚事焉。予少而自遊於六合之內、（陸長庚曰、有方之內也。）予適有瞀病。（司馬彪曰、瞀讀曰眊、謂眩眊也。）有長者教予曰、若乘日之車、而遊於襄城之野。（司馬彪曰、以日為車。郭象曰、日出而遊、日入而息。）今予病少痊、予又且復遊於六合之外。夫為天下、亦若此而已。予又奚事焉。黃帝曰、夫為天下者、則誠非吾子之事。雖然、請問為天下。小童辭。黃帝又問。小童曰、夫為天下者、亦奚以異乎牧馬者哉。亦去其害馬者而已矣。（曹受坤曰、去其妨害馬之本性者。嚴復曰、所謂視其後者而鞭之。）黃帝再拜稽首、稱天師而退。

知士無思慮之變則不樂。辯士無談說之序則不樂。察士無凌誶（音信）之事則不樂。（李頤曰、凌謂相凌轢。誶、廣雅、問也。嚴復曰、史記陵雜米鹽、凌誶猶凌雜也。李說非。）皆囿於物者也。招世之士興朝。（洪頤煊曰、招、通作高。墨子招木近伐、亦謂高木。）中民之士榮官。（李頤曰、中民、善治民也。孫詒讓曰、三蒼、中、得也。）筋力之士矜難。勇敢之士奮患。兵革之士樂戰。枯槁之士宿名。（阮毓崧曰、左傳注、宿、安也。周禮注、守也。俞樾曰、宿讀曰縮、取也。）法律之士廣治。禮樂之士敬容。仁義之士貴際。（陸德明曰、際、謂盟會事。阮毓崧曰、交際。）農夫無草萊之事則不比。

奚侗曰、廣雅、比、樂也。陶鴻慶曰、說文比、密也、謂比附而親密。商賈無市井之事則不比。庶人有旦暮之業則勸。百工有器械之巧則壯。李頤曰、壯、猶疾也。錢財不積、則貪者憂。權勢不尤、漢書賈誼傳注、引作充。則夸者悲。勢物之徒樂變。奚侗曰、物為利誤。遭時有所用、不能無為也。此皆順比於歲、不物於易者也。馬其昶曰、逐時俯仰也。宣穎曰、各囿一物、不能相易也。穆按：不疑而字之譌。下三語即物於易之釋義。馳其形性、潛之萬物、姚永樸曰、潛、沒也。之、猶於也。終身不反。悲夫。

莊子曰、射者非前期而中、謂之善射、天下皆羿也、可乎。郭象曰、若謂謬中為善射、是則天下皆謂之羿、可乎。言不可也。惠子曰、可。莊子曰、天下非有公是也、而各是其所是、天下皆堯也、可乎。惠子曰、可。莊子曰、然、則儒墨楊秉四、成玄英曰、秉、公孫龍字也。王應麟曰、列子釋文、公孫龍、字子秉。洪頤煊曰、秉疑宋譌、宋鈃也。與夫子為五、果孰是邪。郭象曰、莊子以此明妄中者非羿、而自是者非堯。若皆堯也、則五子何為復相非乎。或者若魯遽者邪。李頤曰、魯遽、周初時人。其弟子曰、我得夫子之道矣。吾能冬爨鼎而夏造冰矣。成玄英曰、冬取千年燥灰以擁火、須臾出火、可以爨鼎。盛夏以瓦瓶盛水湯中煑之、縣瓶井中、須臾成冰。魯遽曰、是直以陽召陽、以陰召陰。非吾所謂道也。吾示子乎吾道。於是乎為之調瑟。廢一於堂、廢一於室。陸德明曰、廢、置也。鼓宮宮動。鼓角角動。音律同矣。羅勉道曰、唐曹紹夔知音律、洛陽有僧房中磬、日夜自鳴。僧怪成疾。紹夔來問疾、俄擊齋鐘、磬復作聲。紹夔曰、此磬與鐘律合、故擊彼此應。遂出懷中錯、鑢擊數下、後聲遂絕。又李嗣真得車鐸、振之、地中有應、掘之得鐘。馬其昶曰、康熙幾暇格物編云、樂發於何音、止於何音。取琴瑟之類、置二器、均調一律、鼓此器一弦、則彼器虛弦必應、推之八音之屬皆然。所謂鼓宮宮動、鼓角角動、音律同也。郭象曰、俱亦以陽召陽、而橫自以為是。夫或改調一弦、於五音無當也、鼓之二十五弦皆動。未始異於聲、而音之君已。吳汝綸曰、據淮南覽冥訓、已下當有形字。且若是者邪。宣穎曰、莊子駁魯遽之道、未足為異也。言無論二瑟五音相應、故就一瑟言、當其本調已成、五音各有定弦、今或改調一弦、而為變調、則於本調之五音、移動而無當也。宜不相應矣。乃鼓之而二十五弦亦隨之而變、無不相應。此豈於五音之外有異聲哉。蓋五音可旋相為宮、今所改一弦、便是變調之宮、如君主。然則餘弦自隨之而動也。夫一瑟之間、又是變調、無不相應如此。則二瑟五音之正、其相應尤理之當然、何足異乎。今遽以此誇弟子、不知五音之相動、與二氣之相召、有以異乎、無以異乎。在人則見以為非、在己則見以為是、究之相等耳。惠子曰、今夫儒墨楊秉、且方與我以辯、相拂以辭、相鎮以聲、而未始吾非也、則奚若矣。郭象曰、未始吾非者、各自是也。惠子便欲以此為至。莊子曰、齊人蹢子於宋者、其命閽也不以完。馬其昶曰、蹢通謫。穆按：謫子於宋、必謂其有罪。然使刖者守門、刖者固亦罪人也。何以於彼則親而任之、於子則遠而譴之乎。其求鈃音刑鍾也以束縛。陸德明曰、字林、鈃、似小鍾而長頸。姚鼐曰、鈃上求字衍。王敔曰、欲鈃鍾之鳴、必懸之於虛。加以束縛、則無聲矣。其求唐子也、而未始出域。郭象曰、唐、失也。失亡其子、而不能遠索。穆按：域字當借作閾。子已亡失、而求之不出門閾之外、則何可得也。凡此皆齊人之不知類。郭象曰、此齊人亦自以為是、故為之。人之自是、有斯謬也。有遺類矣夫。楚人寄而蹢閽者。俞樾曰、蹢當讀為謫。方言、謫、怒也。寄居人家、而怒謫其閽也。

夜半於無人之時、而與舟人鬬。未始離於岑、而足以造於怨也。郭象曰、岑、岸也。宣穎曰、離同麗。王先謙曰、夜半無人之時、舟未著岸、而與舟人鬥、將有性命之虞。與寄而謫閽之事、皆足以造怨也。郭象曰、齊楚之人、所行若此、而未嘗自以為非。今五子自是、豈異斯哉。

莊子送葬、過惠子之墓。顧謂從者曰、郢人堊烏路反漫其鼻端若蠅翼、陸德明曰、郢人、漢書作獿人。服虔云、古之善塗堊者。成玄英曰、堊、白善土也。漫、汙也。使匠石斲之。匠石運斤成風、聽而斲之。郭象曰、瞑目恣手。陳碧虛曰、瞑目恣手四字正文、舊本作郭注、非是。盡堊而鼻不傷。郢人立不失容。宋元君聞之、召匠石、曰、嘗試為寡人為之。匠石曰、臣則嘗能斲之。雖然、臣之質死久矣。宣穎曰、質者、施技之地。陸長庚曰、非有立不失容之郢人、則匠亦無所施其巧。自夫子之死也、吾無以為質矣。吾無與言之矣。嚴復曰、莊此等文最可愛。不獨其罕譬也。思理之來、若由天外。

管仲有病。桓公問之、曰、仲父之病、病矣。可不謂云至於大病、奚侗曰、謂當作諱。管子戒篇小稱篇呂氏貴公列子力命、皆可證。則寡人惡乎屬國而可。管仲曰、公誰欲與。公曰、鮑叔牙。曰、不可。其為人、絜廉善士也。其於不己若者、不比之。又一聞人之過、孫詒讓曰、又當為人之誤。屬上句。列子呂覽皆作不比之人、言不得齒於人也。終身不忘。使之治國、上且鉤乎君、陸德明曰、鉤、反也。下且逆乎民。其得罪於君也、將弗久矣。公曰、然、則孰可。對曰、勿已、則隰朋可。其為人也、上忘而下畔。馬其昶曰、廣雅、畔、離也。王先謙曰、力命篇、畔上有不字。張湛注、高而自忘、則不憂下之離畔。江遹曰、上忘、其政悶悶。下不畔、其民涫涫。愧不若黃帝、而哀不己若者。以德分人謂之聖。以財分人謂之賢。以賢臨人、未有得人者也。以賢下人、未有不得人者也。其於國、有不聞也。其於家、有不見也。勿已、則隰朋可。江遹曰、非真不聞見也、道足容之耳。詩云、惟是褊心、是以為刺。褊心之害治如此。

吳王浮於江、登乎狙之山。眾狙見之、恂然棄而走、段玉裁曰、恂即說文之惸、驚詞也。嚴復曰、恂亦通眴。若少焉眴若之眴。逃於深蓁。王念孫曰、蓁與榛通。有一狙焉、委蛇攫俱縛反。搔、素報反。見巧乎王。王射之、敏給搏捷矢。俞樾曰、敏給同義。後漢書注、給、敏也。吳汝綸曰、捷矢、猶疾矢。淮南楚王射白猿、搏矢而熙。王命相者趨音促射之、狙執死。司馬彪曰、相者、佐王獵者。執死、見執而死。王叔岷曰、御覽引執作既。王顧謂其友顏不疑曰、之狙也、伐其巧、恃其便、以敖予、以至此殛也。戒之哉。嗟乎、無以汝色驕人哉。顏不疑歸而師董梧以助本亦作鋤。其色。成玄英曰、鋤、除去也。去樂辭顯、三年、而國人稱之。

南伯子綦隱几而坐、仰天而噓。王先謙曰、伯郭聲近、南伯即南郭、事又見齊物論。顏成子入見、曰、夫子、物之尤也。宣穎曰、言其出類拔萃。形固可使若槁骸、王先謙曰、齊物論作槁木、庚桑楚作槁木之枝、此與知北遊作槁骸。心固可使若死灰乎。曰、吾嘗居山穴之中矣。當是時也、田禾一覩我、而齊國之眾三賀之。陸德明曰、田禾、齊君也。盧文弨曰、即齊太公和。我必先之、奚侗曰、先當作有。彼故知之。我必賣之、彼故鬻之。若我而不有之、彼惡得而知之。若我而不賣之、彼惡得而鬻之。嗟乎。我悲人之自喪者。吾又悲夫悲人者。吾又悲夫悲人之悲者。其後而日遠矣。宣穎曰、眾心盡遣、乃有此槁木死灰之象。

仲尼之楚、楚王觴之。孫叔敖執爵而立。市南宜僚受酒而祭。陸德明曰、叔敖是楚莊王相、孔子未生。哀公十六年、仲尼卒後、白公為亂。宜僚未嘗仕楚。又宣十二年傳、楚有熊相宜僚、則與叔敖同時、去孔子甚遠、蓋寄言也。焦竑曰、此即史遷所謂空語無事實者、固不得以時月覈之。曰、古之人乎、於此言已。馬其昶曰、史記、優孟、楚之樂人也。為孫叔敖衣冠、抵掌談語。莊王置酒、優孟前為壽。王大驚、以為孫叔敖復生也。叔敖為楚名臣、樂人效之、由來舊矣。此所謂執爵而立、亦樂人象叔敖為三老五更乞言憲道事也。曰者、楚王之語。古之人、即指叔敖宜僚。此莊生因優孟事而寓為此言。穆按：楚王謂古人於此言、亦導孔子使言也。馬氏之說、古無其證、姑錄以備一說耳。曰、丘也、聞不言之言矣。未之嘗言、於此乎言之。胡遠濬曰、不言之言、指下弄丸解難、甘寢投兵。孔子謂初未嘗陳此義、今承君詢而遂言之。市南宜僚弄丸、而兩家之難解。羅勉道曰、宜僚弄丸、丸八常在空、一在手。楚與宋戰、宜僚弄丸軍前、兩軍停戰觀之。在仲尼卒後。穆按：羅說未檢何據。若謂在莊王時、則亦在孔子前。孫叔敖甘寢秉羽、而郢人投兵。郭慶藩曰、投兵即淮南所謂孫叔敖恬臥而郢人無所害其鋒。高注、但恬臥養德、折衝千里之外、敵國不敢犯。郭象曰、此二子息訟以默、澹泊自若、而兵難自解。丘願有喙三尺。陸德明曰、三尺、言長也。陸長庚曰、凡鳥喙長者、多不能言、如鸛鶴。嚴復曰、此文家反語。既知不言之言、即有三尺之喙、何濟於辯。矧乎其無有耶。穆按：上引孔子語畢。彼之謂不道之道、此之謂不言之辯。郭象曰、彼謂二子、此謂仲尼。故德總乎道之所一、武延緒曰、一上脫不字、下同。穆按：下疑脫不字、此句可不改。而言休乎知之所不知、至矣。道之所一者、德不能同也。陸長庚曰、失道而後德。曹受坤曰、同、古逸叢書本作周。德者、得也。有所得、則道之所一者已破而不完。周者、圓滿普遍義。知之所不能知者、辯不能舉也。名若儒墨而凶矣。郭嵩燾曰、儒墨之所以凶、以有儒墨之名也。故海不辭東流、大之至也。聖人並包天地、澤及天下、而不知其誰氏。是故生無爵、死無謚。實不聚、名不立。此之謂大人。狗不以善吠為良。人不以善言為賢。而況為大乎。郭象曰、大愈不可為而得。夫為大不足以為大、而況為德乎。郭象曰、惟自然乃德耳。夫大備矣、武延緒曰、矣疑者字譌。莫若天地。然奚求焉而大備矣。知大備者無求、無失無棄、不以物易己也。反已而不窮、循古而不摩、馬其昶曰、國策注、摩、合也。謂不必擬似古也。大人之誠。

子綦有八子、陳諸前、召九方歅音因。曰、陸德明曰、九方歅、善相馬人。淮南作九方皋。為我相吾子、孰為祥。九方歅曰、梱音困。也為祥。子綦瞿然喜曰、奚若。曰、梱也、將與國君同食、以終其身。子綦索然出涕曰、吾子何為以至於是極也。九方歅曰、夫與國君同食、澤及三族、而況於父母乎。今夫子聞之而泣、是禦福也。陸德明曰、禦、距也。子則祥矣、父則不祥。子綦曰、歎、汝何足以識之、而梱祥邪。盡於酒肉、入於鼻口矣、而何足以知其所自來。吾未嘗為牧、而牂子郎反。生於奧。陸德明曰、爾雅、牂、牝羊也。奧、西南隅。未嘗好田、而鶉生於宎。烏弔反。司馬彪曰、宎、東北隅也。羅勉道曰、詩云、不狩不獵、胡瞻爾庭有懸鶉矣。語句略同。若勿怪、何邪。吾所與吾子遊者、遊於天地。吾與之邀樂於天、吾與之邀食於地。吾不與之為事。不與之為謀。不與之為怪。吾與之乘天地之誠、而不以物與之相攖。吾與之一委蛇、而不與之為事所宜。林雲銘曰、數語與庚桑楚篇同意。今也然、嚴復曰、然字句絕、猶云如汝所說。馬其昶曰、然、猶乃也。有世俗之償焉。凡有怪徵者、必有怪行。殆乎非我與吾子之罪、幾天與之也。吾以是泣也。無幾何而使梱之於燕。盜得之於道。全而鬻之則難、不若刖之則易。郭象曰、全恐其逃、故不如刖之易售也。於是刖而鬻之於齊、適當渠公之街。孫詒讓曰、當當為掌、渠當為康、街當為閭。列子湯問篇義渠、或本渠作康、是其證。然身食肉而終。

齧缺遇許由、曰、子將奚之。曰、將逃堯。曰、奚謂邪。曰、夫堯、畜畜然仁。王叔之曰、畜畜、卹愛勤勞之貌。吾恐其為天下笑。後世其人與人相食與。語又見庚桑楚篇。夫民、不難聚也。愛之則親。利之則至。譽之則勸。致其所惡則散。愛利出乎仁義。捐仁義者寡。利仁義者眾。夫仁義之行、唯且無誠。郭象曰、仁義既行、將偽以為之。武延緒曰、唯讀若微。且、疑旦字譌、旦通但、獨也。且假夫禽貪者器。宣穎曰、此即重利盜跖意。奚侗曰、禽貪、猶凶貪。易恆卦、禽凶叶韻。章炳麟曰、禽、借為廞。周禮故書、以淫為廞。樂記注、淫、貪也。是以一人之斷制利天下、譬之猶一覕薄結反。也。司馬彪曰、覕、暫見貌。朱駿聲曰、覕借為瞥。宣穎曰、一人之斷制、所見有限。猶目之一瞥、豈能盡萬物之情乎。章炳麟曰、郭注、覕、割也。萬物萬形、而以一劑割之、則有傷也。是以覕為邲之借。說文、邲、宰之也。宰割同義。夫堯、知賢人之利天下也、而不知其賊天下也。夫唯外乎賢者知之矣。

有暖吁爰反。姝者。有濡需者。有卷音權婁音樓者。陸德明曰、暖、柔貌。姝、妖貌。濡、安也。濡需、謂偷安須臾之頃。卷婁、猶拘攣也。成玄英曰、暖姝、自許貌。羅勉道曰、濡需、濡滯需待。卷婁、卷曲傴僂。所謂暖姝者、學一先生之言、則暖暖姝姝而私自說也。自以為足矣、而未知未始有物也。是以謂暖姝者也。濡需者、豕蝨是也。擇疏鬣、成玄英曰、疏、長。自以廣宮大囿。奎蹏曲隈、王念孫曰、說文、奎、兩髀之間也。向秀曰、曲隈、股間也。郭慶藩曰、曲隈、蓋謂胯內。言隈者、皆在內曲深之謂。乳間股腳、自以為安室利處。不知屠者之一旦鼓臂布草、操煙火、而己與豕俱焦也。此以域進、此以域退、宣穎曰、進退為境所囿。此其所謂濡需者也。卷婁者、舜也。羊肉不慕蟻、蟻慕羊肉、羊肉羶也。舜有羶行、百姓悅之、故三徙成都。至鄧之虛、本又作墟。而十有萬家。堯聞舜之賢、舉之童土之地。向秀曰、童土、地無草木也。曰、冀得其來之澤。舜舉乎童土之地、年齒長矣、聰明衰矣、而不得休歸。所謂卷婁者也。是以神人惡眾至。眾至則不比。王敔曰、人固不可盡合。不比則不利也。王敔曰、必有所傷。故無所甚親、無所甚疎。抱德煬和、李頤曰、煬、炙也。奚侗曰、煬借作養。以順天下。此謂真人。於蟻棄知。於魚得計。於羊棄意。郭嵩燾曰、蟻之附羶也、有利而趨之、即其知也。羊之羶也、與以可歆之利、即其意也。魚相忘於江湖、故曰於魚得計。以目視目。以耳聽耳。以心復心。王敔曰、視聽止於視聽、不以滑心、心自復其本定。若然者、其平也繩、馬其昶曰、平猶常也。繩、直也。其變也循。古之真人。以天待人、馬其昶曰、人舊作之、今從張君房本。不以人入天。古之真人。

得之也生、失之也死。得之也死、失之也生。藥也。其實堇音謹。也、桔梗也、雞癰於容反。也、豕零也、是時為帝者也。何可勝言。司馬彪曰、堇、烏頭也。雞癰、一名芡、即雞頭。豕零、一名豬苓。陸長庚曰、堇毒、梗浮、雞補、零利。吳汝綸曰、時為帝、猶云迭為貴重。句踐也、以甲楯三千棲於會稽、唯種也能知亡之所以存。本又作可以。唯種也不知其身之所以愁。陸德明曰、種、越大夫名也。吳楚春秋云、姓文、字少禽。故曰、鴟目有所適。鶴脛有所節、解之也悲。司馬彪曰、解、去也。故曰、風之過、河也有損焉。日之過、河也有損焉。歸有光曰、吹晒水耗。請只風與日相與守河、馬其昶曰、只、句中語助。而河以為未始其攖也。恃源而往者也。故水之守土也審。王敔曰、審者、密而無間。影之守人也審、物之守物也審。故目之於明也殆。耳之於聰也殆。心之於殉也殆。劉師培曰、殉當作徇。史記幼而徇齊、大戴記作慧齊、是徇慧誼符。知北遊、思慮恂達、耳目聰明。凡能、其於府也殆。穆按：其通之。王敔曰、府者、能之所藏也。殆之成也不給改。宣穎曰、猶不及改。禍之長也茲萃。李治曰、茲滋古字通。李頤云、萃、多也。其反也緣功。宣穎曰、欲反自然、須循學力。其果也待久。宣穎曰、即果於自克、亦待時久。言敗之速、救之難也。而人以為己寶、不亦悲乎。馬其昶曰、果也待久、惡不積、不足以滅身也。故世人狃於目前、而忽其所戒。故有亡國戮民無已、不知問是也。故足之於地也踐。雖踐、恃其所不蹍而後善博也。成玄英曰、踐蹍、俱履蹈也。林雲銘曰、足之所踐無幾、而要所不踐、方可資以致遠。俞樾曰、兩踐字並當作淺。人之知也少、雖少、恃其所不知而後知天之所謂也。知大一。知大陰。陸長庚曰、大一、渾淪未判。大陰、至靜無感。知大目。穆按：大目、一視無分也。知大均。劉咸炘曰、即大圓、與大方對。知大方。知大信。知大定。至矣。大一通之。郭象曰、道也。大陰解之。郭象曰、用其分內、則萬事無滯。大目視之。郭象曰、用萬物之自見。大均緣之。郭象曰、因其本性、令各自得。大方體之。郭象曰、體之使各得其分、則萬方俱得。大信稽之。郭象曰、命之無令越逸所期。大定持之。郭象曰、真不撓、則自定。楊文會曰、此歷舉七大、與佛經暗合。大一通之、體則無二、用乃萬殊。大陰解之、寂滅大海、究竟解脫。大目視之、正法眼藏、徹見本源。大均緣之、平等一如、普緣十界。大方體之、無邊剎土、不出自心。大信稽之、因果歷然、纖毫不爽。大定持之、本來無動、不持而持。盡有天循。有照冥。有樞始。有彼則。姚鼐曰、天循者、常無以知其妙也。照冥者、常有以知其徼也。天循為體、故有樞始。照冥為用、故有彼則。言因彼為則、無常則也。此非必聖人、人盡有之、特知解者少耳。其解之也、似不解之者。其知之也、似不知之也。不知而後知之。其問之也、不可以有崖、而不可以無崖。頡滑有實。向秀曰、頡滑、謂錯亂也。郭象曰、萬物雖頡滑不同、而物物各自有實也。陸長庚曰、頡謂升降上下、滑謂流動旋轉。所謂化育流行、上下昭著、莫非此理之實。古今不代、郭象曰、各自有、故不可相代。而不可以虧。郭象曰、宜各盡其分。陸長庚曰、更無代易、亦無虧損。則可不謂有大揚搉音角乎。王念孫曰、廣雅、揚搉、都凡也。揚搉辜榷、皆大數之名、猶言約略。闔不亦問是已、奚惑然為。以不惑解惑、復於不惑、是尚大不惑。楊文會曰、以不惑之理、解瞑眩之惑、以復其本性之不惑、然後進而至於大不惑、則契於道矣。

則陽

雜篇之三。王夫之曰、雜篇惟庚桑楚徐無鬼寓言天下四篇、為條貫之言。則陽外物列禦寇三篇、皆雜引博喻。理則可通、而文義不相屬。

則陽遊於楚、（司馬彪曰、姓彭、名則陽。）夷節言之於王。（陸德明曰、夷節、楚臣。）王未之見。夷節歸、彭陽見王果曰、（司馬彪曰、王果、楚賢人。）夫子何不譚我於王。王果曰、我不若公閱休。（陸德明曰、公閱休、隱士也。）彭陽曰、公閱休、奚為者邪。曰、冬則擉（音捉）鼈于江。（司馬彪曰、擉、刺也。）夏則休乎山樊。（李頤曰、樊、傍也。）有過而問者、曰、此予宅也。（郭象曰、言此者、以抑彭陽之進趨。）夫夷節已不能、而況我乎。吾又不若夷節。夫夷節之為人也、無德而有知。不自許、以之神其交。（羅勉道曰、屈己隨人、而人莫測其所以也。）固顛冥乎富貴之地。（司馬彪曰、顛冥、猶迷惑也。）非相助以德、相助消也。（王敔曰、消謂消其德。）夫凍者、假衣於春。暍（音謁）者反冬乎冷風。陸德明曰、字林、暍、傷暑也。奚侗曰、此當作反冷風於冬。高亨曰、反、求也。墨子非攻、必反大國之說。孟子、盍亦反其本矣。本書盜跖篇、以反一日之無。王敔曰、春不待衣而自暖、冬不待冷風而自涼、於以解凍暍也何有。穆按：此喻貪慕富貴、多求人助、方且益病。吳汝綸曰、淮南俶真篇云、凍者假兼衣於春。暍者望冷於秋。夫楚王之為人也、形尊而嚴。其於罪也、無赦如虎。非夫佞人正德、其孰能橈焉。王叔之曰、惟正德以至道服之、佞人以才辯奪之、故能泥橈之也。故聖人、其窮也、使家人忘其貧。其達也、使王公忘爵祿而化卑。其於物也、與之為娛矣。姚鼐曰、娛當讀為娭。其於人也、樂物之通而保己焉。阮毓崧曰、即田子方篇虛緣而葆真、知北遊篇外化而內不化也。故或不言而飲人以和、與人並立而使人化。父子之宜、彼其乎歸。穆按：論語老者安之、少者懷之、即父子之宜、彼其乎歸之義也。居而一間其所施、高亨曰、爾雅釋言、間、俔也。廣雅釋詁、間、覗也。言一察其所加施於人心者、若是之遠也。穆按：此猶庚桑楚篇所謂至人尸居環堵之室、而百姓猖狂不知所如往也。其於人心者、若是其遠也。故曰、待公閱休。郭象曰、欲其釋楚王而從閱休、將以靜泰之風鎮其動心也。

聖人達綢繆、陸德明曰、綢繆、猶纏綿也。王敔曰、事理轇轕處。郭象曰、達綢繆、所謂玄通。周盡一體矣、郭象曰、無內外而皆洞照。而不知其然、性也。復命搖作、而以天為師、人則從而命之也。憂乎知、而所行恆無幾時、其有止也、若之何。阮毓崧曰、老子曰、靜曰復命、搖作、動也。宣穎曰、聖人動靜皆依乎天。曹受坤曰、復疑循字之誤。循命搖作、謂率性而動也。穆按：惟根乎性而不知其然者、乃能行之無已時也。生而美者、人與之鑑、不告、則不知其美於人也。若知之、若不知之、若聞之、若不聞之、其可喜也終無已。王念孫曰、終、竟也、竟無已時也。陸長庚曰、其美不以不知不聞而遂失。人之好之亦無已。性也。聖人之愛人也、人與之名。不告、則不知其愛人也。若知之、若不知之、若聞之、若不聞之、其愛人也終無已。人之安之亦無已。性也。穆按：中庸曰、至誠不息。至誠、即性也。不息、即無已也。舊國舊都、望之暢然。雖使丘陵草木之緡、入之者十九、猶之暢然。況見見聞聞者也。姚鼐曰、緡乃芒昧不分明之意。在宥篇、當我緡乎、同此解。舊都雖入於芒昧者十九、所見才十一耳、已自暢然。況見聞親切者乎。俞樾曰、入謂入於丘陵草木掩蔽之中也。林希逸曰、見見聞聞、即佛氏所謂本來面目。以十仞之臺縣眾閒者也。俞樾曰、其暢然更可知。

冉相氏得其環中以隨成。郭象曰、冉相氏、古之聖王也。宣穎曰、環中、即時中也。隨在自成、莫非此中。王先謙曰、齊物論、樞始得其環中、以應無窮。與物無終無始、無幾無時。成玄英曰、無始、無過去。無終、無未來。無幾無時、無見在。日與物化者、一不化者也。楊文會曰、此如禪宗一圓相、隨眾生機而成就之、真俗圓融、恆順眾生、與之俱化、而自無化相可得。穆按：語又見知北遊。闔嘗舍之。成玄英曰、與化俱往、曷嘗暫舍也。夫師天而不得師天、姚鼐曰、師天而不得、此以意解所至為師天者也。此與殉物者同為殉耳。聖人之師天、則未始知有天也。與物皆殉、其以為事也若之何。宣穎曰、有心事此。夫聖人未始有天、未始有人。未始有始、未始有物。章炳麟曰、物即物故之物、正當作歾。說文、歾、終也。與世偕行而不替。馬其昶曰、爾雅、替、止也。所行之備而不洫。王叔之曰、洫、敗壞也。章炳麟曰、洫借為卹。說文、鮮少也。其合之也若之何。宣穎曰、無心合道。王叔之曰、兩言若之何、欲人之自審擇。湯得其司御、門尹登恒為之傅之、向秀曰、登恒、人名。陸長庚曰、司御、猶司牧、言天以湯為君。羅勉道曰、或說門尹登恒即伊尹。從師而不囿、得其隨成。宣穎曰、從師而不囿於師、得環中隨成之道。陸長庚曰、湯為之司御、名焉而已。為之司其名。林雲銘曰、人不稱其師、而稱湯、是湯為師司其名也。之名嬴法、馬其昶曰、之、是也。得其兩見。陸長庚曰、名、嬴法也、猶老子謂餘食贅行。蓋大道無名、名有是非美惡、皆落兩見。呂惠卿曰、其精為道、其嬴為法。見其名之所由生、則知法之所由成。是為兩見。仲尼之盡慮、為之傅之。阮毓崧曰、繫辭、天下何思何慮。韓注、一以貫之、不慮而盡矣。郭象注、若有纖芥之慮、豈得寂然不動、應感無窮、以輔萬物之自然耶。盡慮、即無心之謂。凡得環中之道者、要必以無心為之師。容成氏曰、馬其昶曰、淮南高誘注云、黃帝時造厤日者。除日無歲。無內無外。歸有光曰、日積成歲、渾全難分。有內方有外、內外無間。楊文會曰、除日無歲、破時量也。無內無外、破方量也。王夫之曰、天之體、渾然一環而已。春非始、冬非終。相禪相成者、至密而無畛域。其渾然一氣、流動充滿、上者非清、下者非濁、物化其中、隨運而成。有者非實、無者非虛。莊生以此見道之大圜、流通以成化、而不以形氣名義滯之於小成。其曰實而無乎處者宇也、渾天無內無外之環也。其曰長而無本標者宙也、渾天除日無歲之環也。

魏瑩與田侯牟約、司馬彪曰、瑩、魏惠王。田侯、齊威王也、名牟。田侯牟背之。魏瑩怒、將使人刺之。犀首聞而恥之、陸德明曰、犀首、魏官名也。司馬彪曰、公孫衍為此官。曰、君為萬乘之君也、而以匹夫從讎。衍請受甲二十萬、為君攻之。虜其人民。係其牛馬。使其君內熱發於背、然後拔其國。忌也出走、成玄英曰、田忌、齊將。然後抶敕一反。其背、陸德明曰、三蒼、抶、擊也。折其脊。季子聞而恥之、陸德明曰、季子、魏臣。曰、築十仞之城、城者既十仞矣、俞樾曰、下十乃七之誤、與下文兵不起七年、對文為喻。則又壞之、此胥靡之所苦也。今兵不起七年矣、此王之基也。衍亂人、不可聽也。華子聞而醜之、陸德明曰、華子亦魏臣。曰、善言伐齊者、亂人也。善言勿伐者、亦亂人也。謂伐之與不伐亂人也者、又亂人也。君曰、然、則若何。曰、君求其道而已矣。惠子聞之而見戴晉人。陸德明曰、戴晉人、梁國賢人。戴晉人曰、有所謂蝸音瓜者、李頤曰、蝸蟲有兩角、俗謂之蝸牛。君知之乎。曰、然。有國於蝸之左角者、曰觸氏。有國於蝸之右角者、曰蠻氏。時相與爭地而戰。伏尸數萬、逐北旬有五日而後反。君曰、噫、其虛言與。曰、臣請為君實之。君以意在四方上下、有窮乎。馬其昶曰、禮記注、在、察也。君曰、無窮、曰、知遊心於無窮、而反在通達之國、若存若亡乎。郭象曰、人迹所及為通達、謂今四海之內。君曰、然。曰、通達之中有魏。於魏中有梁。於梁中有王。王與蠻氏有辨乎。君曰、無辨。客出、而君惝然若有亡也。蘇轍曰、誠知所爭若此其細也、則天下無爭矣。客出、惠子見。君曰、客、大人也。聖人不足以當之。惠子曰、夫吹筦也、猶有嗃許交反。也。陸德明曰、嗃、管聲也。吹劍首者、吷音血而已矣。司馬彪曰、劍首、謂劍環頭小孔也。吷然如風過。堯舜、人之所譽也。道堯舜於戴晉人之前、譬猶一吷也。郭象曰、曾不足聞。嚴復曰、今科學中有天文地質兩科、治之、乃有以實知宇宙之博大而悠久。迴觀大地與夫歷史所著之數千年、真若一吷。莊未嘗治此兩學、而所言如此、則其心慮之超越常人、真萬萬也、真所謂大人者非歟。

孔子之楚、舍於蟻丘之漿。（李頤曰、蟻丘、山名。漿、賣漿家。司馬彪曰、謂逆旅舍、以菰蔣草覆之。劉文典曰、淮南原道篇、上漏下溼、潤浸北房、雪霜滾灖、浸潭菰蔣。亦正以菰蔣為草舍。藝文類聚御覽引此並作蔣。）其鄰有夫妻臣妾登極者。（司馬彪曰、極、平頭屋也。陳治安曰、宜僚欲觀夫子為人、又不屑與接也。）子路曰、是稯稯、（音總、字亦作總。）何為者邪。（李頤曰、稯稯、聚貌。）仲尼曰、是聖人僕也。（宣穎曰、僕、徒也。）是自埋於民、自藏於畔。（王叔之曰、隱藏於隴畔。）其聲銷、（郭象曰、損其名也。）其志無窮。其口雖言、其心未嘗言。方且與世違、而心不屑與之俱。是陸沈者也。（郭象曰、人中隱者、譬無水而沉也。）是其市南宜僚邪。子路請往召之。孔子曰、已矣、彼知丘之著於己也。（郭象曰、著、明也。陸長庚曰、彼亦知丘之知彼也。）知丘之適楚也。以丘為必使楚王之召己也。彼且以丘為佞人也。夫若然者、其於佞人也、羞聞其言、而況親見其身乎。而何以為存。（舊注、存謂存問之。）子路往視之、其室虛矣。（郭象曰、果逃去也。穆按：此似論語荷蓧丈人事。）

長梧封人問子牢、曰、（陸德明曰、長梧、地名。封人、守封疆之人。司馬彪曰、子牢、即琴牢、孔子弟子。）君為政焉勿鹵莽、治民焉勿滅裂。（司馬彪曰、鹵莽、猶麤粗、謂淺耕稀種也。滅裂、斷其草也。）昔予為禾、耕而鹵莽之、則其實亦鹵莽而報予。芸而滅裂之、其實亦滅裂而報予。予來年變齊。（才細反。司馬彪曰、謂變更所法。奚侗曰、齊、周禮亨人、以給水火之齊。鄭注、齊、多少之量。酒正、辨五齊之名。鄭注、每有祭祀、以度量節作之多少、合乎法度曰齊。此言變齊、猶言變方法耳。深其耕而熱耰之、其禾繁以滋。予終年厭飧。音孫。莊子聞之、曰、今人之治其形、理其心、多有似封人之所謂。遁其天、離其性、滅其情、亡其神、以眾為。宣穎曰、馳騖眾事。故鹵莽其性者、欲惡之孽為性。武延緒曰、孽、櫱之叚字。林雲銘曰、認賊作子。萑音丸。葦蒹葭始萌、以扶吾形。尋擢吾性。宣穎曰、欲惡既萌、與官形表裏相助、而因以亂性。竝潰漏發、李頤曰、謂精氣散泄、上潰下漏。不擇所出。漂本亦作瘭。疽疥癰、內熱溲膏是也。陸德明曰、瘭疽、謂病瘡膿出也。司馬彪曰、溲膏、謂虛勞人尿上生肥白沫也。陸長庚曰、得其養、形神俱妙。失其養、形神俱病也。

柏矩學於老聃。曰、請之天下遊。老聃曰、已矣、天下猶是也。又請之。老聃曰、汝將何始。曰、始於齊。至齊、見辜人焉。俞樾曰、周官注、辜之言枯也。謂磔之。漢書注、磔謂張其尸也。推而強之、成玄英曰、令其正臥。解朝服而幕之、司馬彪曰、幕、覆也。號天而哭之。曰、子乎、子乎。俞樾曰、子讀為嗞。詩子兮子兮。傳、嗟茲也。天下有大菑、子獨先離之。曰、莫為盜、莫為殺人。馬其昶曰、二句推執法者罪之之詞。榮辱立、然後覩所病。貨財聚、然後覩所爭。今立人之所病、聚人之所爭、窮困人之身、使無休時。欲無至此、得乎。古之君人者、以得為在民、以失為在己。以正為在民、以枉為在己。故一形王叔岷曰、一形疑原作一物。郭注成疏可證。有失其形者、退而自責。今則不然。匿為物而愚不識。俞樾曰、愚、釋文一本作遇、疑過字之誤。呂覽適威、煩為教而過不識、數為令而非不從、巨為危而罪不敢、重為任而罪不勝、與此文義相似。大為難而罪不敢。重為任而罰不勝。遠其塗而誅不至。民知力竭、則以偽繼之。日出多偽、士民安取不偽。吳汝綸曰、日出二句、疑注文誤入。夫力不足則偽。知不足則欺。財不足則盜。盜竊之行、於誰責而可乎。

蘧伯玉行年六十而六十化。未嘗不始於是之、而卒詘之以非也。未知今之所謂是之非五十九非也。萬物有乎生、而莫見其根。有乎出、而莫見其門。人皆尊其知之所知、而莫知恃其知之所不知而後知、可不謂大疑乎。奚侗曰、說文、疑、惑也。已乎已乎、且無所逃此。則所謂然與然乎。陸德明曰、然乎、言未然。王先謙曰、論語、其然豈其然乎、與此意同。嚴復曰、此猶赫胥黎所謂之不可知論。

仲尼問於大史大弢、伯常騫、狶韋、曰、夫衛靈公飲酒湛樂、不聽國家之政。田獵畢弋、不應諸侯之際。司馬彪曰、際、盟會之事。其所以為靈公者、何邪。大弢曰、是因是也。郭象曰、靈即是無道之謚。伯常騫曰、夫靈公有妻三人、同濫而浴。陸德明曰、濫、浴器也。奚侗曰、濫當作鑑。說文、鑑、大盆也。史鰌奉御而進所、司馬彪曰、史鰌、史魚也。王敔曰、進於君所。搏幣而扶翼。郭象曰、以鰌為賢、而奉御之勞、故搏幣而扶翼之、使其不得終禮。此所以為肅賢也。幣者、奉御之物。陳景元曰、幣、帛也。浴巾也。武延緒曰、搏幣、疑當讀若匍匐。方揚曰、同浴是一事、奉御又是一事、不必同時。其慢、若彼之甚也。見賢人、若此其肅也。是其所以為靈公也。郭象曰、靈有二義、亦可謂善、故仲尼問焉。豨韋曰、夫靈公也死、卜葬於故墓、不吉。卜葬於沙丘、而吉。掘之數仞、得石槨焉。洗而視之、有銘焉。曰、不馮其子、靈公奪而里之。司馬彪曰、言子孫不足可憑、故使公得此處為冢。陸德明曰、而、汝也。里、居處也。宣穎曰、子里為韻。方揚曰、古人謂窀穸為蒿里。夫靈公之為靈也久矣、之二人何足以識之。郭象曰、徒識已然之見事耳、未知已然之出於自然也。嚴復曰、二人指大弢伯常騫。

少知問於太公調曰、何謂丘里之言。李頤曰、四井為邑、四邑為丘、五家為鄰、五鄰為里。古者鄰里井邑土風不同。大公調曰、丘里者、合十姓百名而以為風俗也。合異以為同、散同以為異。呂惠卿曰、合姓名為丘里、散丘里為姓名。今指馬之百體而不得馬、而馬係於前者、立其百體而謂之馬也。是故丘山積卑而為高、江河合水一本作合流。而為大、大人合并而為公。武延緒曰、并疑眾字譌。眾古作乑、與并形近。是以自外入者、有主而不執。由中出者、有正而不距。呂惠卿曰、不執者、有萬而無不容。不距者、周行而無不徧。四時殊氣、天不賜、故歲成。于省吾曰、賜讀如易。詩文王、駿命不易。穆按、謂不以私意變易自然也。五官殊職、君不私、故國治。文武大人不賜、王叔岷曰、據注疏、文武下疑原有殊能二字。故德備。萬物殊理、道不私、故無名。無名故無為。無為而無不為。時有終始、世有變化。禍福淳淳、王叔之曰、淳淳、流動貌。至有所拂者、而有所宜、郭象曰、流行反覆、於此為戾、於彼或以為宜。自殉殊面。有所正者有所差。陸德明曰、廣雅、面、向也。成玄英曰、各逐己見、所向不同。比於大澤、百材皆度。觀乎大山、木石同壇。成玄英曰、壇、基也。此之謂丘里之言。少知曰、然、則謂之道、足乎。大公調曰、不然。今計物之數、不止於萬、而期曰萬物者、成玄英曰、期、限也。以數之多者號而讀之也。李頤曰、讀猶語也。是故天地者、形之大者也。陰陽者、氣之大者也。道者為之公。因其大以號而讀之、則可也。老子曰、公乃王。又曰、道、吾不知其名、字之曰道、強為之名曰大。已有之矣、乃將得比哉。呂惠卿曰、道本無名、而以名稱之、則已有矣。乃將得與無名者比哉。嚴復曰、有通囿。既為丘里之言、是已囿之矣、惡足以擬道。則若以斯辯、譬猶狗馬、其不及遠矣。宣穎曰、如子云謂之道、則猶狗之名狗、馬之名馬、同於一物、不及道遠矣。少知曰、四方之內、六合之裏、萬物之所生惡起。大公調曰、陰陽相照、相蓋相治。陸長庚曰、蓋、藏也。俞樾曰、蓋讀為害、古字通。嚴復曰、凡對待、皆陰陽也。四時相代、相生相殺。欲惡去就、於是橋起。馬其昶曰、荀子注、橋與矯同、矯起、猶言蠭起。王筠曰、橋、謂桔槔也。雌雄片音判合、王念孫曰、片與胖同。說文、胖、半體肉也。喪服傳、夫妻胖合也。於是庸有。安危相易、禍福相生。緩急相摩、聚散以成。此名實之可紀、精微之可志也。隨序之相理、橋運之相使、成玄英曰、四序相隨、更相治理。五行運動、遞相驅使。陸長庚曰、橋有升降、故謂氣運為橋。屈伸相感、若或使之。窮則反、終則始。此物之所有。言之所盡、知之所至、極物而已。睹道之人、不隨其所廢、不原其所起。此議之所止。少知曰、季真之莫為、接子之或使、成玄英曰、季真接子、齊賢人、俱遊稷下。郭慶藩曰、接子、漢書人表作捷子、接捷古字通。俞樾曰、禮鄭注、或有也。二家之議、孰正於其情、孰偏於其理。奚侗曰、偏、為偏字誤。唐順之曰、莫為、是佛家自然性也。或使、因緣性也。嚴復曰、化、或云莫為、或云或使、猶西學之云自由與前定。大公調曰、雞鳴狗吠、是人之所知。雖有大知、不能以言讀其所自化。又不能以意其所將為。王叔岷曰、據成疏、疑意下脫測字。嚴復曰、雞鳴狗吠、物之至近者也。其為莫為或使、且不可知。斯而析之、王念孫曰、廣雅、斯、分也。精至於無倫、大至於不可圍。或之使、莫之為、未免於物、而終以為過。陳壽昌曰、二說皆從物上起論、故終不免於過。或使則實、莫為則虛。有名有實、是物之居。唐順之曰、居、言著物也。無名無實、在物之虛。陸長庚曰、老子有之以為利、無之以為用。可言可意、言而愈疏。未生不可忌。成玄英曰、忌、禁也。已死不可徂。一本作阻。成玄英曰、阻、礙也。死生非遠也、理不可覩。或之使、莫之為、疑之所假。馬其昶曰、大宗師釋文、假、因也。吾觀之本、其往無窮。吾求之末、其來無止。無窮無止、言之無也、與物同理。或使莫為、言之本也、與物終始。馬敘倫曰、之讀為其。馬其昶曰、理無窮止、而物有終始。故忘言而寓諸無竟者、與物同理也。有無二執、言本此興、特與物終始耳。非無窮無止之道也。道不可有、有不可無。馬其昶曰、有不之有、讀為又。嚴復曰、道不可有、又不可無、故化。固不以為莫為、又不可以為或使。道之為名、所假而行。馬其昶曰、老子云、不知其名、或使莫為、在物一曲。夫胡為於大方。言而足、則終日言而盡道。言而不足、則終日言而盡物。道物之極、言默不足以載。非言非默、議其有極。
字之曰道。

外物

雜篇之四。

外物不可必。故龍逢誅、比干戮、箕子狂、惡來死、桀紂亡。郭象曰、善惡所致、俱不可必也。人主莫不欲其臣之忠、而忠未必信。故伍員流於江、萇弘死於蜀、藏其血三年而化為碧。郭象曰、精誠之至。人親莫不欲其子之孝、而孝未必愛。故孝己憂而曾參悲。李頤曰、孝己、殷高宗太子。木與木相摩則然。阮毓崧曰、上古取火、先以硬棒在乾燥木塊上反覆磨擦。至鑽木取火、仍以木棒為之。金與火相守則流。薛福成曰、此泰西電學化學之權輿。陰陽錯行、則天地大絯。音駭。王叔岷曰、在宥天運皆作天下大駭。於是乎有雷有霆。成玄英曰、陰陽錯亂、不順五行。故雷霆擊怒、驚駭萬物。水中有火、乃焚大槐。司馬彪曰、水中有火、謂電也。焚謂霹靂、時燒大樹也。唐順之曰、造化變異則生火。人心擾攘則生火。有甚憂兩陷而無所逃。王先謙曰、人亦有甚憂者、利害是也。害固害、利亦害、故常兩陷而無所逃。螴音陳。蜳音惇不得成。成玄英曰、螴蜳、猶怵惕也。王先謙曰、人視外物過重、雖怵惕恐懼、卒無所成。心若縣於天地之間。慰暋音昏。沈屯。李頤曰、慰、鬱也。暋、悶也。利害相摩、生火甚多。眾人焚和。郭象曰、內熱故也。月固不勝火。陸長庚曰、火在人身、有所謂五志之火者。月、水也。月不勝火、即醫家一水不能勝五火義。宣穎曰、月、喻人之清明本性也。於是乎有僓音頹。然而道盡。王敔曰、所受以生之道、於是乎亡。

莊周家貧、故往貸粟於監河侯。陸德明曰、說文作魏文侯。監河侯曰、諾、我將得邑金、將貸子三百金、可乎。莊周忿然作色曰、周昨來、有中道而呼者。周顧視、車轍中有鮒魚焉。周問之曰、鮒魚來、子何為者邪。對曰、我、東海之波臣也。君豈有斗升之水而活我哉。王引之曰、豈、猶其也。周曰、諾。我且南遊吳越之王、激西江之水而迎子、可乎。鮒魚忿然作色曰、吾失我常與、林雲銘曰、常與謂水。我無所處。吾得斗升之水然活耳。王引之曰、然、猶則也。君乃言此、曾不如早索我於枯魚之肆。

任公子為大鉤巨緇、李頤曰、任、國名。司馬彪曰、巨緇、大黑綸也。五十犗古邁反。以為餌。郭象曰、犗、犍牛也。蹲音存乎會稽、投竿東海。旦旦而釣、期年不得魚。已而大魚食之、牽巨鉤、錎音陷。沒而下。陸德明曰、字林、錎、猶陷也。鶩揚而奮鬐。求夷反。白波若山、海水震蕩、聲侔鬼神、憚赫千里。任公子得若魚、離而腊之。音昔。自制河以東、陸德明曰、制應作浙。蒼梧以北、莫不厭若魚者。已而後世輇音權。才諷說之徒、皆驚而相告也。李頤曰、輇、輇量人也。朱駿聲曰、輇借為銓。夫揭竿累、本亦作纍。趣本又作趨。灌瀆、司馬彪曰、纍、綸也。灌瀆、溉灌之瀆。守鯢鮒、其於得大魚、難矣。飾小說以干縣令、馬永卿曰、莊子與梁惠王同時、是時已有縣令、見史記年表。朱亦棟曰、猶左傳之縣尹。其於大達、亦遠矣。是以未嘗聞任氏之風俗、其不可與經於世、亦遠矣。嚴復曰、以上兩段、政用相發。物之差數、不主故常。方其欲少、則升斗之水、利於東海之波。方其圖大、則連犗巨緇、賢於揭竿趣瀆。

儒以詩禮發冢。大儒臚傳曰、向秀曰、從上語下曰臚傳。東方作矣、司馬彪曰、謂日出也。事之何若。小儒曰、未解裙襦、口中有珠。詩固有之曰、馬敘倫曰、此下皆大儒答小儒辭。青青之麥、生於陵陂。生不布施、死何含珠為。接其鬢、壓本一作擪。其顪。許穢反。陸德明曰、字林、擪、一指按也。司馬彪曰、顪、頤下毛也。儒以金椎控其頤。王念孫曰、儒、藝文類聚引作而、是也。而、汝也。劉文典曰、御覽七六三引、儒作徐。徐別其頰、無傷口中珠。陸長庚曰、此喻世儒無實得、而剽竊古人為事。

老萊子之弟子出薪、陸德明曰、老萊子、楚人。出薪、出採薪也。遇仲尼、反以告曰、有人於彼、修上而趨音促。下。郭象曰、長上而促下也。末僂而後耳。成玄英曰、肩背傴僂。孫詒讓曰、淮南地形訓、末僂、高注、末猶脊也。末僂、即背僂。郭象曰、耳卻近後。視若營四海。劉師培曰、營謂帀徧。不知其誰氏之子。老萊子曰、是丘也、召而來。仲尼至。曰、丘、去汝躬矜、與汝容知、陸德明曰、容智謂飾智為容好。斯為君子矣。仲尼揖而退、蹙然改容而問曰、業可得進乎。老萊子曰、夫不忍一世之傷、而驁萬世之患。馬其昶曰、呂覽注、驁、亦輕也。抑固窶邪。王先謙曰、抑子胸中素無蓄備。亡其略弗及邪。王引之曰、亡無同、轉語詞。惠於歡為驁、王先謙曰、以施惠搏眾懽、長一己之傲。章炳麟曰、左襄二十六年傳服注、惠、發聲。終身之醜。中民之行進焉耳。宣穎曰、中民、庸人也。穆按：此處進字、承上業可得進乎之問來。王叔岷曰、闕誤進上有易字。相引以名、相結以隱。俞樾曰、呂覽注、隱、私也。與其譽堯而非桀、不如兩忘而閉其所譽。語又見齊物論。反無非傷也。動無非邪也。成玄英曰、反於物性、無不傷損、擾動心靈、皆非正法。聖人躊躇以興事、以每成功。王夫之曰、躊躇興事、養生主所謂戒、人間世所謂慎。奈何哉、其載焉、終矜爾。吳汝綸曰、淮南云、反性之本、在於去載、去載則虛。與此文載字同。

宋元君夜半而夢人被髮闚阿門。成玄英曰、阿、曲也。曰、予自宰路之淵、予為清江使河伯之所、漁者余且子餘反。得予。元君覺、使人占之。曰、此神龜也。君曰、漁者有余且乎。左右曰、有。君曰、令余且會朝。明日、余且朝。君曰、漁何得。對曰、且之網、得白龜焉。箕圓五尺。孫詒讓曰、箕其字同。圓、運之聲轉。其運五尺、言龜大徑五尺。猶山木篇言異鵲翼廣七尺、目大運寸。君曰、獻若之龜。龜至、君再欲殺之、再欲活之。心疑、卜之。曰、殺龜以卜、吉。乃刳龜、（劉文典曰、文選江賦注類聚御覽引、並作刳龜以卜。）七十二鑽而無遺筴。仲尼曰、神龜能見夢於元君、而不能避余且之網。知能七十二鑽而無遺筴、不能避刳腸之患。如是、則知有所困、神有所不及也。雖有至知、萬人謀之。魚不畏網而畏鵜鶘。（陸德明曰、鵜鶘、水鳥。呂惠卿曰、鵜鶘有知、網無知也。羅勉道曰、鵜鶘害小、網害大。人能去小知、而大知明矣。）去小知而大知明。去善而自善矣。嬰兒生無石師而能言、（王敔曰、石碩通。）與能言者處也。

惠子謂莊子曰、子言無用。莊子曰、知無用、而始可與言用矣。夫地、非不廣且大也、人之所用、容足耳。然則廁（音側）足而墊（丁念反、崔譔本又作蟄。）之致黃泉、（崔譔曰、墊、下也。陸德明曰、致、至也。馬永卿曰、以足外無餘地也。）人尚有用乎。惠子曰、無用。莊子曰、然、則無用之為用也亦明矣。（洪邁曰、學記、鼓無當於五聲、五聲弗得不備。水無當於五色、五色弗得不章。其理一也。嚴復曰、嬰兒兩語、當自成章。否則屬之本章。石師於言、有用之用、能言相處、無用之用也。）

莊子曰、人有能遊、且得不遊乎。人而不能遊、且得遊乎。夫流遁之志、決絕之行、噫、其非至知厚德之任與。覆墜而不反、火馳而不顧。（陶鴻慶曰、火疑从字誤。說文、从、分也。互見天地篇。）雖相與為君臣、時也。易世而無以相賤。故曰、至人不留行焉。（唐順之曰、不留行、即無住著意。）夫尊古而卑今、學者之流也。且以狶韋氏之流觀今之世、夫孰能不波。劉師培曰、波借作頗、與下文僻字並文。皆謂偏側。唯至人乃能遊於世而不僻。順人而不失己。彼教不學。郭象曰、教因彼性、非學也。承意不彼。呂惠卿曰、達其意而承之、不彼也。不能通天下之意、則彼是生矣。陸長庚曰、承其意而不外之也。

目徹為明。耳徹為聰。鼻徹為顫。馬其昶曰、顫讀曰馨。禮燔燎羶薌、注、羶當為馨、聲之誤也。顫與羶同、見列子釋文。口徹為甘。心徹為知。知徹為德。凡道不欲壅。壅則哽。哽而不止則跈。王念孫曰、跈讀為抮。廣雅、抮、戾也。跈則眾害生。物之有知者恃息。其不殷、非天之罪。馬其昶曰、殷、盛也。陸長庚曰、存焉者寡。天之穿之、日夜無降。馬其昶曰、廣雅、降與隆同、云減也。天人氣息、日夜相通、未嘗有減。其不能殷盛者、人特以聲色自戕耳。武延緒曰、降疑當為隙、德充符田子方可證。人則顧塞其竇。胞有重閬。音浪。陸德明曰、胞、腹中胎。郭象曰、閬、空曠也。心有天遊。室無空虛、則婦姑勃谿。音奚。司馬彪曰、勃谿、反戾也。無虛空以容自私、則反戾共鬬爭也。心無天遊、則六鑿相攘。司馬彪曰、謂六情攘奪。大林丘山之善於人也、亦神者不勝。馬其昶曰、大林丘山、其境虛也。神不勝六鑿之擾、故覩清曠之境而喜。穆按：以其境虛、無與相爭勝者、故若神王也。德溢乎名。名溢乎暴。宣穎曰、名之溢外、由於表暴。謀稽乎誸。音弦。郭象曰、誸、急也。急而後考其謀。知出乎爭。柴生乎守官。曾國藩曰、柴、梗塞也、言所以閉塞不通、由拘守太過。馬其昶曰、官、即官知止之官。事果乎眾宜。馬其昶曰、徇眾好則果於為。六者、皆以物勝其神、以賊襲其虛者也。方揚曰、此春雨日時、王先謙曰、日疑曰之誤。草木怒生、銚七遙反。鎒乃豆反。於是乎始修。陸德明曰、銚、削也。能有所穿削也。鎒似鋤。草木之到植者過半、而不知其然。司馬彪曰、鋤拔反之更生曰到植。盧文弨曰、到古倒字。方揚曰、時至則生、銚鎒不能遏、其天遂也。

靜默可以補病。眥媙音滅。一作揃媙。可以休老。焦竑曰、眥媙、蓋養生家之術。段玉裁曰、眥搣頰旁、修養之法。故急就篇以揃媙與沐浴寡合同並言。郭嵩燾曰、廣韻、搣、案也。摩也。謂以兩手按摩目眥。寧可以止遽。雖然、若是、勞者之務也。非佚者之所、陸長庚曰、所如所其無逸之所。未嘗過而問焉。聖人之所以駴戶楷反。天下、王叔之曰、謂改百姓之視聽也。神人未嘗過而問焉。王夫之曰、超其上則知其不屑。賢人所以駴世、聖人未嘗過而問焉。君子所以駴國、賢人未嘗過而問焉。小人所以合時、君子未嘗過而問焉。演門有親死者、以善毀、爵為官師。陸德明曰、演門、宋城門名。其黨人毀而死者半。堯與許由天下、許由逃之。詳逍遙遊。湯與務光、務光怒之。詳大宗師與讓王。紀他聞之、帥弟子而踆音存於窾水。陸德明曰、踆、古蹲字。諸侯弔之、三年、申徒狄因以踣芳附反。河。紀他申徒狄、並見大宗師。馬其昶曰、踣、赴也。見秋水釋文。

荃者所以在魚、得魚而忘荃。蹄者所以在兔、得兔而忘蹄。陸德明曰、荃、香草也、可以餌魚。一云、魚笱也。蹄、兔罥也。又云兔弶也。係其腳、故曰蹄也。言者所以在意、得意而忘言。吾安得夫忘言之人而與之言哉。王夫之曰、此段文義、乃以起寓言篇之旨。而寓言篇末、又與列禦寇篇首意旨脗合。蓋雜篇次序相因、類如此。昔人以此益證讓王四篇為攙入、信不誣也。姚鼐曰、寓言一章、正與荃者節相續。分篇者殊為不審。陳用光曰、篇名不必拘於章首數字。荃者節於外物義無所屬、而取以冠下篇之首、合齊物論中一段連屬之、乃覺文義渾成、首尾完備。

寓　言

雜篇之五。王夫之曰、發明其終日言而未嘗言之旨、使人不泥其迹、此與天下篇乃全書之序例、詳說乃反約也。

寓言十九、重言十七。陸德明曰、寓、寄也。重言、為人所重者之言。姚鼐曰、莊生書凡託為人言者、十有其九。就寓言中、其託為黃帝堯舜孔顏之類、言足為世重者、又十有其七。巵言日出、和以天倪。王叔之曰、巵器滿即傾、空即仰、隨物而變、又非執一守故者也。王闓運曰、巵觶同字。觶言、飲燕禮成、舉觶後可以語之時之言也。馬其昶曰、詩云、獻醻交錯、禮儀卒度、笑語卒獲。古者旅酬之時、少長交錯、皆無算爵。鄉射記云、於旅也語。故曰巵言、義主盡歡。無次第、故曰和之以天倪、因之以曼衍矣。寓言十九、藉外論之。郭象曰、言出於己、俗多不受、故借外耳。親父不為其子媒。親父譽之、不若非其父者也。非吾罪也、人之罪也。司馬遷曰、莊子其學無所不窺、其著書十餘萬言、大抵率寓言也。畏累虛亢桑子之屬、皆空語無事實。然善屬書離辭、指事類情、用剽剝儒墨、雖當世宿學、不能自解免也。其言汪洋自恣以適己、故自王公大人、不能器之。與己同則應、不與己同則反。同於己、為是之。異於己、為非之。王引之曰、為猶則也。重言十七、所以已言也。王敔曰、已言者、止人之爭辯也。是為耆艾。年先矣、而無經緯本末以期年耆者、楊守敬曰、按注文、年耆者三字、應依古鈔本作來者。王闓運曰、不但以古人為重、以經緯本末重也。是非先也。人而無以先人、無人道也。人而無人道、是之謂陳人。郭象曰、直是陳久之人耳。馬其昶曰、世人各以先入之言為主、彼未嘗不以為重言而守之。其實皆無經緯本末者、不似己所託為黃帝堯舜孔老之徒也。章炳麟曰、謂依據故言、若因明論所謂聖教量者、足以暫寧諍論、止息人言、而非智者所服。卮言日出、和以天倪、因以曼衍、所以窮年。三語又見齊物論。不言則齊、齊與言不齊、言與齊不齊也。故曰無言。蘇輿曰、不言而道存、物論齊矣。言則有正有差、齊與言、言與齊、終無可齊之日。故曰、莫若無言。言無言、終身言、未嘗言。終身不言、未嘗不言。阮籍曰、莊周述道德之妙、敘無為之本、寓言以廣之、假物以延之、聊以娛無為之心、而逍遙於一世。豈將以希咸陽之門、而與稷下爭辯也哉。有自也而可、有自也而不可。郭象曰、自、由也。由彼我之情偏、故有可不可、然不然。有自也而然、有自也而不然。惡乎然、然於然。惡乎不然、不然於不然。惡乎可、可於可。惡乎不可、不可於不可。物固有所然、物固有所可。無物不然。無物不可。以上又見齊物論。非卮言日出、和以天倪、孰得其久。萬物皆種也、以不同形相禪。王夫之曰、各依其種而有變化。宣穎曰、皆有種類、各以其形禪於無窮。始卒若環、莫得其倫、郭象曰、倫、理也。是謂天均。嚴復曰、天均猶天鈞。鈞、陶輪也。似道之物、皆無始卒。無始卒者、惟環可言。而由是往復周流之事起。天均者、天倪也。姚鼐曰、何謂和之以天倪八十四字、當在此天倪也下。其章末忘年忘義、與章首忘言正相應。按姚氏移上篇荃者節為本篇之首章、故云然。

莊子謂惠子曰、孔子行年六十而六十化。始時所是、卒而非之。未知今之所謂是之非五十九非也。王先謙曰、與則陽篇稱蘧伯玉同。惠子曰、孔子勤志服知也。羅勉道曰、服知、從事乎知也。王闓運曰、也、讀為邪。莊子曰、孔子謝之矣、而其未之嘗言。馬其昶曰、其讀為豈。言勤志服知之說、孔子已自謝之。夫豈未之嘗言。故下引孔子語、以證其所見蓋進乎此矣。孔子云、夫受才乎大本。羅勉道曰、才猶孟子云天之降才。大本謂太初。復靈以生。孫詒讓曰、復疑與腹通。腹靈、猶言含靈。章炳麟曰、復借為伏、謂伏藏靈氣。鳴而當律。言而當法。利義陳乎前、而好惡是非、直服人之口而已矣。呂惠卿曰、利義陳乎前、我從而好惡是非之、直服人之口而已。以其所待未定、非無為而自化者。馬其昶曰、此勤志服知者、孔子始時所是、卒而非之者也。使人乃以心服、而不敢蘁立。馬其昶曰、蘁與愕鄂字通。顏師古說、凡言鄂者、皆謂阻礙不依順也。潘岳賦、應叱愕立。王叔岷曰、蘁與遻通。文選謝惠連雪賦注、引作忤、從忤絕句。馬敘倫曰、立定形近、錯衍一字。定天下之定。已乎已乎、吾且不得及彼乎。馬其昶曰、能服人之心者、孔子自謝不及、故曰能化也。

曾子再仕而心再化。宣穎曰、化、變也。曰、吾及親仕三釜、而心樂。後仕三千鍾、不洎、其器反。郭象曰、洎、及也。吾心悲。弟子問于仲尼曰、若參者、可謂無所縣其罪乎。郭象曰、縣、係也。陶鴻慶曰、說文、罪、捕魚竹罔也。引伸有係累義、謂不係心於利祿之累也。曰、既已縣矣。郭象曰、係於祿以養也。夫無所縣者、可以有哀乎。彼視三釜三千鍾、如鸛雀蚊虻相過乎前也。俞樾曰、雀字衍。鸛當依古本作觀。王叔岷曰、闕誤作如觀鳥雀蚊虻。

顏成子游謂東郭子綦曰、武延緒曰、東疑南字譌。自吾聞子之言、一年而野。成玄英曰、野、質樸也。二年而從。成玄英曰、從俗。三年而通。成玄英曰、不滯境。四年而物。成玄英曰、與物同。陸長庚曰、槁木死灰、情識不起。于省吾曰、物乃易字譌。五年而來。成玄英曰、為眾歸。武延緒曰、來上脫神字、知北遊人閒世可證。六年而鬼入。成玄英曰、神會物理。七年而天成。成玄英曰、動合自然。八年而不知死、不知生。九年而大妙。陶鴻慶曰、老子常無欲以觀其妙。王注、妙者、微之極。穆按：大妙猶之言太玄也。

生有為、死也勸。馬其昶曰、此與天運篇勸字皆當作虧。彼與施為韻、此與為為韻。公以其死也、有自也。而生、陽也。無自也。而果然乎。惡乎其所適、惡乎其所不適。武延緒曰、公疑當為皆、草書形近之譌。馬其昶曰、呂覽注、公、共也。言眾人之情、共以生本陽氣、無所自來、而死則實自於生、故見為虧而悲耳。抑知生惡乎適、死惡乎不適。天有歷數、陸長庚曰、甘石之書是。地有人據、陸長庚曰、據人耳目聞見、禹貢圖經之類是。王敔曰、以人所據而分國邑。章炳麟曰、人借為夷、據借為劇。有急促義、與平夷相對。猶言地有夷險難易耳。吾惡乎求之。嚴復曰、天可推、地可指。死生去來之事、吾安所執而求之。馬其昶曰、以歷數測天、以疆域畫地、實則天地本自渾然、無可分別。人據此身而覺有生死之異、一氣屈伸、亦無可分別耳。莫知其所終、若之何其無命也。莫知其所始、若之何其有命也。有以相應也、若之何其無鬼邪。無以相應也、若之何其有鬼邪。王夫之曰、儒言命、墨言鬼、各有所通者、各有所窮。

眾罔兩問於景曰、武延緒曰、眾疑象字譌。象罔、猶言無象、後人據齊物論加兩字。陶鴻慶曰、眾疑罔字之誤而衍。若向也俯、而今也仰。向也括、而今也被髮。司馬彪曰、括、謂括髮。向也坐、而今也起。向也行、而今也止。何也。景曰、搜搜也、奚稍問也。劉師培曰、搜讀學記謏聞之謏、猶區區也。稍與肖同。方言廣雅肖并訓小。奚稍問、猶云何問之小。予有而不知其所以。予、蜩甲也、蛇蛻也、似之而非也。穆按：以上又見齊物論、而繁簡稍異。火與日、吾屯也。陰與夜、吾代也。陸德明曰、屯、聚也。成玄英曰、代、謝。彼、吾所以有待邪。羅勉道曰、若曰影生於形、如蜩之甲、蛇之蛻、此說似矣而非。甲猶是生於蜩、蛻猶是生於蛇。若影、遇火日照之則屯聚、遇陰夜則代去。無火日、雖有形、不能為我影。故曰有所待。而況乎以有待者乎。陶鴻慶曰、以字讀為已、言吾有待於彼、而彼已先有所待矣。穆按：齊物論云、吾所待又有待而然者耶。郭象曰、推而極之、則今之所謂有待者、卒至於無待、而獨化之理彰也。彼來、則我與之來。彼往、則我與之往。彼強陽、則我與之強陽。宣穎曰、強陽謂健動。穆按：火日之光強陽、則影亦隨之強陽。強陽者、又何以有問乎。穆按：火日之光之強弱、此入化機、不可復問。

陽子居南之沛。列子黃帝篇作楊朱。張湛曰、朱不與老子同時、此寓言也。老聃西遊於秦、邀於郊、陸德明曰、邀、要也。至於梁而遇老子。老子中道仰天而歎曰、始以汝為可教、今不可也。陽子居不答、至舍、進盥音管漱巾櫛、脫屨戶外、膝行而前曰、向者弟子欲請夫子、夫子行不閒、是以不敢。

今閒矣、請問其故。老子曰、而睢睢盱盱、而誰與居。郭象曰、睢睢盱盱、跋扈之貌。人將畏難而疏遠。大白若辱。盛德若不足。語見老子。陽子居蹵然變容曰、敬聞命矣。其往也、舍者迎將、其家公執席、李頤曰、家公、主人公也。妻執巾櫛、舍者避席、煬羊向反。者避竈。陸德明曰、煬、炊也。其反也、舍者與之爭席矣。郭象曰、去其夸矜故也。

讓王

雜篇之六。蘇軾曰、盜跖漁父讓王說劍、皆淺陋不入於道。陸長庚曰、既言不以天下之故而傷其生、何故卻將赴淵枯槁之士續記其後。馬其昶曰、此篇雜見列子呂覽淮南及韓詩外傳新序各書。

堯以天下讓許由、許由不受。又讓於子州支父。李頤曰、支父、即支伯也。吳汝綸曰、此見呂覽貴生篇。子州支父曰、以我為天子、猶之可也。雖然、我適有幽憂之病、方且治之、未暇治天下也。夫天下、至重也、而不以害其生、又況他物乎。唯無以天下為者、可以託天下也。

舜讓天下於子州支伯。子州支伯曰、予適有幽憂之病、方且治之、未暇治天下也。故天下、大器也、而不以易生。此有道者之所以異乎俗者也。

舜以天下讓善卷。善卷曰、予立於宇宙之中、冬日衣皮毛、夏日衣葛絺。春耕種、形足以勞動。秋收斂、身足以休食。日出而作、日入而息。逍遙於天地之閒、而心意自得。吾何以天下為哉。悲夫、子之不知予也。遂不受。於是去而入深山、莫知其處。

舜以天下讓其友石戶之農。吳汝綸曰、此見呂覽離俗篇。石戶之農曰、捲捲乎、郭象曰、捲捲、用力貌。后之為人、葆力之士也。以舜之德為未至也、於是夫負妻戴、攜子以入於海、終身不反也。

大王亶父居邠、吳汝綸曰、此淮南道應篇文、亦見呂覽審為篇。狄人攻之。事之以皮帛而不受。事之以犬馬而不受。事之以珠玉而不受。狄人之所求者、土地也。大王亶父曰、與人之兄居、而殺其弟。與人之父居、而殺其子。吾不忍也。子皆勉居矣。為吾臣、與為狄人臣、奚以異。且吾聞之、不以所用養、害所養。因杖筴而去之。民相連而從之、陳用光曰、今京師方言謂追人者曰輦。司馬彪曰、連讀曰輦。奚侗曰、廣雅、連、續也。遂成國於岐山之下。夫大王亶父、可謂能尊生矣。能尊生者、雖貴富、不以養傷身。雖貧賤、不以利累形。今世之人、居高官尊爵者、皆重失之。見利輕亡其身、豈不惑哉。

越人三世弒其君。吳汝綸曰、此呂覽貴生篇文。王子搜患之、逃乎丹穴、而越國無君。求王子搜、不得、從之丹穴。王子搜不肯出。越人薰之以艾、乘以王輿。王子搜援綏登車、仰天而呼曰、君乎、君乎、獨不可以舍我乎。王子搜非惡為君也、惡為君之患也。若王子搜者、可謂不以國傷生矣。此固越人之所欲得為君也。

韓魏相與爭侵地。（吳汝綸曰、此呂覽審為篇文。）子華子見昭僖侯。昭僖侯有憂色。子華子曰、今使天下書銘於君之前、書之言曰、左手攫之、則右手廢。右手攫之、則左手廢。然而攫之者、必有天下。君能攫之乎。昭僖侯曰、寡人不攫也。子華子曰、甚善。自是觀之、兩臂重於天下也。身亦重於兩臂。韓之輕於天下、亦遠矣。今之所爭者、其輕於韓又遠。君固愁身傷生、以憂戚不得也。僖侯曰、善哉。教寡人者眾矣、未嘗得聞此言也。子華子可謂知輕重矣。

魯君聞顏闔、得道之人也。（吳汝綸曰、此呂覽貴生篇文。）使人以幣先焉。顏闔守陋閭、苴（本或作布麤。）之衣、（李頤曰、苴、有子麻也。）而自飯牛。魯君之使者至、顏闔自對之。使者曰、此顏闔之家與。顏闔對曰、此闔之家也。使者致幣。顏闔對曰、恐聽者（闕誤張君房本無者字。）謬而遺使者罪、不若審之。使者還反審之、復來求之、則不得已。故若顏闔者、真惡富貴也。劉文典曰、真當為非、下有敓文。故曰、道之真、以治身。其緒餘、以為國家。其土苴、以治天下。司馬彪曰、土苴、如糞草也。由此觀之、帝王之功、聖人之餘事也。非所以完身養生也。今世俗之君子、多危身棄生以殉物、豈不悲哉。凡聖人之動作也、必察其所以之、與其所以為。王叔之曰、所以之、謂德所加之方也。所以為、謂所以待物也。今且有人於此、以隨侯之珠、彈千仞之雀、世必笑之。是何也、則其所用者重、而所要者輕也。夫生者、豈特隨侯之重哉。俞樾曰、隨侯下當補珠字。

子列子窮、吳汝綸曰、此呂覽觀世篇文。容貌有飢色。客有言之於鄭子陽者、曰、列禦寇、蓋有道之士也。居君之國而窮、君無乃為不好士乎。鄭子陽即令官遺之粟。子列子見使者、再拜而辭。使者去、子列子入、其妻望之而拊心。曰、妾聞為有道者之妻子、皆得佚樂。今有飢色。君過而遺先生食、先生不受、豈不命邪。子列子笑、謂之曰、君非自知我也。以人之言而遺我粟。至其罪我也、又且以人之言。此吾所以不受也。其卒、民果作難而殺子陽。

楚昭王失國、吳汝綸曰、此見韓詩外傳廉稽篇。屠羊說走而從於昭王。昭王反國、將賞從者、及屠羊說。屠羊說曰、大王失國、說失屠羊。大王反國、說亦反屠羊。臣之爵祿已復矣、又何賞之言。王曰、強之。屠羊說曰、大王失國、非臣之罪、故不敢伏其誅。大王反國、非臣之功、故不敢當其賞。王曰、見之。屠羊說曰、楚國之法、必有重賞大功、而後得見。今臣之知、不足以存國。而勇、不足以死寇。吳軍入郢、說畏難而避寇、非故隨大王也。今大王欲廢法毀約而見說、此非臣之所以聞於天下也。王謂司馬子綦曰、屠羊說居處卑賤、而陳義甚高。子綦為我延之以三旌之位。司馬本作三珪。孫詒讓曰、楚爵以執珪為最貴、大招云、三圭重侯。王注、三圭、謂公侯伯也。楚策有上執珪。陶鴻慶曰、綦當為其、古逸叢書本不誤。屠羊說曰、夫三旌之位、吾知其貴於屠羊之肆也。萬鍾之祿、吾知其富於屠羊之利也。然豈可以貪爵祿、而使吾君有妄施之名乎。說不敢當。願復反吾屠羊之肆。遂不受也。

原憲居魯、吳汝綸曰、此見韓詩外傳曾子仕篇、亦見新序節士篇。環堵之室、茨以生草。成玄英曰、以草蓋屋曰茨。蓬戶不完、陸德明曰、織蓬為戶。桑以為樞、而甕牖司馬彪曰、屈桑條為戶樞、破甕為牖。二室、褐以為塞。陶鴻慶曰、說文、塞隔也、謂以褐衣隔為內外二室也。上漏下溼。匡坐而弦。（司馬彪曰、匡、正也。陸德明曰、弦、謂弦歌。韓傳有歌字。闕誤張君房本亦有歌字。）子貢乘大馬、中紺而表素、軒車不容巷、往見原憲。原憲華冠縰履、（陸德明曰、以華木皮為冠。陶鴻慶曰、曲禮鄭注、華、中裂之。華冠謂冠敝而分裂。李頤曰、縰履、履無跟也。）杖藜而應門。子貢曰、嘻、先生何病。原憲應之曰、憲聞之、無財謂之貧、學而不能行謂之病。今憲貧也、非病也。子貢逡巡而有愧色。原憲笑曰、夫希世而行、比周而友、學以為人、教以為己、仁義之慝、輿馬之飾、憲不忍為也。

曾子居衛、（奚侗曰、韓傳新序並以此為原憲事。）縕袍無表、顏色腫噲、（司馬彪曰、腫噲、剝錯也。王叔之曰、盈虛不常之貌。）手足胼胝。三日不舉火、十年不製衣。正冠而纓絕、捉衿而肘見、納屨而踵決。曳縰（馬敘倫曰、當依御覽作屣。）而歌商頌、聲滿天地、若出金石。天子不得臣、諸侯不得友。故養志者忘形。養形者忘利。致道者忘心矣。

孔子謂顏回曰、回來。家貧居卑、胡不仕乎。顏回對曰、不願仕。回有郭外之田五十畝、足以給飦（陸德明曰、字或作饘。廣雅、糜也。）粥。郭內之田十畝、足以為絲麻。鼓琴足以自娛。所學夫子之道者、足以自樂也。回不願仕。孔子愀（一本作欣。奚侗曰、禮哀公問鄭注、愀然、變動貌。）然變容曰、善哉、回之意。丘聞之、知足者、不以利自累也。審自得者、失之而不懼。行修於內者、無位而不怍。丘誦之久矣、今於回而後見之。是丘之得也。

中山公子牟謂瞻子曰、（吳汝綸曰、此淮南道應篇文、亦見呂覽審為。陸德明曰、淮南作詹。）身在江海之上、心居乎魏闕之下、奈何。瞻子曰、重生。重生則利輕。中山公子牟曰、雖知之、未能自勝也。瞻子曰、不能自勝、則從。神無惡乎。（王叔岷曰、淮南道應作不能自勝則從之、從之、神無怨乎。此有脫字。）不能自勝而強不從者、此之謂重傷。（俞樾曰、重傷、猶再傷也。）重傷之人、無壽類矣。魏牟、萬乘之公子也。其隱巖穴也、難為於布衣之士。雖未至乎道、可謂有其意矣。

孔子窮於陳蔡之間、（吳汝綸曰、此呂覽慎人篇文。）七日不火食、藜羹不糝、（成玄英曰、藜菜之羹、不加米糝。）顏色甚憊、而弦歌於室。顏回擇菜、（奚侗曰、呂覽慎人、擇菜下有於外二字。）子路子貢相與言曰、夫子再逐於魯、削迹於衛、伐樹於宋、窮於商周、圍於陳蔡。殺夫子者無罪。藉夫子者無禁。（陸德明曰、藉、凌藉也。）弦歌鼓琴、未嘗絕音。君子之無恥也若此乎。顏回無以應、入告孔子。孔子推琴喟然而歎曰、由與賜、細人也。召而來、吾語之。子路子貢入。子路曰、如此者、可謂窮矣。

孔子曰、是何言也。君子通於道之謂通。窮於道之謂窮。今丘抱仁義之道、以遭亂世之患、其何窮之為。郭慶藩曰、呂覽慎人為作謂、是也。古為謂字通。奚侗曰、為、猶有也。故內省而不窮於道、王叔岷曰、窮字當依呂覽作疚。臨難而不失其德。天寒既至、俞樾曰、天當為大。魯語、大寒降。霜雪既降、吾是以知松柏之茂也。陳蔡之隘、於丘其幸乎。孔子削然反琴而弦歌。成玄英曰、削然、取琴聲。子路扢然執干而舞。李頤曰、扢然、奮舞貌。王叔岷曰、扢、書鈔御覽並引作仡。說文、仡、勇壯也。子貢曰、吾不知天之高也、地之下也。古之得道者、窮亦樂、通亦樂。所樂非窮通也、道德於此、俞樾曰、德、當依呂覽慎人作得。則窮通為寒暑風雨之序矣。故許由虞於潁陽、而共伯得乎共首。王叔岷曰、闕誤得下有志字。陸德明曰、共丘山、今河南共縣西。

舜以天下讓其友北人無擇。吳汝綸曰、此呂覽離俗篇文、淮南齊俗篇同。北人無擇曰、異哉、后之為人也。居於畎畝之中、而遊堯之門。不若是而已、又欲以其辱行漫我。吾羞見之。因自投清泠之淵。陸德明曰、山海經云、在江南。一云、在南陽郡西崿山下。

湯將伐桀、吳汝綸曰、此亦離俗篇文。因卞隨而謀。卞隨曰、非吾事也。湯曰、孰可。曰、吾不知也。湯又因瞀光而謀。瞀光曰、非吾事也。湯曰、孰可。曰、吾不知也。湯曰、伊尹何如。曰、強力忍垢、（朱駿聲曰、垢借為詬、恥也。）吾不知其他也。湯遂與伊尹謀伐桀。剋之、以讓卞隨。卞隨辭曰、后之伐桀也、謀乎我、必以我為賊也。勝桀而讓我、必以我為貪也。吾生乎亂世、而無道之人再來漫我以其辱行、吾不忍數聞也。乃自投椆水而死。（司馬彪本作洞、曰洞水在潁川。一曰在范陽郡界。王叔岷曰、呂覽作潁。水經潁水注、引作洞水、形誤為洞。）湯又讓瞀光。曰、知者謀之、武者遂之、仁者居之、古之道也。吾子胡不立乎。瞀光辭曰、廢上、非義也。殺民、非仁也。人犯其難、我享其利、非廉也。吾聞之曰、非其義者、不受其祿。無道之世、不踐其土。況尊我乎。吾不忍久見也。乃負石而自沈於廬水。（司馬彪本作盧水、曰在遼東西界。一云在北平郡界。）

昔周之興、（吳汝綸曰、此見呂覽誠廉篇。）有士二人、處於孤竹、曰伯夷叔齊。二人相謂曰、吾聞西方有人、似有道者、試往觀焉。至於岐陽。武王聞之、使叔旦往見之。與之盟曰、加富二等、就官一列、血牲而埋之。二人相視而笑曰、嘻、異哉、此非吾所謂道也。昔者神農之有天下也、時祀盡敬、而不祈喜。（俞樾曰、喜當作禧。釋詁、禧、福也。）其於人也、忠信盡治、而無求焉。樂與政為政。樂與治為治。（俞樾曰、呂氏誠廉作樂正與為正、樂治與為治、疑此文亦當同。）不以人之壞自成也。不以人之卑自高也。不以遭時自利也。今周見殷之亂、而遽為政。馬敘倫曰、呂氏誠廉作而遽為之正與治、此當依補。上謀而下行貨。王念孫曰、下字誤加。呂覽誠廉篇可證。上與尚同。阻兵而保威。割牲而盟以為信。揚行以說眾。高亨曰、揚讀為陽、偽也。殺伐以要利。是推亂以易暴也。吾聞古之士、遭治世、不避其任。遇亂世、不為苟存。今天下闇、周德衰、劉文典曰、闕誤引江南古藏本、周作殷、是也。其竝乎周以塗吾身也、不如避之以潔吾行。二子北至於首陽之山、遂餓而死焉。若伯夷叔齊者、其於富貴也、苟可得已、則必不賴。章炳麟曰、方言、賴、取也。高節戾行、獨樂其志、不事於世、此二士之節也。

盜跖

雜篇之七。王安石曰、莊子重言十九、以為耆艾人而無人道者、不以先人。若盜跖、可謂無人道者。而以之為重言、其不然明矣。故此篇之贋、不攻自破。馬其昶曰、太史公稱其作漁父盜跖胠篋、以詆訾孔子之徒、以明老子之術。今盜跖篇未覩所謂老子之術、非史公所見之舊。

孔子與柳下季為友。柳下季之弟、名曰盜跖。陸德明曰、李奇注漢書云、跖、秦之大盜也。俞樾曰、跖為何時人、竟無定說。孔子與柳下惠不同時、柳下惠與盜跖亦不同時。盜跖從卒九千人、橫行天下、侵暴諸侯。穴室樞戶、孫詒讓曰、樞當為摳。殷敬順列子釋文云、摳、探也。驅人牛馬、取人婦女。貪得忘親、不顧父母兄弟、不祭先祖。所過之邑、大國守城、小國入保、陸德明曰、禮記鄭注、小城曰保。萬民苦之。孔子謂柳下季曰、夫為人父者、必能詔其子。為人兄者、必能教其弟。若父不能詔其子、兄不能教其弟、則無貴父子兄弟之親矣。今先生、世之才士也。弟為盜跖、為天下害、而弗能教也。丘竊為先生羞之。丘請為先生往說之。柳下季曰、先生言為人父者、必能詔其子。為人兄者、必能教其弟。若子不聽父之詔、弟不受兄之教、雖今先生之辯、將奈之何哉。且跖之為人也、心如涌泉、意如飄風。強足以拒敵、武延緒曰、敵疑讀若謫、與適同。廣韻、謫、責也。辯足以飾非。順其心則喜、逆其心則怒。易辱人以言。先生必無往。孔子不聽。顏回為馭、子貢為右、往見盜跖。盜跖乃方休卒徒大山之陽、膾人肝而餔之。陸德明曰、字林、餔、日申時食也。孔子下車而前、見謁者曰、魯人孔丘、聞將軍高義、敬再拜謁者。謁者入通。盜跖聞之、大怒。目如明星、髮上指冠。曰、此夫、魯國之巧偽人孔丘非邪。為我告之。爾作言造語、妄稱文武。冠枝木之冠、司馬彪曰、冠多華飾、如木之枝葉。帶死牛之脅。司馬彪曰、取牛皮為大革帶。多辭繆說、章炳麟曰、繆猶繁也。庚桑楚、外韄者不可繁而捉、內韄者不可繆而捉。不耕而食、不織而衣。搖脣鼓舌、擅生是非、以迷天下之主。使天下學士、不反其本。妄作孝弟、而徼倖於封侯富貴者也。子之罪大極重。俞樾曰、極當作殛。釋言、殛、誅也。穆按：古人不避複、極字可不煩改。疾走歸。不然、我將以子肝益晝餔之膳。孔子復通曰、丘得幸於季、願望履幕下。謁者復通。盜跖曰、使來前。孔子趨而進、避席反走、再拜盜跖。盜跖大怒。兩展其足、案劍瞋目、聲如乳虎。曰、丘來前。若所言、順吾意則生、逆吾心則死。孔子曰、丘聞之、凡天下有三德。生而長大美好無雙、少長貴賤見而皆說之、此上德也。知維天地、能辯諸物、此中德也。勇悍果敢、聚衆率兵、此下德也。凡人有此一德者、足以南面稱孤矣。今將軍兼此三者、身長八尺二寸、面目有光、脣如激丹、（司馬彪曰、激、明也。章炳麟曰、激借為敫。）齒如齊貝、音中黃鐘、而名曰盜跖。丘竊為將軍恥不取焉。將軍有意聽臣、臣請南使吳越、北使齊魯、東使宋衛、西使晉楚。使為將軍造大城數百里、立數十萬戶之邑、尊將軍為諸侯。與天下更始、罷兵休卒、收養昆弟、共祭先祖。此聖人才士之行、而天下之願也。盜跖大怒曰、丘來前。夫可規以利、而可諫以言者、皆愚陋恆民之謂耳。今長大美好、人見而說之者、此吾父母之遺德也。丘雖不吾譽、吾獨不自知邪。且吾聞之、好面譽人者、亦好背而毀之。今丘告我以大城衆民、是欲規我以利、而恆民畜我也。安可長久也。城之大者、莫大乎天下矣。堯舜有天下、子孫無置錐之地。湯武立為天子、而後世絕滅。（馬敘倫曰、莊子時、周猶未亡、豈以其列為東西周故邪。不然、是可疑也。）非以其利大故邪。且吾聞之、古者、禽獸多而人民少、於是民皆巢居以避之。晝拾橡栗、暮栖木上、故命之曰有巢氏之民。古者、民不知衣服。夏多積薪、冬則煬之、故命之曰知生之民。神農之世、臥則居居、起則于于。民知其母、不知其父。與麋鹿共處。耕而食、織而衣、無有相害之心。此至德之隆也。然而黃帝不能致德、與蚩尤戰於涿鹿之野、流血百里。堯舜作、立群臣。湯放其主。武王殺紂。自是之後、以強陵弱、以眾暴寡。湯武以來、皆亂人之徒也。今子修文武之道、掌天下之辯、以教後世。縫衣淺帶、釋文、縫作摓。郭慶藩曰、列子注引向秀云、摓衣儒服、寬而長大。矯言偽行、以迷惑天下之主。而欲求富貴焉。盜莫大於子。天下何故不謂子為盜丘、而乃謂我為盜跖。子以甘辭說子路而使從之、使子路去其危冠、解其長劍、而受教於子。天下皆曰孔丘能止暴禁非。其卒之也、子路欲殺衛君而事不成、身菹於衛東門之上。是子教之不至也。穆按：子路菹、顏淵已先卒、不能復為孔子馭。子自謂才士聖人邪、則再逐於魯、削迹於衛、窮於齊、圍於陳蔡、不容身於天下。子教子路菹、陶鴻慶曰、子路二字當疊。此患上無以為身、下無以為人。子之道、豈足貴邪。世之所高、莫若黃帝。黃帝尚不能全德、而戰涿鹿之野、流血百里。堯不慈。舜不孝。禹偏枯。湯放其主。武王伐紂。文王拘羑里。此六子者、（闕誤作七子。馬敘倫曰、文王疑後人增。）世之所高也。孰論之、皆以利惑其真、而強反其情性。其行乃甚可羞也。世之所謂賢士、伯夷叔齊、辭孤竹之君、至餓死於首陽之山、骨肉不葬。鮑焦飾行非世、抱木而死。申徒狄諫而不聽、負石自投於河、為魚鼈所食。介子推、至忠也、自割其股以食文公、文公後背之、子推怒而去、抱木而燔死。尾生與女子期於梁下、女子不來、水至不去、抱梁柱而死。此四者、（成玄英本作此六子者、謂夷齊鮑焦申徒介推尾生。）無異於磔犬流豕、（孫詒讓曰、流豕當為沉豕。周禮以埋沉祭山林川澤、以疈辜祭四方百物。磔即所謂疈辜。）操瓢而乞者。皆離名輕死、（闕誤離作利。）不念本養壽命者也。世之所謂忠臣者、莫若王子比干伍子胥。子胥沉江。比干剖心。此二子者、世謂忠臣也。然卒為天下笑。自上觀之、至於子胥比干、皆不足貴也。丘之所以說我者、若告我以鬼事、則我不能知也。若告我以人事者、不過此矣。皆吾所聞知也。今吾告子以人之情。目欲視色。耳欲聽聲。口欲察味。志氣欲盈。人上壽百歲、中壽八十、下壽六十。除病瘦死喪憂患、（王念孫曰、瘦當為瘐字之誤。）其中開口而笑者、一月之中、不過四五日而已矣。天與地無窮、人死者有時。操有時之具、而託於無窮之間。忽然、無異騏驥之馳過隙也。不能說其志意、養其壽命者、皆非通道者也。丘之所言、皆吾之所棄也。亟去走歸、無復言之。子之道、狂狂汲汲、詐巧虛偽事也。非可以全真也。奚足論哉。孔子再拜趨走、出門上車、執轡三失。目芒然無見。色若死灰。據軾低頭、不能出氣。歸到魯東門外、適遇柳下季。柳下季曰、今者闕然、數日不見。車馬有行色、得微往見跖邪。孔子仰天而歎曰、然。柳下季曰、跖得無逆女意若前乎。孔子曰、然。丘所謂無病而自灸也。疾走料虎頭、成玄英曰、料、觸。王叔岷曰、事文類聚引作撩。編虎須、幾不免虎口哉。

子張問於滿苟得曰、盍不為行。無行則不信。不信則不任。不任則不利。故觀之名、計之利、而義真是也。若棄名利、反之於心、則夫士之為行、不可一日不為乎。滿苟得曰、無恥者富、多信者顯。夫名利之大者、幾在無恥而信。故觀之名、計之利、而信真是也。若棄名利、反之於心、則夫士之為行、抱其天乎。子張曰、昔者、桀紂貴為天子、富有天下。今謂臧聚曰、孫詒讓曰、聚當讀騶。說文、騶、廄御也。臧騶皆僕隸賤役。女行如桀紂、則有怍色、有不服之心者、小人所賤也。仲尼墨翟、窮為匹夫。今為宰相曰、焦竑曰、封侯宰相等語、秦以前無之。馬敘倫曰、宰相之名、又見韓非顯學、

（呂氏制樂。）子行如仲尼墨翟、則變容易色稱不足者、士誠貴也。故勢為天子、未必貴也。窮為匹夫、未必賤也。貴賤之分、在行之美惡。滿苟得曰、小盜者拘、大盜者為諸侯。諸侯之門、義士存焉。（四語又見胠篋篇。劉師培曰、義士當作仁義。）昔者桓公小白、殺兄入嫂、而管仲為臣。田成子常殺君竊國、（焦竑曰、避漢文帝諱、改田恆為田常。）而孔子受幣。論則賤之、行則下之。則是言行之情、悖戰於胷中也。不亦拂乎。（成玄英曰、拂、戾也。）故書曰、孰惡孰美、成者為首、不成者為尾。子張曰、子不為行、即將疏戚無倫、貴賤無義、長幼無序、五紀六位、（俞樾曰、五紀、即五倫。六位、即六紀。白虎通、六紀謂諸父兄弟族人諸舅師長朋友。）將何以為別乎。滿苟得曰、堯殺長子、舜流母弟、疎戚有倫乎。湯放桀、武王殺紂、貴賤有義乎。王季為適、周公殺兄、長幼有序乎。儒者偽辭、墨者兼愛、五紀六位、將有別乎。且子正為名、我正為利。名利之實、不順於理、不監於道。吾日與子訟於無約、（俞樾曰、日猶曰者。陶鴻慶曰、無約二字當疊。）曰、小人殉財、君子殉名。其所以變其情、易其性、則異矣。乃至於棄其所為、而殉其所不為、則一也。故曰、無為小人、反殉而天。無為君子、從天之理。若枉若直、相而天極。面觀四方、與時消息。若是若非、執而圓機。

獨成而意、與道徘徊。無轉而行、王念孫曰、轉讀為專。山木篇無肯專為、秋水篇無一而行、一亦專也。無成而義。將失而所為。無赴而富、無殉而成。將棄而天。比干剖心、子胥抉眼、忠之禍也。直躬證父、尾生溺死、信之患也。鮑子立乾、勝子不自理、陸德明曰、本又作申子自理、謂申徒狄抱甕之河也。廉之害也。孔子不見母、俞樾曰、疑仲子之誤、即所謂避兄離母之陳仲子也。匡子不見父、司馬彪曰、匡章、事見孟子。義之失也。此上世之所傳、下世之所語。以為士者、正其言、必其行、故服其殃、離其患也。

無足問於知和曰、人卒未有不興名就利者。彼富則人歸之。歸則下之。下則貴之。夫見下貴者、所以長生安體樂意之道也。今子獨無意焉。知不足邪。意知而力不能行邪。故推正不忘邪。知和曰、今夫此人、以為與己同時而生、同鄉而處者、以為夫絕俗過世之士焉、是專無主正、所以覽古今之時、是非之分也。與俗化世、去至重、棄至尊、以為其所為也。此其所以論長生安體樂意之道、不亦遠乎。慘怛之疾、恬愉之安、不監於體。怵惕之恐、欣懽之喜、不監於心。知為為而不知所以為、是以貴為天子、富有天下、而不免於患也。無足曰、夫富之於人、無所不利。窮美究勢、至人之所不得逮、聖人之所不能及。俠人之勇力而以為威強。秉人之智謀以為明察。因人之德以為賢良。非享國而嚴若君父。且夫聲色滋味權勢之於人心、不待學而樂之。體不待象而安之。夫欲惡避就、固不待師。此人之性也。天下雖非我、孰能辭之。知和曰、知者之為、故動以百姓、不違其度。是以足而不爭。無以為、故不求。不足故求之、爭四處而不自以為貪。有餘故辭之、棄天下而不自以為廉。廉貪之實、非以迫外也。反監之度。勢為天子、而不以貴驕人。富有天下、而不以財戲人。計其患、慮其反、以為害於性、故辭而不受也。非以要名譽也。堯舜為帝而雍、（孫詒讓曰、雍當為推、謂推位於善卷許由也。）非仁天下也、不以美害生也。善卷許由得帝而不受、非虛辭讓也、不以事害己。此皆就其利、辭其害、而天下稱賢焉。則可以有之。彼非以興名譽也。無足曰、必持其名、苦體絕甘、約養以持生、則亦久病長阨而不死者也。知和曰、平為福、有餘為害者、物莫不然、而財其甚者也。今富人、耳營鐘鼓筦籥之聲、口嗛於芻豢醪醴之味、以感其意、遺忘其業。可謂亂矣。侅（音礙。）溺於馮氣、（陸德明曰、飲食至咽為侅。王念孫曰、馮氣猶盛氣。）若負重行而上也。（闕誤本上下有坂字。）可謂苦矣。貪財而取慰、（郭慶藩曰、淮南繆稱訓高注、慰、病也。章炳麟曰、詩小雅傳、慰、怨也。劉文典曰、闕誤、慰作辱。貪權而取竭。靜居則溺、體澤則馮。可謂疾矣。為欲富就利、故滿若堵耳、而不知避。且馮而不舍。可謂辱矣。財積而無用、服膺而不舍。滿心戚醮、成玄英曰、戚醮、猶煩惱也。奚侗曰、醮、醮之誤。廣雅、醮顇、憂也。求益而不止。可謂憂矣。內則疑刼請之賊、外則畏寇盜之害。內周樓疏、李頤曰、重樓內帀、疏窗外通、謂設備守具。外不敢獨行。可謂畏矣。此六者、天下之至害也。皆遺忘而不知察。及其患至、求盡性竭財、穆按：盡其生、竭其財。單郭嵩燾曰、單亶古字通、但也。以反一日之無故、而不可得也。故觀之名、則不見。求之利、則不得。繚意絕體而爭此、奚侗曰、說文、繚、纏也。此謂纏束其志意。不亦惑乎。

說劍

雜篇之八。呂惠卿曰、莊子之制行、願曳尾於塗中、而不為大廟犧牲、以悟危身殉物之俗、則說劍實所未聞。馬驌曰、語近國策、非莊生本書。

昔趙文王喜劍、馬敘倫曰、本書紀莊子事、無加昔字者。劍士夾門而客、三千餘人。日夜相擊於前、死傷者歲百餘人。好之不厭。如是三年、國衰、諸侯謀之。太子悝患之。俞樾曰、惠文王後為孝成王丹、則此太子蓋不立。募左右曰、孰能說王之意、止劍士者、賜之千金。左右曰、莊子當能。太子乃使人以千金奉莊子。莊子弗受、與使者俱往見太子、曰、太子何以教周、賜周千金。太子曰、聞夫子明聖、謹奉千金、以幣從者。夫子弗受、悝尚何敢言。莊子曰、聞太子所欲用周者、欲絕王之喜好也。使臣上說大王、而逆王意、下不當太子、則身刑而死。周尚安所事金乎。使臣上說大王、下當太子、趙國何求而不得也。太子曰、然。吾王所見、唯劍士也。莊子曰、諾。周善為劍。太子曰、然。吾王所見劍士、劉文典曰、文選注、御覽三四四、引見字、並作好。皆蓬頭突鬢垂冠、陸德明曰、將欲鬥、故冠低傾也。曼胡之纓、司馬彪曰、謂麤纓無文理。吳汝綸曰、曼胡、堅固之意。呂覽孟冬紀、其蟲介。高注、乘冬閉固、皮曼胡也。短後之衣、瞋目而語難。陶鴻慶曰、語難與責難行難歸難文法同。王乃說之。今夫子必儒服而見王、事必大逆。莊子曰、請治劍服。治劍服三日、乃見太子。太子乃與見王。王脫白刃待之。莊子入殿門不趨、見王不拜。王曰、子欲何以教寡人、使太子先。曰、臣聞大王喜劍、故以劍見王。王曰、子之劍、何能禁制。曰、臣之劍、十步一人、千里不留行。王叔岷曰、李白俠客行、十步殺一人、千里不留行。據司馬彪注、疑步下原有殺字。王大說之。曰、天下無敵矣。莊子曰、夫為劍者、示之以虛、開之以利。後之以發、先之以至。願得試之。王曰、夫子休、就舍、待命。令設戲、王叔岷曰、本或無令字。請夫子。王乃校劍士七日、死傷者六十餘人。得五六人、使奉劍於殿下。乃召莊子。王曰、今日試使士敦劍。郭嵩燾曰、魯頌、敦商之旅、箋、敦、治也。奚侗曰、敦、當依上文作校。莊子曰、望之久矣。王曰、夫子所御杖、王先謙曰、杖、持也。馬敘倫曰、玉篇引作仗。長短何如。曰、臣之所奉皆可。然臣有三劍、唯王所用。

請先言而後試。王曰、願聞三劍。曰、有天子劍、有諸侯劍、有庶人劍。王曰、天子之劍何如。曰、天子之劍、以燕谿石城為鋒。齊岱為鍔。司馬彪曰、鍔、劍刃。一云、劍稜也。晉魏為脊。陳碧虛音義、魏作衛。周宋為鐔。成玄英曰、鐔、環也。奚侗曰、說文、鐔、劍鼻也。韓魏為夾。司馬彪曰、夾、把也。一本作鋏。包以四夷。裹以四時。繞以渤海。帶以常山。制以五行。馬敘倫曰、本書不言五行義。論以刑德。開以陰陽。持以春夏。行以秋冬。此劍直之無前、王叔岷曰、古鈔本、直作值。舉之無上。案之無下、運之無旁。上決浮雲、下絕地紀。此劍一用、匡諸侯、天下服矣。此天子之劍也。文王芒然自失、曰、諸侯之劍何如。曰、諸侯之劍、以知勇士為鋒。以清廉士為鍔。以賢良士為脊。以忠勝士為鐔。以豪傑士為夾。此劍直之亦無前、舉之亦無上。案之亦無下、運之亦無旁。上法圓天、以順三光。下法方地、以順四時。武延緒曰、時疑當為方。中知民意、以安四鄉。成玄英曰、四鄉、猶四方。此劍一用、如雷霆之震也。四封之內、無不賓服、而聽從君命者矣。此諸侯之劍也。王曰、庶人之劍何如。曰、庶人之劍、蓬頭突鬢垂冠、曼胡之纓、短後之衣、瞋目而語難、相擊於前。上斬頸領、下決肝肺。此庶人之劍、無異於鬪雞。一旦命已絕矣、無所用於國事。今大王有天子之位、而好庶人之劍、臣竊為大王薄之。王乃牽而上殿、宰人上食、王三環之。莊子曰、大王安坐定氣、劍事已畢奏矣。於是文王不出宮三月、劍士皆服斃其處也。王叔岷曰、服本或作伏。司馬彪曰、憤不見禮、皆自殺也。

漁父

外篇之九。朱子曰、蘇子由古史中、論此數篇、決非莊子書、乃後人截斷本文攙入、此其考據甚精密。

孔子遊乎緇帷之林、休坐乎杏壇之上。弟子讀書、孔子弦歌鼓琴。奏曲未半、有漁父者、下船而來。須眉交白、（釋文一本作皎。）被髮揄袂。（奚侗曰、說文、揄、引也。）行原以上、距陸而止。左手據膝、右手持頤、以聽。曲終、而招子貢子路二人俱對。客指孔子曰、彼何為者也。子路對曰、魯之君子也。客問其族。子路對曰、族孔氏。客曰、孔氏者、何治也。子路未應。子貢對曰、孔氏者、性服忠信、身行仁義。飾禮樂。選人倫。上以忠於世主、下以化於齊民。將以利天下。此孔氏之所治也。又問曰、有土之君與。子貢曰、非也。侯王之佐與。子貢曰、非也。客乃笑而還、行言曰、仁則仁矣。恐不免其身。苦心勞形、以危其真。嗚呼遠哉、其分於道也。章炳麟曰、說文、異、分也。子貢還報孔子。孔子推琴而起、曰、其聖人與。乃下求之、至於澤畔。方將杖拏而引其船、司馬彪曰、拏、橈也。顧見孔子、還鄉而立。孔子反走、再拜而進。客曰、子將何求。孔子曰、曩者先生有緒言而去。俞樾曰、緒、餘也。未畢而去、故曰緒言。丘不肖、未知所謂。竊待於下風、幸聞咳唾之音、以卒相丘也。客曰、嘻、甚矣、子之好學也。孔子再拜而起、曰、丘少而脩學、以至於今、六十九歲矣。無所得聞至教、敢不虛心。客曰、同類相從、同聲相應、固天之理也。吾請釋吾之所有、而經子之所以。司馬彪曰、經、理也。子之所以者、人事也、天子諸侯大夫庶人、此四者自正、治之美也。四者離位、而亂莫大焉。官治其職。人憂其事。于省吾曰、日本高山寺卷子本憂作處。檀弓注、處、安也。乃無所陵。故田荒室露、衣食不足、徵賦不屬、妻妾不和、長少無序、庶人之憂也。能不勝任、官事不治、行不清白、群下荒怠、功美不有、爵祿不持、大夫之憂也。廷無忠臣、國家昏亂、工技不巧、貢職不美、春秋後倫、陸德明曰、朝覲不及等比也。不順天子、諸侯之憂也。陰陽不和、寒暑不時、以傷庶物。諸侯暴亂、擅相攘伐、以殘民人。禮樂不節、財用窮匱、人倫不飭、百姓淫亂。天子有司之憂也。今子既上無君侯有司之勢、而下無大臣職事之官。而擅飾禮樂、選人倫、以化齊民。不泰多事乎。且人有八疵、事有四患、不可不察也。非其事而事之、謂之摠。章炳麟曰、摠借為儳。地官總布、杜子春云、摠當為儳。曲禮毋儳言、儳者、不應豫而豫之也。李頤曰、摠、濫也。穆按：濫字是攬字之誤。莫之顧而進之、謂之佞。希意道言、謂之諂。不擇是非而言、謂之諛。好言人之惡、謂之讒。析交離親、謂之賊。稱譽詐偽以敗惡人、謂之慝。不擇善否、兩容頰適、偷拔其所欲、陸德明曰、善惡皆容。陶鴻慶曰、頰當讀為夾、夾亦兩也。夾適與兩容義同。馬敘倫曰、偷借為揄。說文、揄、引也。謂之險。此八疵者、外以亂人、內以傷身。君子不友、明君不臣。所謂四患者、好經大事、變更易常、以挂功名、章炳麟曰、說文、挂、畫也。引伸為謀畫。謂之叨。專知擅事、侵人自用、謂之貪。見過不更、聞諫愈甚、謂之很。人同於己則可。不同於己、雖善不善、謂之矜。此四患也。能去八疵、無行四患、而始可教已。孔子愀然而歎、再拜而起、曰、丘再逐於魯、削迹於衛、伐樹於宋、圍於陳蔡、丘不知所失、而離此四謗者、何也。客悽然變容曰、甚矣、子之難悟也。人有畏影惡迹而去之走者、舉足愈數、而迹愈多。走愈疾、而影不離身。王叔岷曰、本或無身字。自以為尚遲、疾走不休、絕力而死。不知處陰以休陰、處靜以息迹。愚亦甚矣。子審仁義之閒、察同異之際、觀動靜之變、適受與之度、理好惡之情、和喜怒之節、而幾於不免矣。謹修而身。愼守其真。還以物與人。則無所累矣。今不修之身而求之人、不亦外乎。孔子愀然曰、請問何謂真。客曰、真者、精誠之至也。不精不誠、不能動人。故強哭者雖悲不哀。強怒者雖嚴不威。強親者雖笑不和。真悲無聲而哀。真怒未發而威。真親未笑而和。真在內者、神動於外。是所以貴真也。其用於人理也、事親則慈孝。事君則忠貞。飲酒則歡樂。處喪則悲哀。忠貞以功為主。飲酒以樂為主。處喪以哀為主。事親以適為主。功成之美、無一其迹矣。事親以適、不論所以矣。飲酒以樂、不選其具矣。處喪以哀、無問其禮矣。禮者、世俗之所為也。真者、所以受於天也。自然不可易也。故聖人法天貴真、不拘於俗。愚者反此。不能法天而恤於人。不知貴真、祿祿而受變於俗。奚侗曰、祿借作娽、說文、隨從也。或作錄。故不足。惜哉、子之蚤湛於人偽、而晚聞大道也。孔子又再拜而起、曰、今者、丘得遇也、若天幸然。先生不羞而比之服役、而身教之。敢問舍所在、請因受業、而卒學大道。客曰、吾聞之、可與往者、與之至於妙道。不可與往者、不知其道、愼勿與之。身乃無咎。子勉之、吾去子矣。吾去子矣。乃刺船而去。延緣葦閒。顏淵還車、子路授綏、孔子不顧。待水波定、不聞拏音、而後敢乘。子路旁車而問曰、由得為役久矣、未嘗見夫子遇人如此其威也。高亨曰、威讀為畏。廣雅、畏、敬也。萬乘之主、千乘之君、見夫子、未嘗不分庭伉禮。夫子猶有倨傲之容。今漁父杖拏逆立、而夫子曲要磬折、再拜而應。得無太甚乎。門人皆怪夫子矣。漁父何以得此乎。孔子伏軾而歎曰、甚矣、由之難化也。湛於禮義有閒矣、而樸鄙之心、至今未去。進、吾語女。夫遇長不敬、失禮也。見賢不尊、不仁也。彼非至仁、不能下人。下人不精、不得其真。故長傷身。惜哉、不仁之於人也、禍莫大焉。而由獨擅之。且道者、萬物之所由也。庶物失之者死、得之者生。為事逆之則敗、順之則成。故道之所在、聖人尊之。今漁父之於道、可謂有矣。吾敢不敬乎。

列禦寇

雜篇之十。蘇軾曰、寓言之終曰、陽子居西遊於秦、遇老子云云。若去其讓王四篇、以合於列禦寇篇首、固是一章也。莊子之言未終、昧者剿之以入其言。焦竑曰、列子第二篇首載禦寇饋漿事、而即綴以陽朱爭席、正與軾之言合。

列禦寇之齊、中道而反、遇伯昏瞀音務人。伯昏瞀人曰、奚方而反。李頤曰、方、道也。金其源曰、易復卦、后不省方。注、方、事也。曰、吾驚焉。曰、惡乎驚。曰、吾嘗食於十饗、而五饗先饋。司馬彪曰、饗讀曰漿。陸德明曰、饋、遺也。陸長庚曰、謂取一半之值。姚範曰、賣漿者以人至之先後為饋漿之次第、列子應食於十漿、而先於五漿、饋、以其形神足以動其畏敬故也。伯昏瞀人曰、若是、則汝何為驚已。曰、夫內誠不解、羅勉道曰、不能中虛。形諜成光、孫詒讓曰、諜叚為渫。宣穎曰、心積而不化、形即泄之、而成光儀。以外鎮人心。使人輕乎貴老、高秋月曰、言敬己過於爵齒也。而韲其所患。羅勉道曰、韲、猶釀也。蘇輿曰、其指己。莊子中其字多如此用、下文盍胡嘗視其良、亦然。夫饗人、特為食羹之貨、多餘之贏。闕誤本多餘上有無字。其為利也薄、其為權也輕。而猶若是。而況於萬乘之主乎。身勞於國、而知盡於事。彼將任我以事、而效我以功。吾是以驚。伯昬瞀人曰、善哉、觀乎。汝處已、人將保汝矣。司馬彪曰、保、附也。馬其昶曰、處已、猶言歸矣。無幾何而往、則戶外之屨滿矣。伯昬瞀人北面而立、敦音頓。杖蹙之乎頤。司馬彪曰、敦、豎也。立有閒、不言而出。賓本亦作儐。者以告列子。列子提屨跣而走、暨乎門、曰、先生既來、曾不發司馬彪作廢、曰、置也。藥乎。曰、已矣。吾固告汝曰、人將保汝、果保汝矣。非汝能使人保汝。而汝不能使人無保汝也。而焉用之、感豫出異也。吳汝綸曰、之、是也。屬下讀。郭象曰、先物施惠、惠不因彼。羅勉道曰、豫、未然、感之於未然、所以出異眾之驗。王先謙曰、是自異也。必且有感、搖而本才、一本作性。奚侗曰、孟子不能盡其才、中庸因才而篤。羅勉道曰、搖動本性。又無謂也。與汝遊者、又莫汝告音谷。也。彼所小言、盡人毒也。馬其昶曰、謂甘言為患。莫覺莫悟、何相孰也。陶鴻慶曰、孰為熟之本字、猶言誰相親愛。巧者勞而智者憂。無能者無所求。飽食而遨遊。汎若不繫之舟。虛而遨遊者也。

鄭人緩也、呻吟裘氏之地、司馬彪曰、緩、名也。郭象曰、呻吟、吟詠之謂。祇三年而緩為儒。李頤曰、祇、適也。河潤九里、澤及三族。使其弟翟。奚侗曰、翟當作墨。墨子名翟、鈔者緣以致誤。儒墨相與辯、其父助翟。十年而緩自殺。郭象曰、緩怨父助弟、故感激自殺。其父夢之曰、使而子為墨者、予也。馬其昶曰、緩見夢止此一語。闓胡以下、莊子譏緩不自知墓木已拱、雖死而恨久不忘。闔胡嘗視其良、既為秋柏之實矣。宣穎曰、闔胡、皆何也。李調元曰、闔盍通。嚴復曰、嘗、試也。陸德明曰、良、或作埌、音浪、冢也。俞樾曰、壙埌疊韻字、故冢壙亦得謂之埌。夫造物者之報人也、不報其人、而報其人之天。成玄英曰、物之智能、稟乎造化、非由從師而學也。故假於學習、輔道自然、報其天性、不報人功也。翟有墨性、不從緩得。緩言我教、不亦繆乎。彼故使彼。王先謙曰、有墨性、故使墨。夫人以己為有以異於人、以賤其親。成玄英曰、言緩自恃己有學植之功、異於常人、故輕賤其親、而汝於父也。齊人之井飲者相捽才骨反。也。陸德明曰、穿井者謂己有造泉之功、而捽飲者、不知泉之出乃天也。陸長庚曰、齊人即眾人。故曰、今之世皆緩也。自是有德者以不知也、而況有道者乎。穆按：是、猶彼也。俞樾曰、以讀為已。宣穎曰、稍有一得之能、且不測其能然之故、況有道者乎。古者謂之遁天之刑。宣穎曰、以不可知者而邀為己功、是遁天自賊也。聖人安其所安、不安其所不安。眾人安其所不安、不安其所安。

莊子曰、知道易、勿言難。知而不言、所以之天也。知而言之、所以之人也。古之人、闕誤或本作古之至人。天而不人。

朱泙音平漫學屠龍於支離益、俞樾曰、廣韻引郭注、朱泙、姓也。單千金之家三。陸德明曰、單、盡也。崔譔曰、用千金者三也。技成而無所用其巧。

聖人以必不必、故無兵。郭象曰、理雖必然、猶不必之。焦竑曰、兵非戈矛之謂、喜怒之戰於胸中者是也。眾人以不必必之、故多兵。宣穎曰、理之不必然者、而必其所偏見、則乖爭生矣。王雱曰、言不必信、行不必果、必不必也。言必信、行必果、不必必也。順於兵、故行有求。宣穎曰、徇於兵爭、故動則求濟所欲。兵恃之則亡。

小夫之知、不離苞苴竿牘。宣穎曰、裹曰苞。籍曰苴。詩鄭箋、以果實相遺者必苞苴之。司馬彪曰、竿牘謂竹簡為書、以相問遺。章炳麟曰、竿本借為簡字。敝精神乎蹇淺、而欲兼濟道物、太一形虛。曹受坤曰、形、物也。虛、道也。太一形虛、猶言道與物合一。若是者、迷惑于宇宙、形累不知太初。馬敘倫曰、形累涉郭象注文而羨。知北遊、外不觀乎宇宙、內不知乎太初、可證。羅勉道曰、形累不知太初句、為形所累，不知有太初也。彼至人者、歸精神乎無始、而甘冥本一作瞑。乎無何有之鄉。俞樾曰、瞑眠古今字。甘眠與徐無鬼甘寢同義。劉文典曰、甘冥、即酣眠也。水流乎無形、發泄乎太清。郭象曰、泊然無為、而任其天行也。宣穎曰、出於虛、歸於虛。悲哉乎、汝為知在毫毛、而不知大寧。王先謙曰、大寧、無為太定之宇。

宋人有曹商者、為宋王使秦。司馬彪曰、宋王、偃王也。其往也、得車數乘。王說之、陶鴻慶曰、王上當有秦字。益車百乘。反於宋、見莊子、曰、夫處窮閭阨巷、困窘織屨、槁項黃馘古獲反。者、李頤曰、槁項、羸瘦貌。司馬彪曰、黃馘、謂面黃熟也。奚侗曰、馘疑顑之誤。說文、顑、食不飽、面黃起行也。商之所短也。一悟萬乘之主、而從車百乘者、商之所長也。莊子曰、秦王有病、司馬彪曰、秦王、惠王也。召醫。破癰潰痤徂禾反。者、得車一乘。舐痔治紀反。

者、得車五乘。所治愈下、得車愈多。子豈治其痔邪、何得車之多也。子行矣。

魯哀公問乎顏闔曰、吾以仲尼為貞幹、舊注、貞同楨。阮毓崧曰、書費誓、峙乃楨幹。孔傳、題曰楨、旁曰榦。楨當牆兩端、榦在牆兩邊。國其有瘳乎。曰、殆哉、圾魚及反。乎、郭象曰、圾、危也。仲尼方且飾羽而畫、從事華辭、以支為旨。宣穎曰、羽有自然之文采、飾而畫之、則務人巧。忍性以視民、而不知不信受乎心、宰乎神。馬其昶曰、信受連讀、合下宰乎神為句。穆按：視、示也。言民不信受、無主於其中、而忍性示民者不知也。夫何足以上民。彼宜女與予頤與誤而可矣。姚鼐曰、誤當作娛、言民但宜彼此相順、娛誒而已矣。馬其昶曰、道因碑頤然理順、頤即怡也。頤誒義同。則陽篇、其於物也、與之為娛矣。今使民離實學偽、非所以視民也。為後世慮、不若休之。難治也。

施於人而不忘。非天布也。陸長庚曰、天普萬物而無心。商賈不齒。陸長庚曰、商賈不齒於大道。雖以事齒之、神者弗齒。郭象曰、要能施惠、故於事不得不齒。以其不忘、故心神忽之。此百姓之大情也。

為外刑者、金與木也。郭象曰、金謂刀鋸斧鉞、木謂捶楚桎梏。為內刑者、動與過也。宵人之離外刑者、舊注、宵同小。金木訊之。離內刑者、陰陽食之。俞正燮曰、食如日食之食、謂消蝕也。陸長庚曰、即內篇所謂有陰陽之患。夫免乎外內之刑者、唯真人能之。

孔子曰、凡人心險於山川、難於知天。王叔岷曰、知於二字誤倒。天猶有春秋冬夏旦暮之期。人者、厚貌深情。故有貌愿而益。陸德明曰、愿、謹愨也。俞樾曰、益同溢。荀子、以驕溢人。嚴復曰、益、同隘。有長若不肖。馬其昶曰、若猶而也。陸德明曰、外如長者、內不似也。有順懁而達。馬其昶曰、懁、徐音絹、與狷音義並同。順、王作慎。達、讀如詩達兮之達。言外則慎狷、內實佻達也。有堅而縵。有緩而釬。音干。陸德明曰、釬、急也。故其就義若渴者、其去義若熱。故君子遠使之而觀其忠。近使之而觀其敬。煩使之而觀其能。卒然問焉而觀其知。急與之期而觀其信。委之以財而觀其仁。告之以危而觀其節。醉之以酒而觀其則。俞樾曰、周書官人篇、醉之酒以觀其恭。大戴禮作醉之酒以觀其不失。謂不失法則也。雜之以處而觀其色。宣穎曰、雜處易淫。九徵至、不肖人得矣。

正考父一命而傴、再命而僂、三命而俯、陸德明曰、正考父、宋湣公之元孫、弗父何之曾孫。公士一命、大夫再命、卿三命。循牆而走。孰敢不軌。馬其昶曰、謂不敢不法。如而夫者、郭象曰、而夫、凡夫也。一命而呂鉅。俞正燮曰、言其脊呂背梁鉅強也。呂鉅、即彊梁、俱疊韻。再命而於車上儛。三命而名諸父。孰協唐許。陸德明曰、唐、唐堯。許、許由。皆崇讓者。郭象曰、言考父與而夫、誰比同於唐許也。

賊莫大乎德有心而心有睫。音捷。宣穎曰、心中鑿多竅、如有睫然。奚侗曰、淮南主術訓、德有心則險、心有目則眩。及其有睫也而內視。（俞樾曰、內視者、非謂收視返聽也。謂不以目視、而以心視也。後世儒者、執一理以斷天下事、近乎心有睫矣。心有睫、正內視之謂。宣穎曰、方寸之地、伺察多端。）內視而敗矣。

凶德有五、（成玄英曰、謂心耳眼舌鼻也。）中德為首。（宣穎曰、中德、心也。）何謂中德。中德也者、有以自好也。而吡（匹爾反。）其所不為者也。（郭象曰、吡、訾也。孫詒讓曰、眦當為吡、即呰之變體。）

窮有八極。達有三必。形有六府。美髯長大壯麗勇敢八者、俱過人也、因以是窮。（宣穎曰、自恃故也。）緣循、（成玄英曰、緣物順他、不能自立。）偃佒、（於丈反。方以智曰、偃佒即偃仰、仰有去聲、故通佒。郭嵩燾曰、猶言俛仰從人也。）困畏不若人、三者俱通達。（陸長庚曰、三者俱不若人、而卻有通達之理。穆按：困畏不若人為一事。）知慧外通。勇動多怨。仁義多責。（闕誤引或本、此下有六者所以相刑也一句。）達生之情者傀。（呼槐反。郭象曰、傀然、大悟解之貌。）達於知者肖。（王念孫曰、肖、小也。言任天則大、任智則小也。）達大命者隨。達小命者遭。（林希逸曰、遭者、猶有得失委命之心、隨則無容心矣。嚴復曰、多怨、多責、傀肖隨遭、所謂六府。）

人有見宋王者、錫車十乘。以其十乘、驕穉莊子。（郭慶藩曰、穉、亦驕也。管子軍令篇、工以雕文刻鏤相穉。）莊子曰、河上有家貧恃緯蕭而食者、（陸德明曰、緯、織也。蕭、荻蒿也。織蕭以為畚而賣之。）其子沒於淵、得千金之珠。其父謂其子曰、取石來、鍛（丁亂反。）之。（陸德明曰、鍛謂槌破之。）夫千金之珠、必在九重之淵、而驪龍頷（戶感反。）

下。陸德明曰、驪龍、黑龍也。子能得珠者、必遭其睡也。使驪龍而寤、子尚奚微之有哉。林希逸曰、殘食無餘也。今宋國之深、非直九重之淵也。宋王之猛、非直驪龍也。子能得車者、必遭其睡也。使宋王而寤、子為虀粉夫。

或聘於莊子。莊子應其使曰、子見夫犧牛乎。衣以文繡、食以芻叔。陸德明曰、叔、大豆也。及其牽而入於大廟、雖欲為孤犢、其可得乎。

莊子將死、弟子欲厚葬之。莊子曰、吾以天地為棺槨、以日月為連璧、星辰為珠璣、萬物為齎音資送、吾葬具豈不備邪。何以加此。弟子曰、吾恐烏鳶之食夫子也。莊子曰、在上為烏鳶食。在下為螻蟻食。奪彼與此、何其偏也。

以不平平、其平也不平。以不徵徵、其徵也不徵。郭象曰、徵、應也。成玄英曰、聖人無心、有感則應、此真應也。若有心應物、不能應也。明者唯為之使、神者徵之。王雱曰、明者神之散、神者明之藏。王夫之曰、神使明者、天光也。明役其神者、小夫之知也。夫明之不勝神也久矣。而愚者恃其所見、入於人。其功外也、不亦悲乎。

天下

雜篇之十一。陸長庚曰、天下篇、莊子後序也。列敘古今道術淵源所自、而以己承之、即孟子終篇之意。王夫之曰、與孟子篇末舉狂狷鄉愿之異、歷述先聖來至己淵源、及史遷序列九家之說、略同。古人撰述之體然也。馬驌曰、此自序也。諸篇多寓言、而此獨為莊語。姚鼐曰、是篇乃莊子後序。

天下之治方術者多矣。成玄英曰、方、道也。皆以其有、為不可加矣。古之所謂道術者、果惡乎在。曰、無乎不在。曰、神何由降、明何由出。陸長庚曰、神謂人之本性、降衷於天者。具有靈覺、謂之曰明。聖有所生、王有所成。陸長庚曰、內聖之德、外王之業。皆原於一。不離於宗、謂之天人。不離於精、謂之神人。不離於真、謂之至人。以天為宗、以德為本、以道為門、兆於變化、陸長庚曰、以無為為體、以有為為用。朱駿聲曰、廣雅、兆、避也。顧實曰、謂超離乎窮通死生之變化也。謂之聖人。郭象曰、凡此四名、一人耳。所自言之異。以仁為恩、以義為理、以禮為行、以樂為和、薰然慈仁、謂之君子。郭象曰、此四名之粗迹、而賢人君子之所服膺也。以法為分、以名為表、陸長庚曰、法度所以齊天下、名器所以別天下。以參為驗、以稽為決、其數一二三四是也、百官以此相齒。王闓運曰、此即事為治、不求其道、但為其法。法不出奇耦參倍、尚不必至五而數窮矣。自周衰用之、至今百官以治天下、但有差賢者耳、不能相絕也。以事為常、以衣食為主、蕃息畜藏老弱孤寡為意、梁啟超曰、疑為意二字、當在養字下。蔣錫昌曰、疑在藏字下。皆有以養、民之理也。古之人其備乎、配神明、醕天地。馬其昶曰、醕同湻。左傳注、湻、耦也。儀禮注、耦陰陽。章炳麟曰、醇借為準。地官質人、一其淳制。釋文、淳音準、是其例。易曰、易與天地準。育萬物、和天下。澤及百姓。明於本數、係於末度。郭嵩燾曰、天人神人至人聖人君子、所從悟入不同、而稽之名法度數、以求養民之理、則固不能離棄萬物、以不與民生為緣。故曰、明於本數、係於末度。六通四辟、本又作闢。小大精粗、其運無乎不在。其明而在數度者、舊法世傳之史、尚多有之。方昌翰曰、史字屬上句。姚鼐曰、夫子語子夏、以君子必達於禮樂之原。禮樂原於中之不容已、而志氣塞乎天地。莊子言明於本數、及知禮意者、固即所謂達禮樂之原。而配神明、與造物為人、亦志氣塞天地之旨。退之謂其學出於子夏、殆其然與。其在於詩書禮樂者、鄒魯之士、王安石曰、先六經而後各家、莊子豈鄙儒哉。穆按：鄒、孟子生邑。孟莊同時、未見相稱。此篇以鄒魯言儒業、可見其晚出。搢紳先生、多能明之。詩以道志。書以道事。禮以道行。樂以道和。易以道陰陽。春秋以道名分。穆按：以詩書禮樂易春秋為六經、此漢代始有、亦非莊子所知也。馬敘倫曰、此六句、疑古注誤入正文。其數散於天下、而設於中國者、百家之學、時或稱而道之。天下大亂、賢聖不明、道德不一、天下多得一察焉以自好。羅勉道曰、一察者、謂天下之人、多執其一偏之見以自喜。譬如耳目鼻口、皆有所明、不能相通。猶百家衆技也。王叔岷曰、百家、古鈔卷子本作百官。皆有所長、時有所用。雖然、不該不徧、一曲之士也。判天地之美、析萬物之理、察古人之全、穆按：此察字與上文判析同義。陶鴻慶曰、以一得之見、窺古人之全也。寡能備於天地之美、稱神明之容。羅勉道曰、容與頌通。是故內聖外王之道、闇而不明、鬱而不發。天下之人、各為其所欲焉以自為方。馬端臨曰、莊生時、六籍未經秦火、其書具在也。而諸子百家各以其說舛馳而淆亂之、是以有闇鬱之憂。周以荒唐謬悠之言著書、蓋亦百家之一也。而此段議論、無異聖賢格言。東坡謂莊子助孔子者、於此見之。悲夫。百家往而不反、必不合矣。後世之學者、不幸不見天地之純、古人之大體、道術將為天下裂。嚴復曰、純、全也。郭象曰、裂、分離也。方東樹曰、莊子敘六藝之後、次及諸子道術。其後司馬談劉歆班固次第論撰、皆本諸此。

不侈於後世、馬其昶曰、風俗古樸後侈、今不侈也。不靡於萬物、不暉一作渾。於數度。王敔曰、不以文物為光燦。以繩墨自矯、而備世之急。郭象曰、矯、厲也。古之道術有在於是者、墨翟禽滑釐聞其風而說之。陸德明曰、禽滑釐、墨翟弟子也。為之大過、已之大順。郭象曰、不復度衆所能。成玄英曰、適周己身自順、未堪教被於人。穆按：順與循通。己誤為已。己之大循、謂太循於己也。成本作己是。作為非樂、命之曰節用。陸德明曰、非樂節用、墨子二篇名。生不歌、死無服。墨子氾愛兼利而非鬭。其道不怒。又好學而博、不異。陸長庚曰、不異、尚同也。章炳麟曰、好學而博為句。不異為句。不與先王同為句。不與先王同。馬其昶曰、墨子南游、載書甚多、自言嘗見百國春秋、是其好學之事。荀子稱其大儉約而僈差等、曾不足以容辨異。蓋墨子之學、以不異為宗旨。又好學以廣博之也。淮南稱其背周道而用夏政、故曰不與先王同。先王、謂周先王也。顧實曰、異、分也、別也。謂其為學博雜、不知別擇也。毀古之禮樂。黃帝有咸池、堯有大章、舜有大韶、禹有大夏、湯有大濩、音護。文王有辟雍之樂、武王周公作武。古之喪禮、貴賤有儀、上下有等。天子棺槨七重、諸侯五重、大夫三重、士再重。今墨子獨生不歌、死不服。桐棺三寸而無槨。以為法式。以此教人、恐不愛人。以此自行、固不愛己。未敗墨子道。穆按：此謂後世墨學之徒、雖其持論、未敗墨子之道、然非毀歌哭、而終不能無歌哭、言行不類也。章炳麟曰、未借為非、敗即伐字。言己非攻伐墨子之道。馬敘倫曰、荀子富國篇、我以墨子之非樂也、則使天下亂。墨子之節用也、則使天下貧、非將敗毀之也、說不免焉。意與此同。雖然、歌而非歌、哭而非哭、樂而非樂、是果類乎。其生也勤、其死也薄、其道大觳。苦角反。郭象曰、觳、無潤也。使人憂、使人悲。其行難為也。恐其不可以為聖人之道。反天下之心、天下不堪。墨子雖獨能任、奈天下何。離於天下、其去王也遠矣。墨子稱道曰、昔者禹之湮洪水、陸德明曰、湮、塞也。決江河、而通四夷九州也。名山三百、俞樾曰、山當作川。呂覽淮南並曰名川六百。郭慶藩曰、名川、大川也。支川三千、小者無數。禹親自操槀耜、而九雜天下之川。陸德明曰、槀、崔郭音託、則字應作橐。九、本亦作鳩、聚也。司馬彪曰、橐、盛土器。馬其昶曰、九雜同義。呂覽注、雜、聚也。洪水泛濫、故聚之川以歸之海。腓音肥。無胈、步葛反。李頤曰、胈、白肉也。

脛無毛。沐甚雨、(奚侗曰、廣雅、甚、劇也。)櫛疾風。置萬國。禹大聖也、而形勞天下也如此。使後世之墨者、多以裘褐為衣、以跂蹻(紀略反。)為服。(李頤曰、木曰屐、麻曰屩。屐與跂同。屩與蹻同。)日夜不休、以自苦為極。曰、不能如此、非禹之道也。不足謂墨。相里勤之弟子、五侯之徒。(司馬彪曰、姓相里、名勤、墨師也。孫詒讓曰、五侯、蓋姓五、古書伍子胥姓多作五。)南方之墨者、苦獲已齒鄧陵子之屬。(李頤曰、苦獲已齒、二人姓字也。俞樾曰、韓非云、自墨子之死也、有相里氏之墨、有相夫氏之墨、有鄧陵氏之墨。)俱誦墨經、(馬敘倫曰、魯勝墨辯序曰、墨辯有上下經、經各有說、凡四篇、此即墨經也。)而倍譎不同。(王念孫曰、呂覽注、在兩旁反出為倍、在上反出為譎。倍譎不同、謂分離乖異也。王叔岷曰、陶潛聖賢群輔錄引此作背譎。)相謂別墨。以堅白同異之辯相訾、以觭(紀宜反。)偶不仵(音五。)之辭相應。(王敔曰、觭偶、即奇偶。梁啟超曰、觭疑畸之異文、即奇字。陸德明曰、仵、同也。陶鴻慶曰、仵與伍同。)以巨子為聖人。(王敔曰、猶浮屠之法嗣。吳汝綸曰、呂覽去私、墨者有鉅子腹䵍。又上德篇、墨者鉅子孟勝。則鉅子當為墨之大師、若諸侯之盟主矣。)皆願為之尸。冀得為其後世。(宣穎曰、思繼其統。)至今不決。(陸長庚曰、決、絕也。)墨翟禽滑釐之意則是、其行則非也。將使後世之墨者、必自苦以腓無胈、脛無毛、相進而已矣。(王敔曰、進而不休。武延緒曰、疑當作相進而亡已。)亂之上也、治之下也。雖然、墨子、真天下之好也。(王敔曰、人愛其惠。)將求之不得也。(宣穎曰、世少此人。)雖枯槁不舍也。才士也夫。

不累於俗、不飾於物、不苟於人、(陸長庚曰、謂無求於人。章炳麟曰、苟、苛之誤。說文、言苛之字止句、是漢時俗書苛苟相亂。)不忮於眾。願天下之安寧、以活民命。人我之養、畢足而止。以此白心。古之道術、有在於是者、宋鈃尹文聞其風而說之。崔譔曰、尹文、齊宣王時人。俞樾曰、藝文志、尹文子一篇、在名家。師古注、劉向云、與宋鈃俱游稷下。方以智曰、宋鈃即宋牼。鈃鏗聲相近。作為華山之冠以自表。陸德明曰、華山上下均平、作冠象之、表己心均平也。接萬物以別宥為始。馬其昶曰、別宥見呂覽去宥篇、別宥即去宥也。馬敘倫曰、宥借為囿。尸子廣澤篇、料子貴別囿。料子疑即宋子。別囿謂解蔽也。語心之容、命之曰心之行。成玄英曰、名此容受、而為心行。穆按：心之行、猶云心之德。謂以能容受為心之本德也。以聏合驩、司馬彪曰、聏、色厚貌。崔譔曰、和也。郭嵩燾曰、當依闕誤引作胹。說文、胹、爛也。方言、胹、熟也。章炳麟曰、聏借為而。釋名、餌、而也。相黏而也。本字當作暱。此言以暱合驩。以調海內。請欲置之以為主。梁啟超曰、請欲置、當係情欲寡之誤。王叔岷曰、古鈔卷子本無之字。見侮不辱、救民之鬬。禁攻寢兵、救世之戰。以此周行天下、上說下教。雖天下不取、強聒古活反。而不舍者也。故曰上下見厭而強見也。雖然、其為人太多、其自為太少。曰、請欲固置。梁啟超曰、此亦情欲固寡之誤。五升之飯足矣。先生恐不得飽、弟子雖飢、不忘天下。郭象曰、稱天下為先生、自稱弟子也。日夜不休、曰、我必得活哉、圖傲乎救世之士哉。穆按：圖、計擬之辭。謂我志在救世、世人必不傲慢我、故我必得活也。章炳麟曰、圖當為啚之誤。啚即鄙陋鄙夷之本字。啚傲、猶今言鄙夷耳。曰、君子不為苛察。馬其昶曰、說苑、尹文對齊宣王曰、事寡易從、法省易因、是其不為苛察也。不以身假物。郭象曰、必自出其力也。以為無益於天下者、明之不如已也。馬其昶曰、已謂不必明之也。以禁攻寢兵為外、以情欲寡淺為內。馬其昶曰、荀子載子宋子曰、明見侮之不辱、使人不鬬。又曰、人之情欲寡、而皆以己之情欲為多、是過也。其小大精粗、其行適至是而止。王夫之曰、此亦近墨、而不為苦難之行、如俗所云安分無求者。其不避厭惡而強聒人、亦有忍力焉。

公而不黨。一作當、今從崔。王闓運曰、當黨古通。易而無私。成玄英曰、平易。決然無主。羅勉道曰、不先立主意。陸長庚曰、決東而東、決西而西、更無主宰也。穆按：此等字法、疑當出孟子告子篇後。趣物而不兩。羅勉道曰、隨事而趣、不生兩意。陸長庚曰、與物同趣、不立人我。不顧於慮。不謀於知。於物無擇、與之俱往。陸長庚曰、廓然而大公、物來而順應。古之道術、有在於是者。彭蒙田駢慎到、聞其風而說之。俞樾曰、藝文志、道家田子二十五篇、名駢、齊人、游稷下。呂覽淮南俱作陳駢。史記、慎到趙人、著十二論。藝文志、法家、慎子四十二篇、名到。齊萬物以為首、曰、天能覆之、而不能載之。地能載之、而不能覆之。大道能包之、而不能辯之。知萬物皆有所可、有所不可。故曰、選則不徧、教則不至。郭象曰、都用乃徧。任其性乃至。道則無遺者矣。陸長庚曰、道體物而未始有遺。宣穎曰、所謂齊也。馬其昶曰、呂覽云、陳駢貴齊。高注、貴齊生死、等古今也。是故慎到棄知去己、而緣不得已。泠汰音泰於物、以為道理。郭象曰、泠汰、猶聽放也。陸德明曰、泠汰、猶沙汰也。穆按：惟其棄知去己而緣不得已、故能經歷事物、而不為事物所沾滯也。曰、知不知、將薄知而後鄰傷之者也。姚範曰、鄰與磷同。孫詒讓曰、後疑當為復。鄰同甐、義與傷同。穆按：薄、鄙薄也。謑音奚。髁戶寡反。無任、而笑天下之尚賢也。陸德明曰、謑髁、訛倪不正貌。羅勉道曰、謑、忍恥。髁、獨行。無任、無所事任。縱脫無行、而非天下之大聖。郭象曰、欲壞其迹、使物不殉。椎拍輐五管反。斷、王叔之曰、椎拍輐斷、皆刑截者所用。王念孫曰、輐與刓同。章炳麟曰、斷借為剸。說文、刓、剸也。與物宛轉。舍是與非、苟可以免。不師知慮、不知前後、馬其昶曰、荀子云、慎子蔽於法而不知賢、是笑尚賢也。又云、慎子有見於先、無見於後、是不知前後也。魏魚威反。然而已矣。推而後行、曳而後往。若飄風之還、若羽之旋、若磨石之隧。方以智曰、隧、磨齒也。馬敘倫曰、隧、借為回。說文、回、轉也。全而無非、動靜無過、未嘗有罪。是何故、夫無知之物、無建己之患。無用知之累。動靜不離於理。是以終身無譽。故曰、至於若無知之物而已。無用賢聖。夫塊不失道。郭象曰、欲令去知、若土塊也。豪傑相與笑之、曰、慎到之道、非生人之行、而至死人之理。陶鴻慶曰、至當為主字誤。適得怪焉。田駢亦然。學於彭蒙、得不教焉。宣穎曰、不言之教。彭蒙之師曰、古之道人、至於莫之是、莫之非、而已矣。其風窢況逼反。然、方以智曰、窢即閾、古文作閪、閪、侐、唐人用洫然、是也。惡可而言。王念孫曰、而、猶以也。陳壽昌曰、以喻其過而無迹也。常反人、不見一本作聚。觀、郭象曰、不順民望。陸長庚曰、猶言不取則。而不免於魭五管反。斷。郭象曰、魭斷、無圭角也。馬其昶曰、常反人、謂其笑賢非聖。魭斷、謂其與物宛轉也。其所謂道非道、而所言之韙、不免於非。彭蒙田駢慎到不知道。雖然、概乎皆嘗有聞者也。王夫之曰、此亦略似莊子、而無所懷、見所照。浮屠之所謂枯木禪。

以本為精、以物為粗、以有積為不足。淡然獨與神明居。古之道術、有在於是者、關尹老聃聞其風而說之。俞樾曰、藝文志、道家關尹子九篇、注云、名喜、為關吏。呂覽關尹貴清、注云、關尹、關正也。建之以常無有。主之以大一。以濡弱謙下為表。以空虛不毀萬物為實。關尹曰、在己無居、王敔曰、不居一是。形物自著。陳顯微曰、能無我則形物自著、非我分別而著彼形物也。陸長庚曰、無所住而生其心。其動若水、其靜若鏡、其應若響。芴乎若亡、寂乎若清。同焉者和、陳顯微曰、不自異、則與物和而不競。得焉者失。未嘗先人、而常隨人。老聃曰、知其雄、守其雌、為天下谿。知其白、守其辱、為天下谷。人皆取先、己獨取後。曰、受天下之垢。人皆取實、己獨取虛。無藏也、故有餘。巋然而有餘。其行身也、徐而不費。王敔曰、徐、所謂後其身也。王闓運曰、費、拂也。章炳麟曰、徐讀為餘。老子云、治人事天莫若嗇。譏之者乃云積歛無涯矣。無為也而笑巧。馬其昶曰、即老子之所謂絕巧棄利也。武延緒曰、笑古作矣、笑巧疑當為大巧。老子、大巧若拙。人皆求福、己獨曲全。嚴復曰、求福、猶求備也。曰、苟免於咎。以深為根、以約為紀。曰、堅則毀矣。銳則挫矣。常寬容於物。高山寺卷子本無容字。不削於人。王敔曰、不侵削人。可謂至極。王叔岷曰、古鈔卷子本作雖未至於極。關尹老聃乎、古之博大真人哉。王夫之曰、贊之曰真人、意其未至於天。宣穎曰、世傳關尹是老聃弟子、今莊子不見此證、反敘尹於老聃之上、豈傳者未必然乎。王闓運曰、關尹在老聃前、別有書、則不強老子著書明矣。嚴復曰、古之方術、固不盡此上述之數者。而周略而置之。豈其所取、必與己為類，而有相受遞及者歟。

芴漠無形、變化無常。陸長庚曰、無相為宗、無住為行。死與生與、天地竝與、神明往與。芒乎何之。忽乎何適。萬物畢羅、莫足以歸。古之道術、有在於是者、莊周聞其風而說之。以謬悠之說、荒唐之言、無端崖之辭、王闓運曰、謬讀為寥、遠也。悠、亦遠也。馬其昶曰、謬悠、迂遠也。荒唐、虛無也。無端崖、放曠也。時恣縱而不儻、王叔岷曰、儻、本或作黨。高亨曰、儻借為讜。玉篇、讜、直言也。王闓運曰、儻、當也。不以觭見之也。羅勉道曰、猶言不以一端而見。以天下為沈濁、不可與莊語。以卮言為曼衍。以重言為真。以寓言為廣。獨與天地精神往來、而不敖倪於萬物。王闓運曰、敖倪、視貌。不譴是非、馬其昶曰、說文、譴、謫問也。以與世俗處。其書雖瓌瑋、古回反。而連犿芳袁反。無傷也。陸德明曰、瓌瑋、奇特也。李頤曰、連犿、宛轉貌。王闓運曰、犿、讀若蜷。其辭雖參差、而諔詭可觀。宣穎曰、諔詭、即滑稽。吳澄曰、莊子內聖外王之學、洞徹天人。遭世沉濁、而放言滑稽以玩世。其為人固不易知、而其為書亦未易知也。彼其充實不可以已、上與造物者遊、而下與外死生無終始者為友。其於本也、弘大而辟、深閎而肆。其於宗也、可謂調適而上遂矣。陶鴻慶曰、疑宗為末字誤。陸長庚曰、上遂、謂達本反始。宣穎曰、上言其本宗、下言其應用。體用兼妙、此勝老子處。雖然、其應於化而解於物也、陸長庚曰、此即調適上遂意。王闓運曰、解、脫也。其理不竭、其來不蛻。陸長庚曰、不蛻、謂不離本宗。阮毓崧曰、蛻有脫遺之義。言施之來世、亦無遺失也。芒乎昧乎、未之盡者。王夫之曰、莊子之學、蓋以不離於宗之天人自命。謂內聖外王之道、皆自此出。於此殿諸家、為物論之歸墟、而猶自以為未盡。望解人於後世、遇其言外之旨焉。林雲銘曰、段中備極贊揚、真所謂上無古人、下無來者。莊叟斷無毀人自譽至此、是訂莊者所作無疑。

惠施多方、其書五車。武內義雄曰、以下或即北齊杜弼所注惠施篇。本篇上半釋文、多引崔音、此下無一引。又列子仲尼篇多與此下文有相似、而張湛注亦不引向秀。則此下半為崔向所不傳、郭象取他本附此。其道舛駁、其言也不中。麻物之意、陸德明曰、分別歷說之。章炳麟曰、禮運非意之也。注、意、心所無慮也。廣雅、無慮、都凡也。在心計其都凡曰意、在物之都凡亦曰意。麻物之意、陳數萬物之大凡也。曰、至大無外、謂之大一。至小無內、謂之小一。無厚不可積也、其大千里。馬其昶曰、荀子言堅白同異有厚無厚之察、非不察也、然而君子不辯、止之也。高亨曰、名家離面與體、以為面大非體大也。天與地卑。孫詒讓曰、卑與比通。荀子、山淵平、天地比。楊注亦引莊子此文、是其證。廣雅、比、近也。山與澤平。日方中方睨。高亨曰、說文、睨、衺視也。是睨有衺義。物方生方死。大同而與小同異、此之謂小同異。萬物畢同畢異、此之謂大同異。南方無窮而有窮。王叔岷曰、古鈔卷子本此下更有無厚不可積也六字。今日適越而昔來。此語見齊物論。連環可解也。我知天下之中央、燕之北、越之南是也。氾愛萬物、天地一體也。馬其昶曰、此惠施之說、以下公孫龍等辯者之說。惠施以此為大、觀於天下、陸長庚曰、觀、示也。而曉辯者。天下之辯者、相與樂之。卵有毛。雞三足。郢有天下。錢基博曰、猶宋儒云一物一太極。犬可以為羊。馬有卵。丁子有尾。成玄英曰、楚人呼蝦蟆為丁子也。火不熱。山出口。王叔岷曰、司馬彪注是山猶有口也。疑司馬本作山有口。輪不輾地。目不見。指不至。姚範曰、列子、指不至、張湛有解。又世說、樂廣答人指不至之問。及劉孝標注。與莊子司馬彪之說、各自立意。至不絕。龜長於蛇。矩不方。規不可以為圓。鑿不圍枘。飛鳥之景、未嘗動也。司馬彪曰、墨子云、影不徙。鏃矢之疾、而有不行不止之時。狗非犬。墨子曰、狗、犬也、然狗非犬也。黃馬驪牛三。白狗黑。孤駒未嘗有母。一尺之棰、章蘂反。日取其半、萬世不竭。穆按：上諸辯說、拙著惠施公孫龍詳釋之、此不復及。辯者以此與惠施相應、終身無窮。桓團公孫龍、辯者之徒。成玄英曰、桓團公孫龍、並趙人、游平原君家。公孫龍著守白論。列子作韓檀。馬其昶曰、漢志名家公孫龍子十四篇。惠子一篇。飾人之心、易人之意。能勝人之口、不能服人之心。辯者之囿也。惠施日以其知與人之辯、王叔岷曰、古鈔卷子本無人字。俞樾曰、涉下衍之字。蔣錫昌曰、與、猶敵也。徐無鬼、方且與我以辯。特與天下之辯者為怪。此其柢丁計反。也。俞樾曰、柢與氐通。史記始皇紀、大氐盡畔秦矣。正義、氐猶略也。然惠施之口談、自以為最賢。曰、天地其壯乎、司馬彪曰、惟以天下為壯於己。施存雄而無術。穆按：此亦施之自語。謂惟欲雄於天地而無術。其他則無多讓也。

南方有倚人焉、方以智曰、倚即奇。奚侗曰、奇人謂不耦於俗。曰黃繚。問天地所以不墜不陷、風雨雷霆之故。惠施不辭而應、不慮而對。徧為萬物說。說而不休、多而無已。猶以為寡、益之以怪。以反人為實、而欲以勝人為名。是以與眾不適也。蔣錫昌曰、管子白心、兵之勝從於適。注、適、和也。弱於德、強於物、其塗隩矣。王闓運曰、隩、曲也。呂惠卿曰、不能自勝、故弱於德。勝人、故強於物。其塗隩、謂非六通四闢之道也。由天地之道、觀惠施之能、其猶一蚊一蝱之勞者也。其於物也何庸。王闓運曰、庸、功也。夫充一尚可曰愈、貴道幾矣。呂惠卿曰、一與多、皆道也。一雖不足為本末之備、然比之忘本逐末者、尚可曰愈。貴於道、亦幾矣。穆按：此惜惠子之逐於多、而不能反充於一。散於物、而不能歸宿於道也。惠施不能以此自寧、散於萬物而不厭、卒以善辯為名。惜乎、惠施之才、駘蕩而不得。陸德明曰、駘者、放也。逐萬物而不反。是窮響以聲、形與影競走也。悲夫。馬敘倫曰、王應麟依北齊書杜弼傳、嘗注莊子惠施篇、謂今無此篇、亦逸篇也。疑此篇惠施多方以下、乃惠施篇文。觀音義引崔譔向秀音說、自惠施以下、訖不一見、則向崔本此篇、終於未之盡者可知。

秦漢史

錢穆　著

你知道秦始皇如何統治龐大的帝國？焚書坑儒的真相又為何？漢帝國對外擴張遇到什麼樣的問題？重農抑商背後的事實是什麼？賓四先生以嚴謹的史學研究方法，就學術、政治及社會各層面，深入淺出地對秦漢史加以探討。不但一解秦漢史學的疑惑，更能提高讀者的眼界。

古史地理論叢

錢穆　著

本書彙集考論古代歷史、地理長短散文共二十二篇，其主要意義有二：一則以古代歷史上之異地同名來探究古代各部族遷徙之跡，從而論究其各地經濟、政治、人文進化先後之序；二為泛論中國歷史上南北兩地域經濟、政治、人文演進之古今變遷，指示出一些大綱領。要之為治歷史必通地理提示出許多顯明之事例。

中國歷史研究法

錢穆　著

本書根據賓四先生於民國五十年在香港講演之內容，記載修整而成。內容分通史、政治史、社會史、經濟史、學術史、歷史人物、歷史地理、文化史等八部分。此下三十年，賓四先生個人有關史學諸著作，大體意見悉本於此，故本書實可謂賓四先生史學見解之本源所在，亦可視為其對中國史學大綱要義之簡要敘述。

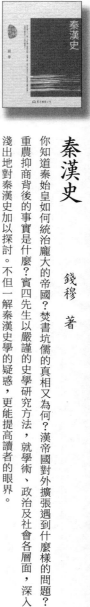

中國歷代政治得失

錢穆 著

本書提要鉤玄，專就漢、唐、宋、明、清五代治法方面，有關政府組織、百官職權、考試監察、財經賦稅、兵役義務，種種大經大法，敘述其因革演變，指陳其利害得失，要言不煩，將歷史上許多專門知識，簡化為現代國民之普通常識，實為現代知識分子所必讀。

中國歷史精神

錢穆 著

中國的歷史源遠流長，其間治亂興替，波譎雲詭，常令治史的人望洋興嘆，無從下手，讀史的人望而卻步，把握不住重點。本書作者錢穆先生，以其淵博的史學涵養，敏銳的剖析能力，將這個難題解開了，使人得窺中國歷史文化的堂奧。

黃帝

錢穆 著

司馬遷《史記》敘述中國古代史，遠始黃帝，惟百家言黃帝，何者可定為真古史，司馬遷亦難判別。然古人言黃帝亦異於神話，蓋為各種傳說之總彙，本書即以此態度寫黃帝，以黃帝為始，彙集許多故事，接言堯、舜、禹、湯、文、武、周公，一脈相傳，透過古史傳說，勾勒其不凡的生命風貌。讀者不必據此為信史，然誠可以此推考中國古史真相，一探古代聖哲之精神。

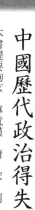

論語新解

錢穆　著

自西漢獨尊儒術以來，《論語》便是中國歷代學者必讀之作，諸儒為之注釋不絕，習《論語》者亦必兼讀其注。然而，學者往往囿於門戶之見而刻意立異，眾說多歧，未歸一是，致使讀者如入大海，汗漫而不知所歸。

賓四先生因此為之新解。「新解」之新，乃方法、觀念、語言之新，非欲破棄舊注以為新。一則備采眾說，折衷於是，以廣開讀者之思路，見《論語》義理之無窮；二則兼顧文言頗析之平易，與白話語譯之通暢，以求擺脫俗套，收今古相濟之效。讀者藉由本書之助，庶幾能得《論語》之真義。

孔子傳

錢穆　著

儒學影響中華文化至深，討論孔子生平言論行事之著作，實繁有徒，說法龐雜，本書為錢穆先生以《論語》為中心底本、綜合司馬遷後以下各家考訂所得，也是深入剖析孔子生平、言論、行事後，重為孔子所作的傳記。

作者從孔子的先祖談起，及至孔子的早年、中年、晚年。詳列一生行跡，並針對古今雜說，從文化脈絡推論考辨，以務實的治學態度辨明真偽，力求貼近真實的孔子。

朱子學提綱

錢穆　著

本書為《朱子新學案》一書之首部。中國宋元明三代之理學，朱子為其重要一中心。儻論全部中國學術思想史，則孔子為上古一中心，朱子乃為近古一中心。《朱子新學案》乃就朱子學全部內容來發揮理學之意義與價值，但過屬專門，學者宜先讀《宋元學案》等書，乃可入門。此編則從全部中國學術思想之演變來闡述朱子學，範圍較廣，但易領略，故宜先讀此編，再讀《朱子新學案》全部，乃易有得。

中國古代思想史論

李澤厚　著

本書從剖析孔子仁學開始，論說了自先秦至明清的各種主要思潮、派別和人物。其中著重論證了中國的辨證法是「行動的」，而非「思辨的」。秦漢時期的「天人感應」宇宙觀；莊子、禪宗對人生作形上追求的美學；宋明理學則作為道德形而上學而具有重要價值，以及在明清時期思想中「治人」與「治法」已出現分離，象徵著傳統中國的政教合一制度動搖，思潮逐漸向近代靠近。

中國近代思想史論

李澤厚　著

本書收作者對近代中國自太平天國至辛亥革命時期各主要思潮和重要思想人物如康有為、譚嗣同、嚴復、孫中山、章太炎、魯迅等的系統論述和細緻分析。首篇即從思想角度剖析，太平天國為何「其興也勃，其亡也忽」，指出農民革命戰爭諸多規律性的現象，慨乎言之，深意存焉。其後數篇乃對戊戌變法維新思想和人物的詳盡分疏，於康有為大同思想和托古改制策略，評價甚高。此外，對嚴復在中國近代思想史的特殊地位，章太炎的民粹主義的突出思想特徵，本世紀初知識者由愛國而革命的心路歷程以及梁啟超、王國維等人的獨特意義，都或詳或略了以點明和論述。

中國現代思想史論

李澤厚　著

本書以「啟蒙」與「救亡」的雙重變奏，作為解釋中國近現代思想史上許多錯綜複雜現象的基本線索，在學術界引起了巨大討論。此外，本書以數十年的新文學歷程，以及「現代新儒家」等哲學論題，深入淺出地探討現代中國思想的爭議與價值，並或明或暗地顯現了本世紀中國六代知識分子的身影與坎坷的命運。

國家圖書館出版品預行編目資料

莊子纂箋／錢穆著.——初版一刷.——臺北市：三民，2023
面；　公分.——（錢穆作品精萃）

ISBN 978-957-14-7388-8（精裝）
1. 莊子 2. 注釋

121.331　　111001088

錢穆作品精萃

莊子纂箋

作　　者　錢　穆
發 行 人　劉振強
出 版 者　三民書局股份有限公司
地　　址　臺北市復興北路 386 號 (復北門市)
　　　　　臺北市重慶南路一段 61 號 (重南門市)
電　　話　(02)25006600
網　　址　三民網路書店 https://www.sanmin.com.tw

出版日期　初版一刷 2023 年 1 月
書籍編號　S030111
I S B N　978-957-14-7388-8